Guía para mamás primerizas

Anne Bacus

Guía para mamás primerizas

• MARABOUT •

A mi madre

Agradezco a los padres por sus preguntas
y a los niños por las respuestas que me enseñaron

Índice

Introducción

El libro se ha convertido en el compañero obligado de la mujer embarazada y de los padres jóvenes, pues los consejos que suelen escuchar son contradictorios y las instrucciones, incomprensibles. Los nuevos padres son tan inexpertos y la exigencia del acierto tan grande, que ahora son necesarios los manuales para encontrar el instinto natural y las ideas sensatas. En otros tiempos, en nuestro país, y todavía hoy en algunas partes del mundo, las jóvenes llegaban preparadas a la maternidad gracias a que las mujeres de su familia o del grupo les transmitían la manera tradicional de cómo atender a un bebé y ocuparse de él. Ese saber seguramente empírico, pero lleno de experiencia y sabiduría, tranquilizaba y servía de guía. Actualmente, los "expertos" han reemplazado a la tradición y los médicos a las mujeres. El problema es que las instrucciones y los consejos frecuentemente cambian. Si bien las mujeres están mejor informadas (¿lo están realmente? Con excepción de un núcleo privilegiado, es algo cuestionable), no están del todo preparadas, lo que genera una ansiedad que acaba por afectar a toda la familia.

No quise hacer una obra más sobre el tema, sino una guía para los padres que están convencidos de que hay que olvidar la moda para volver a escuchar al niño mismo. Como madre de familia, escribí el libro que me habría gustado encontrar cuando nació mi primer hijo. Como psicóloga de guardería, en contacto con las madres y los niños, me pareció importante dejar atrás los problemas de pañales y biberones para hablar del bebé como ser humano y no solamente como objeto de cuidados y atenciones. Quise hacer un libro diferente, menos abocado al aspecto médico, la patología o lo excepcional, y a las reglas de la puericultura —siempre en tela de juicio—, pero que desarrollara ampliamente los aspectos concretos relacionados con la vida cotidiana.

Los padres, primeros especialistas de su bebé

Los consejos de puericultura no son muy importantes: con frecuencia cambian y seguirán haciéndolo. No los siga a menos que le parezcan pertinentes y de acuerdo con sus sentimientos y con lo que conoce de su bebé. Como apuntó Winnicott, la madre, durante los primeros meses de vida del bebé, se encuentra en un estado de "preocupación maternal primaria" que hace que ella sea la más capacitada para responder a las necesidades de su niño. Nadie lo conoce mejor que ella, pues se identifica con él instintivamente. Llenar a esta madre de consejos técnicos y rígidos no hace más que alterar su maravillosa e instintiva capacidad para ocuparse de su bebé. La idea de este libro consiste más bien en reforzar esa capacidad, esa sensibilidad hacia el bebé, esa confianza en sí misma: los padres son los primeros especialistas de su bebé.

Una nueva mirada a su bebé

Desde hace algunos años, debido a nuevas investigaciones y a información sobre el feto y el recién nacido, la forma de ver a los pequeños ha cambiado y la manera de criarlos también. Una ya no se ocupa del bebé como lo hacía antes. Ya no es posible con todo lo que se sabe ahora, por más que digan algunas abuelas o vecinas que hay que poner y retener en la taza del baño a un niño de un año, que hay que dejar que un recién nacido llore para que infle los pulmones, que hay que sobrealimentar a un pequeño porque "estar regordete es signo de buena salud" o que hay que sujetarle las manos a lo largo del cuerpo para impedir que se chupe el pulgar. Pero esas "nuevas capacidades" tan destacadas tampoco justifican que lo deje hacer de todo para no traumatizarlo o que se le enseñe a leer en japonés a los seis meses. Igualmente, quedó atrás, en una sociedad como la nuestra, perder excesivamente el tiempo siguiendo reglas de higiene, de rigor y a la perfección. Por el contrario, se descubrió que el lactante está maravillosamente equipado para comunicarse, hacerse querer, darse a entender y regular sin ayuda la cantidad de alimento y de sueño que necesita. Respetarlo es también escucharlo y darle confianza. Es pasar tiempo con él y no para él. Lo esencial para mí es darles confianza a los padres en su calidad de educadores, con el fin de que, progresivamente, puedan encontrar solos sus propias respuestas. Quise abordar con ellos las preguntas reales que se hacen los padres de ahora, relacionadas con el despertar, el equilibrio y el desarrollo físico, social, afectivo e intelectual de su hijo.

Cada niño es único

Este libro toma en cuenta los nuevos descubrimientos, pero se apoya sobre todo en la experiencia y el sentido común. Ayudará a los padres, espero, a encontrar la actitud apropiada para con su hijo. Para ello, provee información y consejos que lo demuestran. Pero, sobre todo, permite a los padres entender quién es su hijo. Al conocerlo mejor, pueden ponerse en su lugar y actuar en concordancia con él, con complicidad en vez de con malentendidos. ¿Cuáles son las grandes etapas por las que atraviesa? ¿A qué dificultades y a qué miedos se enfrenta? ¿Qué sucede en su cabeza y en su cuerpo a una u otra edad? Este libro ofrece respuestas. Darle a su hijo todo lo que necesite de amor, experiencia y educación para que se desarrolle de la mejor manera, de ninguna forma requiere algún don o estudios particulares. Una combinación de ternura, paciencia, atención, entusiasmo, conocimientos y reflexión da excelentes resultados.

Más tarde o más temprano, todo padre de familia se siente perdido e incapaz ante su hijo, que parece estar llorando sin razón, que rechaza la cuchara, que tiene miedo a que lo bañen, que no aprende a limpiarse, que se levanta en las noches o que se hunde en pataletas atroces. Uno querría estar tranquilo y dispuesto, ser firme y cariñoso, pero se agota y se tensa, sin saber si dejarlo en paz, consolarlo o castigarlo.

Me habría gustado hablarles simplemente de su hijo, respecto de lo que tiene de único. Ya que cada familia tiene su particularidad y su cultura, cada padre de familia tiene su historia, un simple libro no basta para responder con precisión a todas las interrogantes. Además, le corresponde a cada quien tomar sus responsabilidades y determinar, con relativo conocimiento de causa, sus elecciones educativas. Mis consejos, si bien son psicológicos, y forzosamente culturales, se esfuerzan por no ser más que indicaciones, puntos de partida para una reflexión. A cada padre de familia, a su manera, le corresponde hacer sus elecciones e incluir al niño en una relación de confianza, respeto, seguridad y amor.

Prepararse y organizarse

Nueve meses de embarazo es poco tiempo para prepararse psicológicamente para la llegada de un bebé y acondicionarle un lugar en su vida.

El recién nacido es muy pequeño, pero el espacio que ocupa no. No hablo únicamente del abundante material que tendrá que preverse (y que en esencia, no servirá más que unos cuantos meses), sino sobre todo de la conmoción que la llegada de un bebé traerá a la vida de sus padres. Ya antes del nacimiento, están muy ocupados: acondicionar un espacio para el bebé, equiparse, preparar la ropa, cómo cuidarlo. Cuando la fecha se aproxima, hay que preparar la maleta para la maternidad y los documentos necesarios, llenar el frigorífico, y finalmente ponerse de acuerdo en los nombres elegidos.

Sin contar el tiempo para soñar, acariciar al bebé acurrucado en su cobertor, hacer planes, mimarlo, y hablar entre los dos sobre lo dulce que será la vida de los tres.

Nueve meses para hacer su nido: preparar un espacio para el bebé, escoger el material y la ropa, acondicionar la casa...

PREPARARSE

Los trucos que simplifican la vida

- **Ponga una silla plegable o una mecedora confortable en el cuarto del bebé. Para usted resultará grato estar bien instalada y tener los brazos apoyados mientras amamanta a su bebé a cualquier hora del día y de la noche...**
- **Cuelgue en el muro una pizarra blanca magnética con algunos imanes, que le permitirá tener a la vista la receta, la postal de la abuela o el número telefónico de emergencias. Sirve de recordatorio y permite colgar las cosas pequeñas que se caen.**
- **Las repisas son prácticas y útiles para todo lo que debe estar fuera del alcance del niño. Pero no lo olvide, nunca las instale encima de la cama del niño ya que siempre existe el riesgo de que le caiga algo en la cabeza.**
- **Evite los muebles muy de "bebé". Su duración es limitada ya que la fase de bebé pasa muy rápido.**

Acondicionar el espacio

Aproveche su permiso de maternidad para acondicionar el espacio de su bebé. Los primeros días en la casa serán muy tranquilos si todo está listo para recibirlo, en vez de tener que pegar el papel tapiz mientras prepara los biberones...

El rincón del bebé

Ya sea que el bebé tenga su propio cuarto o lo comparta (con usted o con un hermano mayor), lo esencial es que tenga un espacio sólo para él, iluminado y tranquilo, si es preciso aislado con una cortina o una persiana.

Cada padre de familia escogerá el estilo de decoración que desea para su bebé. Los colores tradicionales – como el blanco, el azul cielo y el rosa – van cediendo el lugar a colores más cálidos y dinámicos, lo que es bueno. El bebé se sentirá más despierto si su cuarto es alegre, y esta impresión puede surgir de elementos de colores vivos sobre un fondo más neutro en el muro.

La habitación

Escoja revestimientos de muros y suelos lavables y fáciles de limpiar. Evite la alfombra de color claro, salvo si realmente es "antimanchas". El linóleo es quizá menos grato a los ojos, pero es infinitamente más resistente. Las losas tienen la ventaja de que pueden reemplazarse una por una si se necesitara.

La pintura del muro y el papel tapiz también debe escogerlos en función del uso que les vaya a dar, además de la cuestión estética. Para la pintura, escoja un tono discreto que le levante el ánimo, con motivos de colores vivos. Es obligatorio que la pintura no contenga plomo. Para el papel tapiz, ponga atención en el decorado de "bebé", ya que no conviene tenerlo por mucho tiempo debido a la edad del niño. Es mejor un papel con motivos discretos, ornamentado con una banda que diga "bebé" o "nene", y que puede cambiarse.

La iluminación ideal es una lámpara con regulador de intensidad luminosa. Podrá ponerla al mínimo cuando vaya a ver a su bebé en la noche, pero sobre todo cuando tenga que encontrar el chupón (chupete) que rodó bajo la cama...

Si la ventana no tiene persianas, ponga doble cortina para oscurecer la habitación.

Los muebles

Los muebles deben ser resistentes, recubiertos de pintura no tóxica, prácticos y fáciles de limpiar. Redondee las esquinas de los muebles que están "a la altura del niño". El mobiliario moderno que hay actualmente es más caro al comprarlo, pero más rentable con el paso de los años. De preferencia, escoja marcas que no descontinúen sus modelos, de manera que pueda conseguir las piezas sueltas. La cama del bebé debe estar, de preferencia, colocada cerca de la puerta y protegida de las corrientes de aire.

Prevea muchos espacios para ordenar (cajones y estantes): ¡las cosas del bebé ocupan mucho espacio!

Para todos los juguetitos, los recipientes de plástico de colores vivos con ruedas son muy prácticos.

Decoración

La estimulación visual también procede:
- de los carteles que se ponen en el muro del cuarto,
- del móvil suspendido arriba de la cama del bebé,
- del espejo irrompible colocado al lado de él,
- de las estrellas fluorescentes que se pegan en el techo,
- de la pantalla para la lámpara, de papel o tela decorada, etc.

Podrá encontrar varias ideas de decoración en revistas especializadas. Y seguramente le dará mucho gusto hacer algunas cosas con sus propias manos y preparar el nidito en el que se acurrucará su recién nacido.

El rincón para cambiarlo

Si no tiene una mesa para cambiarlo, podrá usar una tabla de planchar grande recubierta con una superficie lavable montada sobre unos caballetes altos. Sólo tendrá que colocar una colchoneta delgada encima.

Siempre tenga a la mano:
- un grifo y un lavabo (no es indispensable, pero sí práctico);
- estantes para colocar los productos de baño;
- un cesto con tapa para colocar los pañales sucios;
- una gaveta para los pañales limpios, las toallas, etc;
- un rollo de papel absorbente;
- un móvil o carteles para distraer al bebé;
- ganchos en el muro para colgar guantes, toalla, pijama.

PREPARARSE

Decidirse por un nombre

A veces es difícil. Uno desearía que fuera original, pero que no sea difícil... Si le falta inspiración, hay obras especializadas que pueden darle ideas. Ponga atención a los nombres compuestos producto de la moda y la diferencia a cualquier precio. La elección es vasta...¡sólo hay que ponerse de acuerdo!

La seguridad

- **Nunca coloque muebles por los que el niño pueda escalar cerca de la ventana.**
- **Fije bien los anaqueles y la estantería alta en el muro.**
- **Si pone alfombra en la habitación, instale un sistema antiderrapante.**
- **Si el suelo es de duela, púlalo bien para evitar las astillas. Barnizarlo hace más fácil la limpieza. Llenar las hendiduras entre las piezas evitará que se conviertan en lugares con ácaros.**
- **Tenga cuidado con el sistema eléctrico. No ponga extensiones eléctricas; ponga cubiertas en los enchufes o enchufes de seguridad por todas partes. Un punto crítico es que usted deberá hacer que se instalen las tomas eléctricas a cierta altura (a 1.30 m más o menos).**
- **Utilice solamente lámparas que respeten las normas de muy bajo voltaje (menos de 24 W).**

Equiparse

Quizá todavía no ha comprado más que lo mínimo indispensable, en cuanto a ropa o equipo, y dada la suma de los gastos, prefiere espaciar las compras. Quizá también sus amistades o la familia esperan el nacimiento del bebé para saber qué se le ofrece, qué necesita. Sin embargo, es bueno comprar el material que necesitará para su bebé antes de que nazca, cuando todavía tiene tiempo.

La cantidad de objetos, muebles y accesorios que debe tener es impresionante. Algunos no pueden improvisarse, y hay que escoger entre los modelos que respetan las normas de seguridad. Otros, puede hacerlos o improvisarlos. Finalmente, otros son prácticos pero no indispensables: las madres jóvenes de su círculo de amistades podrían enseñarle. Para equiparse, acuda a las amigas o primas que acaban de dar a luz no hace mucho: el mercado "de segunda mano" se desarrolla cada vez más en el ámbito de la puericultura. ¡Los bebés crecen muy rápido! Algunos objetos o la ropa, necesarios a cierta edad, no hubo tiempo de usarlos y ahora ya no le sirven. En fin, no olvide que puede rentar el material (cuna, báscula, etc.), lo cual siempre es una opción interesante.

El material

Para los objetos más grandes, tómese el tiempo para visitar varias tiendas y consultar los catálogos antes de tomar una decisión. Saldrá ganando si escoge material para "recién nacido" de buena calidad, sobre todo si ve que pueden usarlo varios niños. Para todo lo que no es urgente (que servirá hasta que el niño tenga seis meses o más), una vez tomada su decisión, puede hacer circular una "lista de artículos necesarios" entre los familiares cercanos y los amigos. Eso es mejor que acumular veinte trajes de una pieza para recién nacido o quince gatos de peluche.
Usted es quien decide lo que desea adquirir; según su presupuesto, sus necesidades y el espacio del que dispone.

PREPARARSE

Evite algunas trampas

● Durante los primeros seis meses, el bebé crece muy rápido, y seguido se ensucia, por lo cual son necesarios varios cambios. Durante el mismo periodo, utiliza material que pronto ya no servirá (bañera, carriola, cuna, moisés, asiento para el auto, etc.). Conclusión: si compra usted todo esto le costará una fortuna. No invierta en ello a menos que tenga previsto tener más hijos...

● Desconfíe de las listas que presentan los manuales de puericultura. Infórmese más bien con sus amistades para saber qué es realmente práctico y útil.

● Todo su equipo no tiene que ser nuevo ni estar a la última moda. Puede usted pedir prestados los objetos o puede comprarlos de segunda mano a una amiga que ya no los necesite. ¿No conoce a nadie? Pruebe con los anuncios clasificados de su localidad.

En casa

- Las mesas para cambiar al bebé que venden en las tiendas son prácticas pero estorbosas. Según el espacio del que disponga y la habitación en la que lo va a colocar, una cómoda o alguna mesa que ya no use pueden servir. Lo esencial es que tenga buena altura (no debe inclinarse para cambiar al niño), que la superficie sea lavable y que disponga de espacios para guardar cosas. En cuanto a las colchonetas, las de hule espuma son más sólidas. Para evitar el contacto frío del plástico con la piel del bebé, haga dos o tres fundas con dos toallas cosidas, o más sencillo todavía, meta la colchoneta en una funda de almohada que pueda cambiar regularmente.
- Las cunas son encantadoras, pero son una inversión considerable y no muy útil. No se preocupe en exceso a menos que realmente sueñe con tener una. Algunos bebés heredan la cuna de la familia, otros una cuna rentada o prestada. La mayoría se contentan con un moisés, un cochecito o una silla para el auto.
- El moisés es una buena elección y puede servir como cama para un recién nacido hasta que tenga edad para dormir en una verdadera camita. El moisés es interesante porque se puede transportar de cuarto a cuarto y llevarse de viaje fácilmente. Pero cuidado, un moisés nunca puede reemplazar una silla para auto.
- La silla plegable, en cambio, es un equipo indispensable y muy rentable. Le servirá mientras su hijo no se sostenga sentado solo. Escoja pues un modelo resistente, con un sistema de sujeción ajustable según el peso de su hijo, con una armadura rígida o de tela resistente.
- Aunque es inútil si lava a su bebé en el lavabo, la bañera de plástico será necesaria cuando crezca. Puede sustituirla por una palangana grande. Cuide su espalda si la bañera del bebé está en el suelo y no a la altura de usted.

Equiparse para el paseo

- Si siempre ha soñado con una auténtica carriola tradicional, pues adelante. Pero sepa que la sillita transformable siempre será más manejable y económica. Una carriola cómoda puede, al principio, servir de cama.
- Al principio, es inútil comprar una sillita si tiene una carriola. Sin embargo, la sillita será indispensable a la larga. De entrada, mejor que sea sólida, cambiable, equipada con un capote para la lluvia y con ruedas de pivote si habita en una ciudad (más manejable).

PREPARARSE

Ideas de decoración

● Ésta es una decoración que puede, con el tiempo, ocupar todo lo ancho de la habitación. Empiece por recortar la forma de una locomotora en un cartón y píntela. Después sujétela con alfileres o engrápela al muro del cuarto (no muy alto, que su niño pueda verla). Cada vez que reciba una tarjeta postal, no tiene más que pegarle rueditas en la parte inferior, las cuales hará con cartón, y después cuelgue cada tarjeta postal detrás de la locomotora. Y así queda un nuevo vagón para el tren.

● En las primeras semanas después de dar a luz, seguramente recibirá muchas tarjetas de felicitación. Sujételas o engrápelas una debajo de otra en un listón largo de terciopelo negro y producirán un hermoso efecto, sobre todo si amarra el listón con un gran moño de terciopelo.

● Otra cosa que se puede hacer con las tarjetas de felicitaciones es un móvil, con unas varillas delgadas y cuerda, y sujetas encima de la cama del bebé o también sobre la mesa de cambio. Esto sólo requiere un poco de habilidad para lograr el equilibrio final.

PREPARARSE

La ropa de bebé

●4 camisitas de algodón (y trajes completos de talla 3 o 4 meses)
●3 camisitas más calientes
●6 mallones de algodón
●6 camisetas de una sola pieza de felpa
●2 chalecos
●6 pares de calcetines
●1 par de guantes de algodón (si el bebé se araña la cara)
●1 manta cerrada o un traje forrado de franela para exteriores
●1 gorro (a un bebé se le enfría la cabeza muy rápido)
●6 baberos
●6 pañales de algodón (para proteger la almohada, la ropa)
●2 trajes camiseta (para abajo del pijama)
●2 sábanas de cajón para el colchón
●1 manta ligera y suave
●4 fundas o sábanas de algodón.

- Aunque opcional, el portabebé es, sin embargo, muy práctico y económico. La forma "canguro" es la típica, pero es usted quien decide qué le conviene más. Lo esencial es que sea resistente, fácil de guardar y que usted y su bebé se sientan bien pegados uno al otro. El canguro tiene la ventaja de que le deja las manos libres. En cuanto al bebé, allí se calma muy rápido.
- Un último elemento indispensable para transportar a un bebé hasta los seis meses (nueve para el asiento) es la cama para el auto. Procúrese un sistema conforme a las normas de seguridad, e instálelo desde que salga del hospital. Como es fácilmente adaptable, la cama para el auto también puede servir como cama adicional durante unos meses.

El material pequeño

Ya se vio todo respecto al material grande de los primeros meses. Pero ahora le hará falta lo siguiente:
- biberones de primera edad con sus chupones, bien graduados (uno o dos si usted lo amamanta, seis si no lo hace);
- un sistema de esterilización, en frío y en caliente;
- un calientabiberones (una cacerola para hervir agua o el horno de microondas pueden servir);
- botellas de agua según convenga a su alimentación;
- una provisión de pañales de primera edad.

Por último, en algunos meses tendrá que completar el equipo con una sillita alta, un asiento para el auto, un corral y una cama de bebé con barrotes (o si no, un colchón puesto en el suelo...).

El ajuar

Nunca se sabe la fecha exacta de cuándo va a dar a luz, por lo que el ajuar también debe estar listo desde el octavo mes de su embarazo.

Durante las primeras semanas, el bebé pasa gran parte de su tiempo durmiendo. La ropa en la que está más cómodo es el pijama de una pieza, de tela elástica, también llamado mameluco.

Escoja la ropa un poco grande (talla 3 meses para cuando nace, salvo si el bebé es muy pequeño). Luego, cuando compre, tenga más en cuenta su constitución que su edad. Sólo compre telas suaves, cómodos, ligeros, lavables a máquina y, de ser posible, que no requieran plancharse.

Escoja preferentemente ropa que no se meta por la cabeza, que no se abotone por la espalda, y que se abra por abajo para cambiar el pañal. Con un bebé pequeño, siempre dé prioridad a la comodidad del bebé y a los aspectos prácticos.
A menudo, sobre todo con el primer bebé, una tiene ganas de darse el gusto de proporcionarlo lo mejor, lo más a la moda, lo más caro. No olvide que el bienestar del bebé reside en su propia comodidad y en el tiempo que pasan juntos. En los meses que están por venir, tendrá mejores cosas que hacer por su bebé que estar planchando pequeños pliegues en el encaje.
Tiene un mínimo de compras que hacer para el aseo y la ropa de un bebé (según la temporada); pero piense que probablemente reciba la ropa adicional como regalo.

La maleta para la maternidad

Es bueno prepararla también desde el octavo mes con el fin de estar lista si el bebé se adelanta. Además de las cosas del bebé, también tiene que preparar con atención sus cosas. La lista de la derecha es para que la ajuste según si desea amamantarlo o no, según sus gustos y en función de las exigencias de la maternidad.
Los últimos preparativos antes de dejar la casa:
- Llene el congelador (a su regreso, se sentirá mejor con sólo tener que recalentar y no tener que cocinar).
- Escoja el modelo de las participaciones y haga una lista de las personas a quienes se las va a enviar (incluso puede rotular los sobres desde antes).

PREPARARSE

Su maleta de maternidad

- **2 camisones abiertos al frente (las camisas viejas de hombre son muy prácticas) y una bata**
- **1 par de pantuflas**
- **1 maletín de baño (objetos de baño, agua mineral en aerosol, champú, pañuelos desechables)**
- **2 toallas y un par de guantes de baño**
- **1 secadora de cabello (muy útil en caso de una episiotomía)**
- **2 sostenes para lactancia**
- **calzoncillos desechables**
- **su libreta de direcciones**
- **algo con qué escribir**
- **una radio, un casete o un *discman* y su música favorita**
- **Revistas y libros...¡todo acerca del tema!**

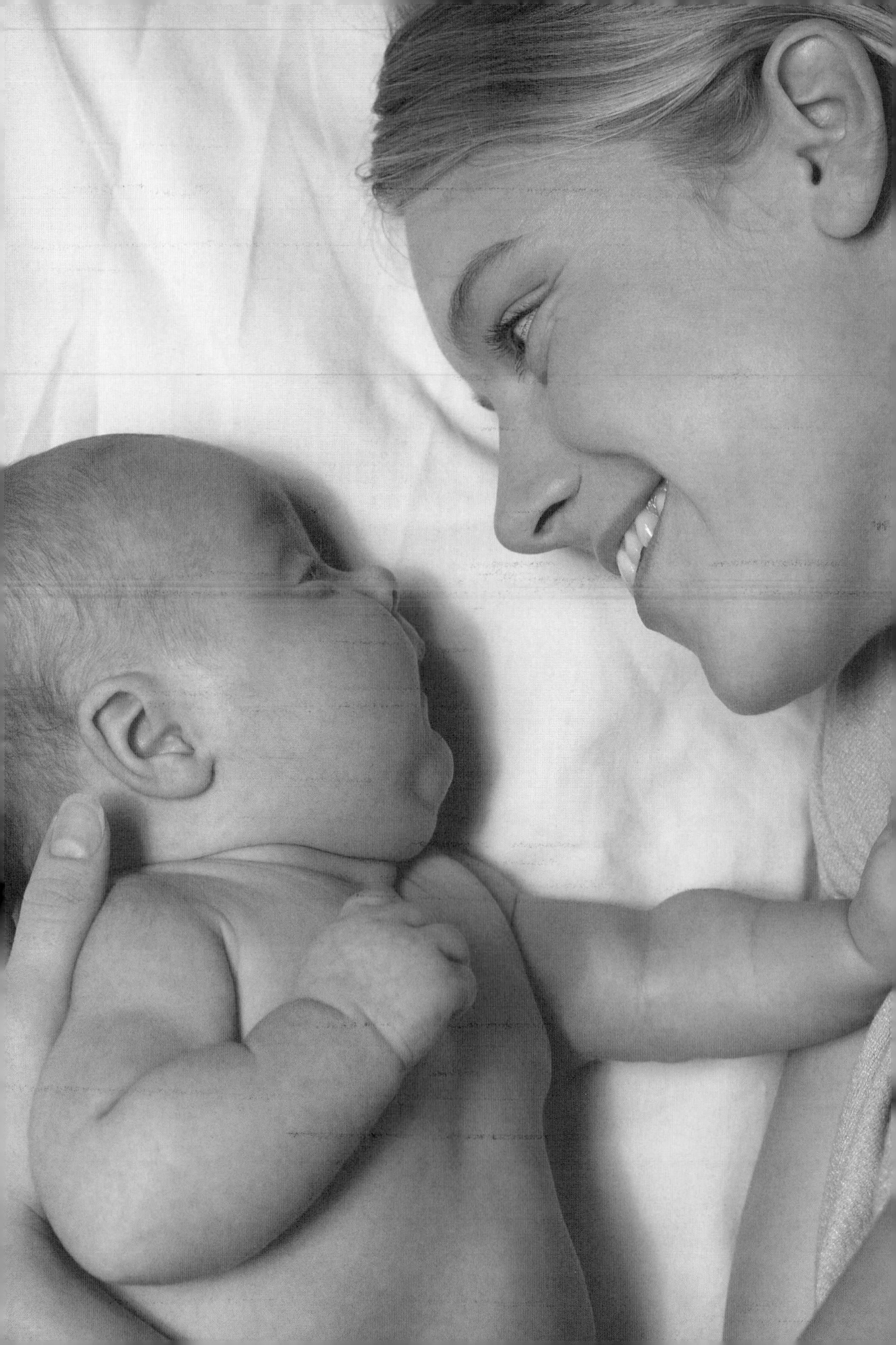

La estancia en la maternidad

El primer encuentro con su pequeñito. ¿Cómo aprovechar mejor esos pocos días en la maternidad?

El gran día ha llegado. Ya entró a la maternidad para traer a su bebé al mundo. Empieza una gran aventura para la que ni usted ni el papá se sienten realmente preparados. ¡Qué alegría, a veces mezclada con preocupación, da la idea de conocerlo después de tan larga espera! Nueve meses de cohabitar le han permitido entablar un diálogo, que ahora se irá enriqueciendo mucho a partir de su llegada al mundo.

Sala de parto, dolores, esfuerzos y, al final, el chillido, ese primer sonido de su bebé, que ya se encuentra fuera de usted. Si todo acontece con normalidad, en cuanto sale, le colocan a su bebé en el vientre, con la cabeza metida entre sus senos y con las piernas dobladas sobre usted, y poco a poco se normaliza su respiración. Es una niña, o bien, un niño, descubrimiento anunciado o confirmación de la ecografía (ultrasonido). Todo está en su lugar: diez deditos minúsculos, una nariz respingada... Todo comienza.

EN LA MATERNIDAD

El aspecto de su bebé

●La cabeza de un bebé parece grande, proporcionalmente con la talla del cuerpo. Efectivamente lo es en comparación con la de un adulto. Progresivamente tomará su forma bien redondeada.

●Algunos bebés nacen sin pelo, otros con mucho cabello y vellos que pronto se le caerán.

●Al nacer, todos los bebés tienen los ojos color azul oscuro, pero tomarán su color definitivo en el transcurso de los siguientes meses. Las lágrimas aparecerán también en unos cuatro o cinco meses.

●Con frecuencia la piel tarda unos días en tomar su lindo color rosado. Las marcas de nacimiento, muy comunes, desaparecen entre los seis y los dieciocho meses.

1er día: conocerse

O mejor dicho seguir haciéndolo...porque es evidente que el diálogo con el bebé ya estaba establecido durante el embarazo. Pero los días que pase en la maternidad realmente son el momento ideal para que, llena de amor y de disponibilidad, profundice el encuentro con su bebé recién nacido.

Las primeras impresiones

Ya está ahí, por fin, en sus brazos... ¡qué maravilla! Está completo: dos brazos, dos piernas, diez dedos de los pies... Su bebé es el más hermoso del mundo. Terso, redondito y de color rosa. ¿O no? Pues ya lo será en pocos días. Por el momento, quizás tiene...

...La piel cubierta de una capa blanca y viscosa. Es el vernix, que cubrió su epidermis y la protegió. También lo ayudó a "deslizarse" en el momento del parto. El vernix se quita cuando se lava al niño, pero es preferible que desaparezca por sí solo, lo que sucede en uno o dos días.

...La tez amarilla. Se trata de la ictericia del recién nacido, fenómeno que indica la destrucción de ciertos glóbulos rojos que ya no sirven, y que, en su forma normal, no necesita ningún tratamiento.

...La cabeza grande, un poco deformada, asimétrica o "en forma de cono". La cabeza de los bebés parece grande en comparación con la nuestra, ya que representa, en proporción, la parte más grande de su cuerpo (una cuarta parte de su tamaño total). Además, los huesos del cráneo del bebé todavía no están soldados y las presiones que padeció el cráneo en el parto pueden haberlo deformado ligeramente. Esto se acomoda solo.

...Una abundante cabellera negra y vellos en los hombros, la espalda, las orejas y la frente. Esto es común: todos esos vellos desaparecerán en unas semanas.

...Pequeños puntos blancos en la nariz y manchas rojas en la cara o en la nuca. También desaparecerán, los primeros más rápido que las segundas, pero éstas pronto quedarán cubiertas por el cabello.

...Los ojos azul grisáceo, oscuros. Esto no significa que vaya a tener los ojos azules. Deben pasar varios meses, a veces años, antes de que los ojos del bebé tomen su color definitivo.

Estos son signos que no deben suscitar ninguna angustia. Son naturales y, muy frecuentemente, desaparecerán por sí solos. Su bebé es realmente único en el mundo. La ve, la oye, le gustan sus caricias y se aprende su olor. En algunos días, será el más bonito de todos. En el momento de su nacimiento, el aspecto de su recién nacido puede sorprenderla... No se preocupe, todo se arreglará muy rápido.

Justo después del nacimiento

Su bebé se encuentra sobre usted, en su vientre, todavía todo pegajoso, con la respiración apenas establecida. Ponga al bebé boca abajo, con la cabeza cerca de sus senos y las piernas dobladas sobre usted. Cúbrale toda la espalda con las manos y déle masaje, con mucha suavidad y ternura.

Que su primer contacto sea con usted, piel con piel, cuando esto sea posible, y no con la especialista en bebés o con una manta. Si el padre está presente, también él puede tener este contacto muy precoz con su bebé poniendo su mano cerca de la de usted.

Primero, una puericultora o una especialista se llevará a su bebé por algunos minutos para un rápido examen: liberación de las vías respiratorias y digestivas, colirio, aseo, colocación del brazalete de identificación. Después le regresarán a su bebé, y podrá conocerlo mejor. A veces, podrán darle un baño justo al lado suyo. Finalmente, después de una hora o dos, si todo va bien, estarán otra vez juntos en la habitación y podrá conocerlo con toda tranquilidad.

Durante las horas siguientes

Si el parto se dio con normalidad, sin mucho sufrimiento para ninguno de los dos, el bebé permanece cerca de la madre durante más o menos dos horas, en la sala de parto. Incluso si el bebé está en incubadora, puede pedir que la pongan cerca de usted, a su alcance.

Quedará sorprendida al ver a su hijo tan despierto, calmado, tranquilo y atento, como si ya hubiera olvidado la "tempestad" de la que salió. El recién nacido, en este momento, es totalmente receptivo a su mirada, a sus palabras, y sensible al recibimiento que usted le dé, no lo dude.

Una vez transcurridas estas dos horas de estar frente a frente, la regresarán a su habitación para que coma y repose. Volverá a estar con su bebé un poco más tarde, ya vestido y acostado en su cuna, deseoso de verla nuevamente.

A veces ocurre que un problema de salud que afecta a la madre o al niño les impide aprovechar al máximo estas primeras horas. Si es su caso, no se sienta mal: en cuanto pueda, recupere el tiempo perdido aumentando la atención y la ternura.

EN LA MATERNIDAD

La "afinación"

Esto es lo que los especialistas a veces llaman "afinación", es decir el acuerdo que se establece entre el recién nacido y su madre, pero también con su padre, y que empieza desde que llega al mundo.

Utilice esos momentos para:

- **hablarle suavemente a su bebé, darle la bienvenida;**
- **continuar acariciándolo tiernamente, la cabeza, a lo largo de la espalda, después todo el cuerpo; verdaderas caricias lentas y suaves, pero no se conforme con caricias rápidas; las primeras pueden dar como resultado mucho bienestar en el plano fisiológico para ambos;**
- **coloque a su bebé en su seno si desea amamantarlo;**
- **intercambie con el papá sus primeras impresiones y pídale que tome las primeras fotos.**

EN LA MATERNIDAD

Pegado a usted, un lugar privilegiado para el niño

● De este modo, el bebé vuelve a escuchar el ruido de los latidos de su corazón que lo arrulló durante todo el periodo intrauterino. Volver a escuchar ese mismo ruido "afuera" es un elemento importante para apaciguar al bebé y ciertamente desarrolla en él un sentimiento de seguridad.

● Pegado a sus senos, el bebé percibe su olor y ya tiene el reflejo de refugiarse allí.

● Si usted y el padre le hablan a su bebé, llámenlo por su nombre, volverá a escuchar sus voces, cuyas vibraciones ya percibió antes de escucharlas. Seguramente, esas voces las percibe de manera diferente de como las oía en el útero, pero dado que tienen las mismas inflexiones y los mismos acentos, el bebé las reconocerá.

Descubrirse

Durante los primeros días de su vida, el contacto de un recién nacido con su madre es muy importante. A través del contacto físico precoz se establece un lazo único e inalterable.

Los primeros encuentros

Los pocos días que pase en la maternidad, liberada de responsabilidades y de preocupaciones materiales, serán benéficos si aprovecha para:

1. Descansar.
2. Conocer a su hijo.
3. Hacer todas las preguntas que se le ocurran, incluso las que le parezcan demasiado simples. Para no olvidar nada, escriba sus preguntas en una hoja de papel a medida que le vayan surgiendo: las hará justo en el momento de la visita de la puericultora o del médico.

Procure, sin importar cuáles sean las reglas vigentes en la maternidad, tener a su bebé con usted en los momentos cuando esté despierto, que son muy breves. En sus brazos, su bebé percibe de nuevo el ritmo de su corazón, que ya conocía muy bien, aprende a identificar su voz y descubre su olor, que en poco tiempo será capaz de reconocer. A veces hay problemas de salud que impiden que la madre y el bebé se encuentren rápidamente y que aprovechen al máximo esos días de intimidad. Si es su caso, no se decepcione. Pida que pongan en la cuna del bebé una playera o una mascada (pañuelo) suya con su olor y vaya a verlo lo más que pueda.

El amor materno

Contrariamente a lo que una se imagina, el amor materno no siempre es inmediato. Aunque algunas madres se deshacen inmediatamente en halagos ante su pequeño, otras, agotadas por el parto, preocupadas o decepcionadas con respecto a sus expectativas, se sorprenden al no sentir atracción hacia su bebé.

Pocos son los partos perfectos y pocos los bebés que se asemejan al bebé soñado. Hay que tener en cuenta las hormonas y la fatiga... A fin de cuentas, el amor de los padres por su hijo se desarrolla en el curso de los primeros días, luego se va profundizando con la fuerza de lo cotidiano, mediante los miles de pequeños lazos que van tejiendo un sólido vínculo.

El *baby-blues* o la depresión posparto

Esos pocos días les pertenecen a usted y a su bebé. Ni él ni usted están enfermos. El personal médico está para atenderlos, pero también para ayudarlos a ambos a empezar bien su vida en común.

Una secuela muy frecuente

Estos pocos días y este lugar, que presenció el nacimiento de su hijo, se le quedarán grabados toda la vida. Lo que aprenda en el transcurso de esta estancia le dará confianza para cuando regrese a casa. Es por eso que resulta, desde todos los puntos de vista, tan importante. Con frecuencia, en los días posteriores al parto, la joven mamá se siente vacía, triste, abatida, aunque no esté sola y lo tenga "todo para ser feliz".

Diferentes razones

Esta secuela, muy frecuente, tiene varias explicaciones.

- Algunas son fisiológicas: trastorno hormonal, adelgazamiento brutal, falta de sueño.
- Otras son psicológicas: sentimiento de soledad y de terrible responsabilidad, separación del niño, etc.

Para salir de este estado, que por suerte es pasajero:

- No se quede sola: llame a su madre, a una amiga o pida a su cónyuge que se tome un día de licencia.
- Deje a un lado lo que no sea indispensable y dedíquese total y únicamente a su bebé.
- El contacto "piel con piel" entre usted y su bebé es muy importante. Déjelo expresar cuán feliz está de haber llegado a casa y lo bien que hizo al elegirla como madre.
- Descanse lo más posible.
- No olvide darse "pequeños placeres" que le suban el ánimo.
- Ármese de paciencia.

EN LA MATERNIDAD

Consejos para la maternidad

- **Excepto en los casos de emergencia médica, usted tiene la palabra sobre la manera en que deberán ocuparse de su bebé. Si sus peticiones son razonables (tener al bebé cerca de usted por la noche, por ejemplo, o lo contrario), exprésela con gentileza y firmeza, y no tema por lo que puedan pensar de usted.**
- **Si está amamantando, tiene el derecho de hacerlo cuando lo pida el bebé y no en los horarios de servicio.**
- **Solicite los medicamentos que existen para aliviar las pequeñas molestias (hemorroides, constipación, cólicos, los senos obstruidos, etc.). No olvide informarse sobre los efectos secundarios de estos.**
- **Si está cansada tiene derecho a rechazar o limitar las visitas. Ya tendrá usted tiempo cuando regrese a casa.**
- **Levántese y camine en cuanto pueda.**
- **Pida que la dejen cuidar y darle un baño al bebé, en compañía de la auxiliar de puericultura.**
- **Haga todas las preguntas que tenga. Prepare las que le haría al pediatra cuando lo visite una vez que haya salido de la maternidad.**

Las capacidades de los recién nacidos

El bebé siempre nace muy desprotegido, sin acabar de desarrollarse y dependiente. Pero desde el advenimiento de la "bebología", nueva ciencia que tiene por objeto el estudio de las capacidades y el comportamiento de los bebés, se sabe que ellos son "verdaderas personas" –cosa que, me parece, las madres nunca habían puesto en duda. En el mundo entero hay equipos que ya trabajan en este tema. Los científicos han elaborado material basado en la "succión no nutritiva": cuanto más se interesa un bebé por una situación, más fuerte jala una tetina conectada a un captador.

Sobre las capacidades del bebé

Actualmente se sabe con certeza que:
- el recién nacido oye y ve, reacciona a las caricias;
- reconoce el olor y la voz de su madre, y luego de su padre;
- es sensible a las voces y a las palabras pronunciadas;
- marca preferencias auditivas, visuales y gustativas;
- le atrae más lo complejo que lo sencillo;
- busca las miradas y mira fijamente;
- imita la mímica del rostro;
- aprende y sabe modular su comportamiento ante una misma situación;
- busca comunicarse con otros seres humanos.

Esta última capacidad es la más importante y la más real. El bebé, como dice M. Thirion, "es capaz de anticiparse a su propio desarrollo y de manifestar un cerebro activo y actuante, capaz, desde el nacimiento, de comunicación social profunda y selectiva".

El primer chequeo médico

Antes de dejar la maternidad, su bebé pasará, en su presencia, un examen médico riguroso efectuado por el pediatra de la institución y destinado a verificar que todo esté en orden. Es importante que el chequeo se lleve a cabo cuando el bebé esté despierto, dispuesto y tranquilo. El examen resulta toda una prueba para el bebé, pero a menudo maravilla a los padres, que aprovechan para hacer sus últimas preguntas al pediatra.

EN LA MATERNIDAD

Los puntos clave del chequeo médico

- **Examen de las suturas de los huesos del cráneo y de las fontanelas, que son los espacios membranosos blandos entre el hueso frontal y los huesos parietales del recién nacido.**
- **Escuchar el ritmo cardiaco y la auscultación pulmonar para buscar posibles anomalías o malformaciones.**
- **La palpitación del abdomen y sus órganos internos principales.**
- **Inspección de las manos y los pies, así como de los órganos genitales.**
- **Control de la tonicidad: ¿el bebé reacciona bien a la estimulación, sigue con la mirada los objetos, se comunica, etcétera?**
- **Verificación de la cicatrización del ombligo y de las caderas (con el fin de detectar alguna posible luxación).**
- **Toma de medidas (talla, peso, perímetro craneal).**
- **Verificación de los reflejos primarios. Desde el nacimiento, el bebé ya "sabe" hacer ciertas cosas, de entre las cuales olvidará algunas en unas cuantas semanas y deberá volver a aprenderlas. Citemos: el reflejo automático de caminar, el reflejo de sostenerse (el niño se agarra muy fuerte con las manos), el reflejo de succión (el bebé mama de manera espontánea), el reflejo de estiramiento cruzado de las piernas.**

Amamantar, ¿sí o no?

En Francia, más o menos una de cada dos mujeres eligen amamantar (sube al 90% en los países escandinavos). Pecho o biberón, la elección es difícil. Depende de muchos factores: la tradición familiar, la influencia de los médicos, la relación que establece la mujer con su propio cuerpo, la idea que se forma de su papel como madre.

Con frecuencia, la madre elige amamantar a su bebé o no hacerlo antes del parto. Puede que no sea lo mismo para el primer bebé que para el segundo. Hablar de ello con el padre del niño permite tomar una decisión en conjunto, que recaerá en ambos. Pero, en el fondo, le corresponde a cada mamá joven preguntarse acerca de su convicción interna y tomar la decisión con la mayor libertad posible. La elección que tome de acuerdo con sus sentimientos profundos será la adecuada. El punto de vista de los padres a veces es diferente: si bien amamantar excluye al padre del acto íntimo de las comidas, para la madre, en cambio, es algo muy limitante y le exige una gran disponibilidad.

Ésta es una elección personal que cada mujer es libre de tomar, aunque no debe olvidarse que la leche materna es el alimento ideal para el bebé.

AMAMANTAR, ¿SÍ O NO?

Las ideas existentes

Verdadero

- **Amamantarlo fatiga. Descanse cada vez que sea posible.**
- **Hay que beber mucho (dos litros de agua al día además de lo que bebe en la comida).**
- **El alcohol que bebe pasa a la leche. Entonces, absténgase al máximo de ingerirlo.**
- **Algunos alimentos de olor fuerte le dan cierto sabor a la leche (puerro, espárragos, col, etc.).**
- **Amamantar refuerza las defensas naturales del bebé contra algunas enfermedades.**
- **Poner al bebé en el seno hace que salga la leche.**

Falso

- **Amamantar engorda (o impide adelgazar).**
- **Amamantar deforma los senos (no, esto lo provoca el embarazo).**
- **No se puede amamantar cuando los senos son muy pequeños (el volumen no tiene nada que ver).**
- **La cerveza hace que salga la leche (o las lentejas u otras cosas).**
- **Si mi leche es muy clara, no es muy nutritiva.**
- **A mi bebé no le gusta mi leche, lo hace vomitar.**
- **No amamantar al bebé lo traumatiza.**

Ser madre según su propio temperamento

Una no es mala madre por no amamantar a su bebé, o por no sentirse invadida de inmediato por la fuerza del instinto materno. Le corresponde a cada una encontrar su manera de ser madre, según su propio temperamento.

Pero es bueno saber que los momentos de la comida son momentos en extremo privilegiados para el bebé, sobre todo a una edad en la que pasa gran parte del día durmiendo. Tanto el biberón como el pecho pueden darse en un contacto de gran intimidad. Hecho bolita en sus brazos, el bebé percibe su olor, y mientras usted le habla dulcemente y le sonríe, él la mira…

Es justamente este ambiente de calma, de dulzura, de placer íntimo y compartido lo que resulta esencial, y no tanto la leche misma (las leches sustitutas son de excelente calidad) o su "envase".

Aquí van algunos elementos que pueden facilitar su decisión.

El calostro

Si elige amamantar a su bebé, lo mejor es empezar desde el parto. Sus pechos no producirán leche, propiamente dicha, sino hasta dentro de tres días. Pero mientras eso ocurre, producen un líquido amarillento que antecede a la aparición de la leche y que se llama *calostro*.

Rico en proteínas y en sales minerales, pobre en grasa y azúcar, es perfecto para las necesidades del recién nacido. Como es ligeramente laxante, ayuda a la expulsión del meconio, una sustancia negruzca presente en los intestinos del bebé al momento de nacer.

El calostro también contiene numerosos anticuerpos, que la madre transmite a su bebé y que lo protegen contra infecciones.

Ya ve usted la maravilla que es el calostro: no prive a su bebé de él. En algunas maternidades, la costumbre es separar a las madres del bebé con el fin de que descansen. Le corresponde a usted pedir que se lo lleven para darle el pecho cada vez que él lo pida.

Lactancia de pecho

Ha elegido amamantar a su bebé. En este caso, seguramente le propusieron ponérselo en el pecho en las horas posteriores al nacimiento. Este contacto precoz con el pecho favorece que baje la leche. Durante los primeros días, los pechos segregan calostro. Luego, la composición de la leche va a evolucionar en el transcurso de una misma succionada (aumenta el contenido de materia grasa), en el transcurso del día (la leche es más rica en la noche) y al transcurrir las semanas, para adaptarse a las necesidades del niño. La leche materna le da al niño exactamente lo que necesita.
La leche materna es la mejor leche que el bebé puede recibir. Perfectamente adaptada a las necesidades del recién nacido, su composición aporta al niño anticuerpos para luchar contra las infecciones y parece satisfacer mejor que la fórmula las necesidades de succión del bebé. Por último, la leche materna, de digestión más fácil y rápida, provoca menos reflujo.
El punto de vista afectivo también es muy importante. Para la madre que así lo decidió, amamantar al bebé es una aventura maravillosa que preserva la intimidad y crea una complicidad duradera entre ambos.

El punto de vista del bebé es sencillo: amamantarlo es algo que le sienta a la perfección.
Por varias razones:

- Está previsto específicamente para cada niño y se va modificando en calidad y en cantidad, según sus necesidades.
- Le proporciona anticuerpos que lo inmunizan contra muchas enfermedades.
- Permite al bebé regular solo su apetito y sus necesidades, y a la madre le da la oportunidad de conocer a fondo sus ritmos. Simbólicamente, refuerza la relación y mantiene un vínculo corporal.
- Es perfectamente digerible y no provoca ninguna alergia.
- Llena la necesidad de contacto y de proximidad "cuerpo a cuerpo" con la madre, con lo que satisface la necesidad afectiva del bebé.

¿Qué mujeres pueden amamantar?

A excepción de algunas contraindicaciones no comunes, todas las mujeres pueden amamantar, sea cual sea el tamaño de sus senos y la forma de sus pezones.
Al principio, la puericultora puede ayudarla. Pasado un breve periodo de iniciación, a veces delicado, el amamantar al bebé se volverá más fácil y más regular.

AMAMANTAR, ¿SÍ O NO?

Algunos consejos

- **Alterne los pechos de una ingesta a otra.**
- **Ayúdelo a meter el pezón en su boca.**
- **Evite complementar las tomas con un biberón.**
- **La higiene de los senos debe ser rigurosa.**

Instalarse cómodamente para dar el pecho

Colocarse en una posición cómoda es muy importante. De noche, la mamá puede acostarse de lado, apoyándose sobre una almohada grande, e instalar a su bebé frente a ella, en el hueco que hace su brazo. De día, es agradable estar sentada en un sillón muy bajo, apoyando los brazos, con el niño en posición semivertical, y que su cabeza repose en el hueco del brazo.

Cuando hacían ayunar a los bebés

Antes, era tradición hacer ayunar a los bebés en las horas posteriores al parto, hasta que se comprobó que el reflejo de succión es muy fuerte y precoz; ponerlo al pecho desde el parto ofrece buenas posibilidades para que desarrolle el reflejo naturalmente y sin problemas.

AMAMANTAR, ¿SÍ O NO?

Si aún duda...

- **Sepa que siempre se puede pasar del pecho al biberón, pero nunca a la inversa. Pruebe entonces por unos días y para saberlo con certeza.**
- **Todas las madres pueden amamantar, salvo raras excepciones médicas, y su leche nunca es "demasiado pobre".**
- **La lactancia materna a veces fatiga pero no hace que se cuelguen los senos, no impide recuperar la línea y permite una buena retractación del útero.**
- **La hormona prolactina que activa la producción de leche también frena la ovulación. Pero en ningún caso debe considerar eso como un método anticonceptivo eficaz.**
- **Amamantar es económico y práctico, ¡la comida siempre está lista!**

Los horarios

No se preocupe si los horarios de lactancia le parecen muy desordenados, en poco tiempo pedirá comer espontáneamente a horas fijas.

Sin un régimen particular

La mujer que amamanta puede alimentarse con absoluta libertad y comer todo lo que le guste. Si bien los alimentos dan cierto sabor a la leche, esto sólo favorecerá la diversificación alimenticia ulterior del bebé. La madre tiene que beber agua en cantidades suficientes. Por el contrario, es indispensable que evite el tabaco y el alcohol, al igual que todo medicamento que el médico no haya autorizado.

Ofrecer cuando se lo pida

Al principio, hay que amamantar según se lo pidan. El bebé sabe cuándo tiene hambre y le toca a él determinar el ritmo de sus comidas y la cantidad que debe absorber.

Téngale confianza a su bebé: él conoce perfectamente sus necesidades. Responder a ellas significa hacer que se tengan confianza, él y usted: este mundo es bueno porque a uno lo abrazan tiernamente y lo alimentan cuando el estómago grita ¡tengo hambre! Así que no sirve de nada despertar a un niño que duerme para alimentarlo. Cada bebé encuentra el ritmo que le conviene, que es diferente en cada bebé. Use la báscula con paciencia (verificar el peso una vez por día es suficiente, y luego una vez por semana), y no abuse del reloj.

Lactancia con biberón

Es inútil sentirse culpable si, por elección o por necesidad, escogió alimentar a su bebé con biberón. Sepa que las leches de fórmula a la venta en los comercios están muy bien adaptadas a sus necesidades.

Se requieren buenas condiciones de higiene al preparar y limpiar los biberones. Pero ante todo, el bebé necesita amor, tiempo y atención. La comida es un momento privilegiado de intercambio y de intimidad en el que el bebé percibe su olor, su mirada, su sonrisa... Eso es mucho más importante que la manera de alimentarlo. Y además, el papá puede participar igualmente y alimentar a su bebé, lo que puede ser muy importante para él y aligerar la carga a la mamá.

Entonces, si optó por el biberón, hágalo con alegría: el bebé se sentirá igualmente feliz y bien alimentado.

Cómo hacerlo

Ya sea que lo amamante o le dé biberón, es importante que se instale cómodamente. El bebé percibe el relajamiento tanto como la tensión muscular de quien lo tiene en sus brazos, y eso ciertamente no deja de tener incidencia en su apetito.

Instalarse cómodamente

La mejor posición consiste en sentarse en un sillón y apoyar el brazo que sostiene la cabeza del bebé sobre el brazo del sillón. Mientras el bebé es muy pequeño, resulta menos cansado ponerlo sobre un cojín o una almohada colocada sobre las rodillas de quien lo vaya a alimentar, con el fin de tenerlo a la altura adecuada. Si la madre amamanta acostada, puede tenderse de lado, con la parte de arriba del cuerpo levantada con una almohada, y acostar a su bebé junto a ella. No es recomendable que el bebé beba en posición totalmente horizontal.
Cada madre, al cabo de algún tiempo, sabrá encontrar la posición en la que se sienta mejor.

¿Su bebé sigue llorando después de comer?

- Puede ser que todavía tenga hambre: propóngale una pequeña ración extra para asegurarse.
- Puede ser que tenga una digestión difícil o sufra de cólicos intestinales: tómelo en sus brazos, arrúllelo y acaríciele suavemente el vientre.
- Si llora de cansancio, arrúllelo un poco y después acuéstelo. No tardará mucho en dormirse.
- Finalmente, es posible y frecuente que llore porque no chupó lo suficiente. Ayúdelo a tomar sus dedos o déle un chupón: eso lo apaciguará.

Los biberones

Si decidió no amamantar a su bebé, preparar los biberones será el primer problema al que se enfrentará en cuanto haya regresado a casa. Aunque al principio parece complicado, sepa que muy pronto se acostumbrará. No es algo muy complicado si sigue las indicaciones de uso. Por lo general, después de veinte biberones, el padre y la madre ya lo dominan a la perfección…

AMAMANTAR, ¿SÍ O NO?

Las sonrisas angelicales

¿Qué padre no espera impacientemente esa primera sonrisa de su bebé, signo evidente de bienestar? Durante las dos o tres primeras semanas de vida, le sorprenderán esas primeras sonrisas en la cara de su bebé, que llamamos las *sonrisas angelicales* porque parece más bien que se dirigen hacia el cielo (o hacia el interior) en vez de a una persona en particular.

Un sentimiento de placer

Esas primeras sonrisas sólo implican a la parte baja de la cara y con frecuencia, no van acompañadas de ningún otro gesto de los ojos. Sin embargo, ¡qué conmovedoras son! A pesar de que no parezcan dirigidas a nadie en particular, reflejan muy bien un sentimiento de placer. ¿A qué se deben esas sonrisas? Es muy difícil saberlo. A menudo aparecen después de la ingesta, se podría pensar que son testimonio de una sensación de plenitud y de satisfacción. ¿O quizás responden a una imagen interior? No se sabe. Que cada quien imagine lo que quiera…

AMAMANTAR, ¿SÍ O NO?

Preparar un biberón

Puede preparar los biberones del día con anticipación, con la condición de conservarlos en el frigorífico (y por no más de veinticuatro horas) y de recalentarlos uno por uno. Pero nunca conserve la leche que el bebé deja en el biberón para la siguiente comida. Si tiene horno de microondas, es igual de rápido preparar los biberones a la hora de comer. Se puede proceder como sigue:

- **Ponga la cantidad de agua necesaria en el biberón.**
- **Caliente el agua (en el microondas, a baño maría, en el calentador de bi-berones). Con el agua a temperatura ambiente (20 °C) o tibia, es suficiente.**
- **Ponga la cantidad de medidas de leche al ras correspondientes a la cantidad de agua.**
- **Ajuste el chupón y la taparosca.**
- **Agítelo levemente para disolver el polvo.**
- **Coloque unas gotas en el dorso de su mano para ver si la temperatura es la correcta.**

El biberón está listo.

El material que necesita: biberones, tetinas, esterilizador, agua mineral en botella, leche en polvo.
Necesitará alrededor de 7 biberones por día. Si no quiere esterilizar muy seguido, compre siete biberones grandes (220 g) y uno pequeño (para el agua y los jugos de fruta). Los biberones deben poder esterilizarse y de preferencia ser irrompibles (un día su bebé los usará solo…).
Tenga un número mayor de tetinas que de biberones: se gastan más rápido y tienen que cambiarse tan seguido como sea necesario.

La esterilización

Tiene la opción de elegir entre dos sistemas:

- Esterilización en caliente: en un esterilizador, en una olla de presión o simplemente en una cacerola llena de agua en ebullición. Los biberones, las tapas y las tetinas, previamente bien lavados y enjuagados, tienen que hervir durante 20 minutos.
- Esterilización en frío (la más práctica): sumerja una pastilla esterilizante en un recipiente lleno de agua fría (con tapadera). Sumerja los biberones y las tetinas limpias, de manera que queden bien cubiertos de agua.

Déjelos sumergidos durante 15 minutos. Puede ir sacando los biberones a medida que los necesite. No es necesario enjuagar los biberones. En cambio, es recomendable escurrirlos bien y enjuagar las tetinas con el agua que usa para preparar la leche de fórmula. Tiene que preparar la solución a diario.

La leche en polvo

Respecto a la leche, se trata de un ALD (alimento lácteo dietético) para primera edad. Estos alimentos se fabrican con leche de vaca, modificada y transformada con el fin de satisfacer las necesidades del bebé. Están totalmente adaptados a la alimentación del bebé, desde el nacimiento hasta los cuatro meses.
Un solo requerimiento: respete la cantidad indicada para la reconstitución, que generalmente es de una medida al ras (no copeteada) para 30 g de agua. Aumentar la proporción de leche en polvo no hará más que perjudicar la salud de su bebé.

La preparación de los biberones

Un recién nacido bebe en promedio cada tres o cuatro horas. Pero eso depende mucho del peso y del apetito de su hijo. Lo mejor es que se deje guiar por él. Un bebé con hambre sabe perfectamente cómo darse a entender con sus chillidos.

Al principio, el ritmo de las comidas será por fuerza irregular. Si el bebé duerme desde hace tres horas, no sirve de nada despertarlo para que coma. El hambre se encargará de hacerlo. Seguir las necesidades de su bebé requiere de una gran disponibilidad, pero es así como las cosas se van acomodando más fácilmente. Verá muy pronto que sus horarios se estabilizan al pasar las semanas.

El orificio de la tetina

Las tetinas de primera edad no necesitan más que un pequeño orificio. Resultan convenientes para la leche y el agua durante las primeras semanas. Las tetinas de orificios más grandes serán útiles cuando la leche sea más espesa.

Para saber si el orificio tiene el tamaño correcto, ponga de cabeza el biberón lleno: el biberón deberá dejar pasar el líquido gota a gota rápidamente. Si el chorro es demasiado rápido, cambie la tetina y guárdela para las futuras papillas. Si es demasiado lento, agrande el orificio con una aguja caliente.

¿Qué cantidad de leche darle al bebé?

Esto depende de su edad y su peso. Empiece por 45 g, después siga los consejos de su médico. Pero el mejor guía será su bebé, que debe comer según el hambre que tenga, pero al que nunca se deberá obligar a hacerlo. Si ya no tiene hambre, dejará de beber. Por el contrario, si se acaba de un tirón todos los biberones, ya es tiempo de aumentar las cantidades.

Si tiene alguna duda, prepare biberones un poco más llenos de lo necesario, y deje que el bebé tome lo que quiera. La cantidad puede variar de una comida a otra.

Alimentarlo a horas específicas o cuando lo pida

Su bebé no es una máquina: los horarios de sus comidas no pueden regularse por computadora. Tiene su propio ritmo, que usted irá descubriendo poco a poco. Ciertos días

AMAMANTAR, ¿SÍ O NO?

Preguntas sobre los biberones

- **¿Cuántos biberones darle al día?**
Un recién nacido ingiere con una frecuencia de alrededor de tres horas, más tarde, cada cuatro horas, lo cual significa siete, después seis ingestas por día. El número varía y depende del peso de cada niño.
- **¿Cómo conservar fresco un biberón en un paseo un día de mucho calor?**
Llene sólo un cuarto del biberón. Póngalo en el congelador. Al momento de partir, llénelo con jugo de naranja o agua. Envuélvalo en periódico. El hielo se derretirá lentamente y el biberón se conservará fresco para que lo beba.
- **¿Qué hacer si usted usa lentes para leer los numeritos o los puntos que corresponden a las salidas en la botella?**
Éste es un truco que le simplificará la vida. Ponga una raya de barniz de uñas frente a la salida que desea en la tapa del biberón, así ya no se equivocará.
- **¿Cómo evitar que los biberones se derramen en su bolsa?**
Antes de colocar la pieza de la rosca, enrolle un poco de cinta adhesiva transparente alrededor del biberón, en la rosca. Eso hace que cierre herméticamente. Pero no olvide retirarla antes de alimentar a su bebé.

AMAMANTAR, ¿SÍ O NO?

Algunas consideraciones sobre los biberones

• Muchas madres recalientan los biberones en el microondas pues es práctico y rápido... pero muchos bebes se queman. El biberón está tibio pero la leche está hirviendo. Así pues, sea prudente y siempre vierta una gota de leche en el dorso de su mano, para verificar la temperatura.

• ¿A qué temperatura se debe dar el biberón?
La temperatura ambiente es suficiente para el bebé, unos 20 °C.
Si quiere que esté un poco más caliente, deje la botella de agua sobre el radiador. Si el biberón estaba ya listo en el frigorífico, mejor entíbiela en el calentador de biberones, en baño maría, o unos segundos en el horno de microondas.

o a ciertas horas podrá tener más apetito. Además, todos los bebés son diferentes. Según su peso, tienen necesidades diferentes en cuanto a la cantidad que comen y a la regularidad con que lo hacen. No se deje llevar por palabras como "déle una comida cada tres horas" o "déjelo diez minutos en cada pecho". Esas tres horas o esos diez minutos no se tienen que cumplir al pie de la letra y no deben hacer que todo el tiempo esté con el ojo en el reloj. Más bien, concentre su atención en su bebé, con el fin de aprender rápidamente a interpretar las "señales" que le manda en cuanto a su apetito y su saciedad. Es verdad que cierta regularidad en las horas de comida es benéfica para el niño y a ustedes, como padres, les permite prever y organizarse. Pero esta regularidad se va a ir dando lentamente, sin que tenga que forzar las cosas, incluso si admite que "tres horas" bien pueden ser dos horas y media o cuatro.

Comprenda las necesidades de su hijo

La leche materna se digiere más rápido que la leche en polvo. Amamantó a su bebé hace dos horas, pero ya está llorando. ¿Lo va a dejar que llore de hambre hasta que sea la hora prevista? Es algo totalmente inútil y perjudicial. La ventaja del pecho es justamente que el bebé toma la cantidad que quiere, sin que usted tenga que preocuparse.
Procure hacer lo mismo si su bebé toma biberón. Él también tiene derecho a tener más o menos hambre, antes o después de la hora. No deje que su bebe aúlle de hambre, pero tampoco lo obligue a acabarse los biberones.
Forzar a un bebé a adoptar un ritmo estricto que no sea el suyo corre el riesgo de provocar molestias y dificultades.

Un momento de intimidad

Todas estas nociones dan una imagen un tanto técnica de la lactancia. En realidad, todo eso se convierte muy rápido en una rutina que se efectúa sin ninguna dificultad en particular.
No por eso hay que olvidar o colocar en segundo plano que lo más importante es el intercambio de intimidad y ternura que ofrece el momento de las comidas.
Para dar el biberón, no deje que la distraiga el teléfono o la televisión. Su bebé frecuentemente la mira a los ojos: está tratando de comunicarse. Con frecuencia emitirá peque-

ñas señales o gruñidos que usted aprenderá a interpretar. Relájese, sonríale, háblele. Cuando el bebé ha acabado de comer, se siente colmado y feliz. Sucede que se duerme rápidamente, en un estado de total beatitud.

Cuando el papá le da el biberón, no solamente le quita la carga a la madre (¡sobre todo en las noches!), sino que también se da la oportunidad de crear, por su parte, un lazo estrecho y privilegiado con su bebé. Todas estas técnicas parecen complicadas: las aprenderá rápido. Lo esencial reside en el placer de los tiernos encuentros que son los momentos de las comidas.

Tómese el tiempo de dejarlo beber a su ritmo, incluso si a veces se detiene para descansar. Déle tiempo de eructar, sin que se vuelva una obsesión. Con su padre al igual que con su madre, al bebé le gusta hacer de la hora de la comida momentos de dulce complicidad, y dormirse tranquilamente en los brazos que lo resguardan.

El eructo

El eructo es un reflejo digestivo que corresponde a una expulsión de aire del bebé, a veces acompañada de un poco de leche. El bebé generalmente se traga ese aire junto con la leche al momento de mamar; ocurre poco en los bebés alimentados con pecho, es más común en los que usan biberón.

Algunos bebés esperan a que se acabe el biberón para emitir rápidamente un eructo bien sonoro. Otros necesitan dos o tres pausas durante la comida para expulsar cada vez un poco del aire tragado. Usted lo notará en el hecho de que el bebé deja de mamar, rechaza y se pone levemente tenso. De todas maneras es aconsejable procurar, durante la comida, una "pausa para eructar".

Ignoro por qué se le da tanta importancia al famoso eructo. Si bien algunos bebés están incómodos y emiten eructos fuertes, a veces varios mientras están comiendo, otros bebés no lo están en absoluto y se contentan con un eructo al terminar, y a veces ni eso. Esto no tiene importancia.

"Sacar el aire" no es indispensable y no requiere despertar al bebé dormido en el pecho ni que con fuerza le den golpecitos en la espalda. Una vez que haya acabado de comer, ponga al bebé contra usted, con el mentón apoyado en su hombro, y mézalo. Si no saca el aire en diez minutos, puede ponerlo en su cama.

Comprenda las necesidades de un bebé

Téngale confianza a su bebé ya que está maravillosamente equipado para conocer o expresar sus propias necesidades. Solamente desea, para sentirse feliz y seguro, que usted lo comprenda y que le responda.

El hipo

Con frecuencia los bebés tienen hipo. Este reflejo ya lo tenía mientras estuvo en su vientre. No se preocupe puesto que no les hace mal y se quita solo.

Ayudar al bebé a eructar

- **Ponga un trapo limpio sobre su hombro.**
- **Ponga al bebé frente a usted, el busto totalmente recto pegado al cuerpo de usted, y la cabeza del bebé por sobre su hombro.**
- **Masajee su espalda de abajo a arriba, de los glúteos a los omóplatos.**
- **También puede darle palmaditas suaves, en medio de la espalda, al nivel del estómago, con la mano extendida. ¿Ya acabó de comer y no ha eructado? No se preocupe. Sostenga al bebé un momento en sus brazos o póngalo en la silla plegable. Después acuéstelo y no se preocupe.**

AMAMANTAR, ¿SÍ O NO?

Precauciones en caso de que regurgite

- **Haga la leche un poco más espesa.**
- **Incline el colchón de la cama unos 30°.**
- **Déle al bebé, antes de cada comida, algún medicamento para calmar las contracciones del estómago. Finalmente, no debe olvidar que las regurgitaciones importantes también pueden ser producto, si no hay malformación del estómago, de la intolerancia a la leche que le da. No tome la decisión de cambiarla. El médico será quien mejor la pueda aconsejar e indicarle cómo alimentar a su bebé.**

Regurgitaciones

Todos los bebés expelen un poco de leche después de beber el biberón. Estas pequeñas regurgitaciones no son importantes, no impiden que aumente de peso y con frecuencia son cosa de bebés tragones. Es irrelevante y no hay nada de qué preocuparse si el bebé regurgita un poco de leche cuando saca el aire o un poco después. Su olor ácido y el aspecto cuajado de la leche expulsada simplemente significa que la digestión ya había comenzado. Pero si parece que le duele, se agita y expulsa leche cuajada, entonces se trata de un verdadero vómito, doloroso para el bebé. Si se repite, es una señal de alarma que no hay que desatender: se necesita consultar rápidamente a un médico. En efecto, puede tratarse de un relajamiento del cardias o de un reflujo gastroesofágico, que requieren un tratamiento rápido. Las medidas concretas que debe tomar se las explicará el médico.

Las regurgitaciones son con frecuencia un fenómeno de reflujo, debido a que la válvula de la parte alta del estómago no está bien cerrada. Este relajamiento desaparece por sí sólo hacia los diez o doce meses. Pero, en lo que desaparece, tiene que tomar algunas precauciones para evitar los reflujos ácidos. Si no, a la larga podrían provocar quemaduras muy dolorosas en la pared del esófago.

En tanto las regurgitaciones no sean abundantes, no tengan incidencia alguna en la curva de peso del bebé y no parezcan causarle dolor, no sirve de nada preocuparse. Se trata de un “exceso” del que el bebé se está deshaciendo.

Los primeros días en casa

Regresa a casa con el bebé dormido en el moisés y sabe que ya nada será como antes. Todo el material está ahí; la casa está lista para recibir al nuevo habitante. Ya sea que esté preocupada o totalmente seducida por la magia de las primeras horas, sepa que necesitará algunos días para encontrar su acomodamiento y convertirse en una campeona de la organización. Es ahora cuando usted y el padre del bebé lo van a conocer realmente. No hay por qué precipitarse ni tener pánico. Su bebé no podría soñar con mejores padres que ustedes. Él los eligió a ustedes y ya los ama. Ténganle confianza: es él quien los hará padres, al hacerlos comprender lo que es bueno para él. También ustedes ténganse confianza, y háganle caso a su instinto y a su ternura. Todo saldrá bien.

En casa, los primeros días pueden ser desconcertantes. Conozca bien las necesidades de su bebé. Sepa qué esperar. Viva sin complicaciones.

EN CASA

Consejos importantes

● Duerma, o por lo menos descanse, mientras el bebé duerme, ya sea de día o de noche.

● Tenga a la mano una hoja con sus horarios de sueño y comida. Eso le ayudará como referencia.

● Conecte un contestador telefónico cuando esté descansando.

● No se quede sola, ocúpese de usted misma, que la ayuden y déle su lugar al padre.

Sostenerle la cabeza

El bebé todavía no sostiene la cabeza, lo cual exige ciertas precauciones. Durante las primeras semanas, es importante que no cargue nunca al bebé sin sostenerle la cabeza. Aunque tenga la espalda totalmente recta, el recién nacido siempre necesita mantener la cabeza apoyada.

La postura de la cabeza a lo largo de las semanas

Aquí (página 37) se describe la forma en que el bebé sostiene su cabeza en el transcurso de las primeras semanas de vida. El número de semanas que se indica sólo es un punto de referencia, hay diferencias individuales, las cuales son absolutamente normales.

La dulzura

El bebé es en extremo sensible a la dulzura que manifiestan los que se ocupan de él. Una sospecha de nerviosismo o de impaciencia, una ausencia de calidez en el contacto, bastan para que se sienta descontento y llore.

El contacto corporal

Para empezar, dulzura en el contacto. Al bebé, dado que es totalmente dependiente, hay que manipularlo mucho tiempo. Cambiarle el pañal, bañarlo, moverlo, darle de comer son situaciones en las que el cuerpo del bebé está en sus manos, en sentido estricto. Siente si sus manos son cálidas, tranquilas y acogedoras o si son frías, técnicas, con prisa por acabar lo que están haciendo. En este caso, el bebé manifiesta su insatisfacción y se vuelve irritable. La relación corporal es tan importante para él, su sentido del tacto es tan delicado, que no puede soportar la brusquedad.

Después, dulzura en la voz. Así como un bebé sucumbe al encanto de una voz cálida, tranquila, segura de sí, que se dirige a él con palabras tiernas, así también se retuerce si está en contacto con una voz arisca, agresiva, chillona o angustiada.

Algunos bebés son hipersensibles a la falta de dulzura. Si usted ha notado que es el caso de su hijo, aléjelo de aquellos que han perdido el sentido de la intimidad con los bebés y que le hacen dudar de la bondad del mundo.

Las necesidades fundamentales del bebé

Para desarrollarse armoniosamente, un bebé no sólo necesita leche, sino también muchas otras cosas. Les puedo asegurar que, para él, se trata de necesidades cuya reivindicación es legítima y que debemos satisfacer. No son caprichos, de ningún modo. Al responder a esas necesidades, no solamente no malcriará a su bebé, sino que le permitirá convertirse en un niño más fácil y, por tanto, más feliz.

Cargar al bebé

Durante las primeras semanas de vida, el recién nacido parece tan pequeño y tan vulnerable que algunas madres, y sobre todo algunos padres, rehúsan manipularlo. En realidad, el bebé es flexible y robusto. Suavidad y firmeza son las reglas de base para que el bebé se sienta en confianza y seguro cuando usted lo carga.

Posiciones que le agradan...
- Aquellas en las que se siente muy cerca de usted, entre su olor y su calor. Le gusta acurrucar la cabeza en su cuello y que lo sostenga de las nalgas, pero también le gusta estar de frente y poder mirar su rostro.
- El bebé necesita contacto físico. Cualquier posición en la que esté cómodo y en contacto con usted bastará. No dude en sostenerlo firmemente y acurrucarlo contra usted, sobre todo durante las primeras semanas: esto le da un sentimiento de seguridad. Es el caso también de cualquier posición en la que, con la espalda del bebé en posición vertical, le sostiene bien la columna vertebral apoyando sus nalgas firmemente.

...y otras posiciones que detesta
Cuando sostenga a su hijo, evite:
- sostenerlo simplemente de las axilas;
- evite cargarlo por atrás o por sorpresa, sin que pueda anticipar sus intenciones.

Arrullar al bebé

Antes, a los bebés pequeños los acostaban en cunas, ya fuese de las suspendidas con correas o de las que uno mecía suavemente con el pie. Las nodrizas y las madres sabían bien que, habituados al movimiento acuático del vientre materno, los bebés se calmaban y dormían mejor si los mecían de ese modo. Les tarareaban una dulce canción para acompañarlos.
Por fortuna, ya va quedando atrás el tiempo en el que se desaconsejaba mecer a los bebés, con el pretexto de que eso les creaba "malos hábitos". Si usted heredó la cuna de sus abuelos, sabrá que en ese entonces la tradición era instalar al recién nacido en una camita a su medida que se pudiera mecer. Las cunas auténticas están desapareciendo: les corresponde ahora a los padres asumir ese papel y mecer. ¿Por qué no instalarse cómodamente en una mecedora que arrulla al padre o a la madre y, a la vez, a su bebé?

EN CASA

Nacimiento:

- **La cabeza no se sostiene sola y se va para atrás o para adelante si no está apoyada.**
- **Acostado con la cara de frente al colchón, el bebé puede volver la cabeza.**

4 semanas:

- **Si se levanta al niño suavemente y se sostiene sentado, puede levantar la cabeza en posición vertical por un breve instante.**

6 semanas:

- **Acostado boca abajo, el niño ya puede levantar su cabeza al mismo tiempo que el cuerpo, a 45°, por más o menos un minuto.**
- **Acostado boca arriba, el niño gira su cabeza a la derecha y a la izquierda e intenta levantarla.**

8 semanas:

- **Sentado, la cabeza se sostiene mejor alineado con respecto al cuerpo, pero sin estabilidad.**

12 semanas:

- **Acostado boca arriba, el bebé puede mantener la cabeza en medio y sostenerla.**
- **Acostado boca abajo, puede sostener la cabeza y mantenerse así un momento si está apoyado en los codos.**

16 semanas:

- **Acostado boca arriba o boca abajo, el niño puede sostener la cabeza durante períodos cortos. Apoyándose en los antebrazos, puede quedarse varios minutos con la cabeza bien despegada del suelo.**
- **Si se le coloca sentado, mantiene la cabeza muy recta.**

EN CASA

¡Cuidado!

No conseguirá calmar al niño ni crear un clima apacible a menos que usted esté tranquila y apaciguada. Es inútil fingir si son las tres de la mañana y más bien tiene ganas de encerrarlo en un ropero para volver a dormirse. A esta edad, el bebé está en contacto directo con sus emociones reales, de modo que sólo sentirá su tensión interna y su impaciencia por que todo se acabe. Entonces, si no se siente de humor para mimarlo y hacerle cariños, más vale dejar al niño solo en su cama, con su caja de música, y ayudarlo a encontrar su dedo pulgar, en vez de transmitirle una tensión que va en aumento…

La cuna, el arrullo… y la canción de cuna

Seguramente usted memorizó algunas canciones de su infancia, y podría inventar unas melodías dulces. Entonces no vacile en cantar para su bebé. Nada "lo encantará" más cuando se vaya quedando dormido. Mejor que cualquier disco, el bebé preferirá su voz tarareando alguna melodía que se remonta a su infancia. Una mano apoyada ligeramente en su cuerpo, algunas palabras cantadas al ritmo de su respiración, y su bebé se dormirá feliz.

Muchos estudios han puesto en evidencia que los bebés a los que se mece y a los que con frecuencia se toma en brazos se desarrollan mejor y son más tranquilos que los demás. Desarrollan lazos de confianza con sus padres, ya que se sienten amados. Entonces hágale caso a su instinto si le dice que mantenga a su pequeño calientito y bien pegado a usted.

Con ayuda de la modernidad y la tecnología, a los bebés se los acuesta actualmente en camas pequeñas inmóviles y la caja de música sustituyó a la canción. Después de que los profesionales afirmaran que no había que cargar tanto en brazos a los bebés porque se corría el riesgo de hacerlos caprichosos, a muchos de los recién nacidos de hoy ya nadie los mece ni los arrulla.

¡Qué lástima! Mecer al bebé, cómodamente instalado en una mecedora, no solamente no hace que tenga un carácter más difícil, sino que lo ayuda a adquirir seguridad interior, que es un bien muy preciado. ¿Qué idea del mundo le quiere dar a un pequeño que acaba de llegar? ¿La de un mundo frío en el que uno enfrenta solo sus molestias o la de un mundo cálido en el que brazos acogedores llegan a darle auxilio? Hoy, los investigadores empiezan a poner en evidencia que los contactos corporales estrechos entre la madre y el bebé no sólo tienen efectos psicológicos, sino también biológicos. Entre las crías de rata, al darles el mismo alimento, la síntesis de proteínas funciona mejor si la madre las ha lamido…

El sonido del corazón y el olor de la madre

Su bebé está limpio y bien alimentado, y sin embargo llora. No logra conciliar el sueño. Póngalo pegado contra usted y apoye su oreja sobre su pecho, del lado izquierdo. Oirá el sonido rítmico de su corazón, sonido que lo arrulló durante nueve meses de vida en su vientre. Ese sonido lo tranquilizará. Manténgalo ahí tiernamente y verá que se calmará.

¿Tiene que moverse? Instale al bebé en un canguro. Además del ruido de su corazón, encontrará el ritmo de sus pasos, el balanceo de su caminar. Para su bebé, el contacto físico con usted —dado que le permite encontrar su cuerpo, su olor, su movimiento, todo lo que le gusta y lo tranquiliza— siempre será mejor que una carriola o una cuna rígidas. Su hijo conoce bien su voz: la oía antes de nacer. Ya conoce el olor de la piel de su madre y la suavidad de sus manos. En las primeras semanas de su vida, realmente necesita volver a sentir el contacto de su madre, lo suficientemente cerca para percibir su olor, oír su corazón, mirarla a los ojos (ve con claridad a 25 cm) y sentir la suavidad de sus manos. Acaba de ser expulsado del paraíso, del único lugar que conocía. El contacto cuerpo a cuerpo con su madre lo ayuda a crear el vínculo con su vida actual y a que le parezca bueno el mundo en el que está entrando.

Una pasión por los rostros y la mirada

A los bebés muy pequeños les apasionan los rostros —el de su madre en particular— y los ojos. Esta parte del rostro es en efecto la que más contrasta, y por ende la que resalta más en un rostro (los bebés ven sobre todo los colores de mucho contraste).

Pero la mirada es ante todo la parte del rostro que "habla" mejor. Sonrisas, guiños, brillo, abrir y cerrar, los ojos siempre están moviéndose y son muy vivos. Son el reflejo del estado de ánimo y un recurso inagotable de comunicación no verbal.

El bebé busca la mirada: por eso es importante no negársela nunca. Por el contrario: para que se cree una buena relación, hay que entrar en ese juego de contacto visual en cualquier ocasión. Mientras está alimentándose, por supuesto, cuando le habla a su bebé o cuando lo tiene frente a usted. Esos largos intercambios con frecuencia silenciosos, con sus ojos en los de él, son momentos llenos de amor y de identificación. Ese primer diálogo concierne también al padre y a los hermanos y hermanas: a ellos les corresponde tomarse el tiempo para un intercambio detenido y para hacer que el bebé los reconozca.

Las capacidades del bebé: la vista

Las actividades reflejas se van haciendo más claras y eficientes. En cuanto se le roza la palma de la mano o la planta del pie, el bebé se sujeta fuertemente. Puede incluso sujetar un objeto, pero muy pronto lo soltará de manera involuntaria. Eso prueba en particular que su vista ha mejorado bastante.

Puede distinguir los contornos de los objetos. Su campo visual se ha ampliado, pero siempre hay que presentarle los objetos de frente, a unos treinta centímetros, con el fin de

EN CASA

¿Su bebé tiene cólicos?

¿Crisis de llanto que usted no entiende? Si su instinto y su buen sentido común la impulsan a tomarlo en sus brazos y abrazarlo tiernamente, no dude en hacerlo. Póngalo a la altura de su corazón y cántele una canción suave, apacible, que se remonte a su propia infancia. No podrá usted procurarle mayor placer.

Varios estudios han demostrado que el bebé se interesa más en:

- **las personas que en los objetos;**
- **aquello que se mueve que en lo que está estático;**
- **los contrastes que en los colores suaves;**
- **los rostros que en cualquier otra cosa.**

Aproveche para colgar dibujos muy sencillos hechos con marcadores negros gruesos, arriba o al lado de la cama de su bebé. No olvide cambiar los dibujos de vez en cuando para renovar la curiosidad y el interés del bebé; círculos concéntricos, grandes rayas alternadas en negro y blanco, rostros estilizados, etc.

EN CASA

¿Le cuesta trabajo dormirse?

Siéntese cerca de la cama, ponga una mano con suavidad en el bebé y cántele suavemente, al ritmo de su respiración, después más y más lento. No se detenga por el hecho de que no conoce otras canciones de cuna. La más bella será la que invente con sus propias palabras, la que tranquilizará al niño: papá, mamá, su nombre, etc.

Los llantos nocturnos

Muchos bebés, al final del día, se ponen a llorar de manera sistemática y misteriosa. Existen varias explicaciones:

- **el bebé necesita expresar y descargar todas las emociones acumuladas en el día;**
- **es la hora en la que la madre está más presionada y cansada, y el bebé no hace más que reflejar la tensión en el ambiente;**
- **resiente la angustia provocada por la noche que cae.**

Esos llantos regulares, a la hora en que se prepara la comida, cuando el padre llega del trabajo, a veces son difíciles de soportar. Trate de permanecer en calma pues cuanto más tenso está el ambiente, más llora el bebé. Piense que su bebé seguramente necesita descargar también su propia tensión.

que los vea correctamente. El niño también empieza a seguir con los ojos un objeto que se desplaza lentamente dentro de su campo visual.

¿Y el papá?

Su papel es igual de importante. Nadie negará que la madre tiene, en los primeros momentos, un papel privilegiado. Porque ella ha llevado a su hijo nueve meses, y debido a la preparación psicológica y hormonal que se efectuó en ella, debido a su disponibilidad cotidiana durante su permiso de maternidad, la madre vive en una total intimidad con su bebé.

Pero esa intimidad no debe excluir al padre. Su papel, indispensable, específico y fundador, empieza mucho antes del nacimiento. Presencia cálida cercana a su mujer, él debe estar desde el principio cerca del bebé, porque es distinto a la madre, y representa el exterior, el mundo de afuera, aporta una dimensión de alerta y de apertura que sin él no existiría.

El padre ejerce poco a poco un papel de contrapunto frente al amor de la madre, evitando que la madre y el niño se encierren demasiado tiempo en una relación dual, exclusiva y cerrada. También le recuerda a su esposa que, aunque se haya convertido en madre, no ha dejado de ser su compañera.

El padre es igual de importante que la madre, pero sus papeles no son intercambiables: debido a que son diferentes, a que tienen tareas y comportamientos complementarios, el niño, situado en la intersección de ambas influencias, encontrará su camino y su personalidad propios.

Se ha demostrado que si el padre participa en la educación, el bebé parece poder ir más lejos, ser más listo y controlar mejor su impulsividad. A partir de los seis meses, se puede constatar que el bebé se calma en presencia de su madre. Mientras que la presencia de su padre parece despertarlo y estimularlo. Hay que decir que los padres en general desarrollan más las actividades corporales con su pequeño y lo impulsan más a hacer esfuerzos y a encontrar su individualidad. El padre complementa a la madre y permite que el niño siga avanzando.

Los bebés lloran...

Ésta es una verdad que muchas madres jóvenes (y padres...) ignoran. En la maternidad, se entiende: la agitación, los llantos de los demás bebés...es lógico que el de uno esté crispado. Pero una vez en casa e instalado en la tranquilidad de su ritmo, el bebé sigue llorando, y muy seguido.

Los gritos, un mensaje de atención a los padres

El recién nacido grita: es una señal de malestar o bien está desahogando una tensión interna. Progresivamente, aprende que sus gritos la hacen venir y que usted encuentra las maneras de calmar su malestar. Así nace la confianza entre ustedes. Atender al recién nacido cuando llora no lo vuelve caprichoso. Eso le da confianza en este mundo en el que acaba de irrumpir. Poco a poco, usted estará más en condición de entender el sentido de los gritos de su bebé: tiene hambre, tiene sed, tiene frío o calor, está cansado, está sucio, le duele algo. El bebé sólo siente una molestia en la globalidad de su ser, y llama para que se la quite. Es usted quien dará sentido a sus gritos y hará de ellos un lenguaje. Por supuesto, esto no sucederá de la noche a la mañana: es un proceso delicado durante el cual ambos aprenderán a conocerse.

Un medio de expresión

Ante todo, hay que saber que el pequeño bebé reparte su tiempo en tres estados: duerme, está despierto y en calma o está agitado (llantos, gritos, etc.). El llanto es, a su edad, el único medio del que dispone para comunicar lo que no está bien e intentar hacerle comprender a usted lo que desea. Así que es algo positivo el que su niño llore: tiene la esperanza de que usted lo entienda y cuenta con usted para que venga en su ayuda. Al correr las semanas, los gritos se van diferenciando y los padres comprenden cada vez mejor lo que significa tal o cual manifestación. Aprenden a diferenciar su respuesta en función del grito que oyen, y este intercambio ya es un principio de diálogo.

EN CASA

A veces, nada consuela a su niño

Los llantos de un bebé inquietan. A veces, se encuentra la causa y el bebé se calma. Pero otras veces, una se agota intentando sosegar a un bebé que no quiere saber nada. Todos los bebés atraviesan por dichos momentos. Si su bebé rechaza incluso sus brazos, simplemente póngalo en su camita, dígale que lo ama, que todo va a estar bien, y deje que vacíe su tensión interna. Regrese a verlo de vez en cuando. El bebé acabará descubriendo en sí mismo un medio para calmarse y dormirse.

Los llantos del bebé con frecuencia son estridentes, desgarradores. Usted no puede quedarse sin reaccionar, sin preocuparse y es muy difícil no acabar exasperada (¡sobre todo en la noche!), lo que no arregla nada. Las crisis de llanto pueden repetirse cuatro o cinco veces al día, y extenderse por períodos que a usted le parecen horas. A veces, usted se agota buscando la causa, ¿Qué necesitará? ¿Qué le dolerá? ¿Qué querrá decir? Comió, durmió, no le duele nada y de todas maneras llora... ¿Es usted una mala madre porque no puede hacer nada por él?

EN CASA

No hay remedios milagrosos

No se conocen remedios milagrosos para esas crisis de llanto por la noche. Poco a poco, el niño acaba por calmarse y dependiendo de la edad, esas crisis son cada vez menos frecuentes y desaparecen. No crean que son malos padres porque no logran calmar a su bebé. Una vez que lo hayan intentado todo, lo mejor es esperar a que pase, sin dejar de ser cariñosos y comprensivos.

Si el niño realmente necesitara algo que usted no entendió (beber, mamar, destaparse, etc.), existe el riesgo de que empiece una verdadera rabieta. Una vez que termine la crisis de llanto, si no se duerme inmediatamente, es importante que lo mime, lo tranquilice y que le confirme que lo ama siempre a pesar de su "cólera" y sus crisis.

Durante los nueve meses de vida intrauterina del bebé, todas sus necesidades estaban satisfechas: no tenía frío ni calor, ni hambre ni sed, no le dolía el estómago ni tenía la nariz tapada. De repente, luego de su llegada al mundo, descubre todas estas sensaciones tan desagradables. Y muchas otras: el cansancio, las luces intensas, los ruidos violentos, la piel desnuda, etc. Descubre al mismo tiempo que no posee los medios para reaccionar, que es demasiado pequeño y dependiente. ¿Qué haría usted en su lugar? Siempre pensé que los bebés muy pequeños lloraban tanto por sus necesidades legítimas como por su incapacidad para satisfacerlas... Hay que saber además que el bebé es muy sensible a las emociones de su madre, y en particular a su tensión nerviosa. El bebé de una madre cansada tenderá a llorar para llamarla y expresar su inquietud, lo que sólo hará que su madre se crispe más. Pero no se culpe si su bebé llora mucho: ésa es su manera de comunicarse con usted; es mejor eso que un bebé apático que no expresa nada. Intente guardar la calma y responder lo mejor posible a su bebé con lo que usted tiene que ofrecerle.

Tiene mucho calor, tiene mucho frío

A los bebés pequeños, en general, los cubren demasiado. Es tanto el miedo a que se enfermen. En realidad, corren el riesgo de enfriarse cuando los desvisten para darles su baño o cuando los dejan en una corriente de aire, pero si no...

Su bebé es como usted: si tiene calor, él también tendrá calor. Si se siente bien con una blusa, no sirve de nada ponerle dos a él. Observe bien a su bebé, ya sea que esté dormido o despierto. ¿Tiene la nuca húmeda? Destápelo: tiene mucho calor. Pero déjele los zapatitos: los bebés suelen tener los pies fríos.

Si, por el contrario, usted tiene frío, su bebé tendrá más frío que usted. Su masa muscular es más escasa y se defiende menos contra el frío. Por eso no tarde en ponerle un chaleco o un cobertor. Cuando le dé su baño, si es necesario ponga un radiador adicional en el baño. Una temperatura de 19 °C en su habitación es suficiente. Un solo cobertor de lana además de su pijama, y su bebé estará completamente "cómodo".

El baño y los cuidados del cuerpo

Los padres con frecuencia están ansiosos por bañar a su pequeñito, por procurarle todos los cuidados del cuerpo, por cambiarlo y después vestirlo. Las breves explicaciones que dan en la maternidad no siempre son suficientes para tranquilizar a los padres. No obstante, en unos días las cosas se vuelven sencillas y resultan ser una verdadera diversión. Con el tiempo, el baño se vuelve una gran fuente de alegría para el bebé y un momento de deliciosa complicidad con su mamá o su papá.

Pero a algunos recién nacidos no les gusta estar desnudos o que los vistan: el frío sobre su piel les desagrada mucho. A otros les da miedo que los sumerjan en el agua. Todo eso se arreglará en el transcurso de los meses. En tanto eso ocurre, no sirve de nada darle molestias al bebé. Fuera del cráneo, la cara y las nalgas, un bebé no está sucio, y hacerle una limpieza local para no desvestirlo por completo a menudo es suficiente.

El baño y los cuidados de limpieza, un momento de intimidad y placer.

BAÑO Y CUIDADOS

Los productos indispensables para el aseo del bebé:

- **agua,**
- **guante de toalla para baño,**
- **algodón hidrófilo**
- **cepillo para el cabello,**
- **muda de ropa,**
- **jabón neutro,**
- **toalla,**
- **gasas,**
- **pañales limpios,**
- **secadora de cabello,**
- **si es necesario: antimicótico, aceite de almendras, pomada, etc.**

Precauciones

El día que intente "sumergirlo" en la bañera, tenga particular cuidado en la comodidad (la temperatura de la habitación y del agua, la toalla sobre el radiador del baño).

El horario del baño

No tiene importancia el horario, mientras le convenga a usted y al bebé. El lugar (la cocina, el cuarto de baño o la habitación) da lo mismo.

El baño del bebé

Quizás las puericultoras de la maternidad le explicaron cómo debe proceder para bañar a su bebé. La nariz, las orejas, los ojos, el ombligo, el cráneo, etc. Pero una vez en casa, el asunto puede parecerle muy complicado.

Una buena instalación

Para cambiar y lavar a su bebé, seguramente instaló en su cuarto de baño una mesa para cambiarlo. Si no lo hizo, una simple tabla (de aglomerado o de contrachapado), sobrepuesta en el lavabo, cubierta con un colchón de hule espuma, con un plástico y con una toalla, funciona muy bien. Lo esencial es tener a la mano todos los productos que necesita. Aun así, varios puntos son esenciales:

- que haya buena temperatura en el cuarto (de 22 a 24 °C) y que el agua esté a la temperatura adecuada (el termómetro de agua debe marcar entre 36 y 37 °C, pero dependerá de lo que le guste a su niño);
- que tenga a la mano los productos de aseo, pañal y ropa limpia;
- que prevea el tiempo suficiente, para que esté relajada y que no la interrumpan.

Tampoco importa mucho que al bebé lo enjuague en el lavabo, en una palangana o en una bañera para bebé. Lo que es esencial, por el contrario, es la comodidad que su bebé pueda percibir y el placer que ambos compartan.

El baño diario se justifica por este placer y por necesidades de higiene, pero no se culpe si no tiene tiempo de bañar al bebé por completo. Una versión resumida diaria puede consistir en:

- lavar las nalgas con jabón para bebé;
- limpiar rostro, cuello, manos y pliegues con un algodón empapado en agua caliente.

Cuidado, existen peligros...

Algunos productos o utensilios de baño, aunque se vendan en la línea de productos para bebé, en el mejor de los casos son inútiles, y en el peor, riesgosos para el recién nacido. Es el caso de los productos siguientes:

● Hisopos (o el algodón enrollado en un palillo). Nunca los utilice para limpiar las orejas o los orificios nasales de su bebé. Basta con un pedacito de algodón enrollado y empapado en agua tibia. No lo introduzca en los conductos: limpiar los contornos es suficiente.

● Las esponjas, ya sean sintéticas o naturales, son un verdadero nido de microbios. A su edad, puede bañar al bebé con la mano, o con un pedazo grande de algodón hidrófilo. Más adelante, use un guante de toalla: tiene la ventaja de poder cambiarlo a diario y echarlo a la lavadora.

● El champú. Es inútil durante los primeros dos o tres meses. Más bien lave el cráneo de su niño con el jabón que utilice para el resto del cuerpo. Más adelante ya escogerá un champú "especial para bebé".

● La crema de baño. Limpia correctamente, pero de manera superficial. Es bueno tener un frasco de crema de baño, ya que puede sacarla del apuro, sobre todo cuando esté fuera de casa. Pero para el uso cotidiano es preferible el agua tibia y el jabón. Además, a algunos bebés con la piel particularmente frágil, estas cremas pueden causarles irritación o alergia si se usan repetidas veces.

● El agua de fragancia. Incluso las aguas de fragancia sin alcohol que dicen "especial para su bebé" pueden, al igual que los perfumes, provocar reacciones alérgicas en algunos niños. Y además un bebé limpio huele muy bien al natural...

● El talco. Muy útil en otros ttempos, actualmente no es nada aconsejable. Con la orina, favorece la maceración en los pliegues y puede ser causa de irritaciones cutáneas.

Lavar al recién nacido según sus gustos

¿Su recién nacido detesta que lo desvistan? ¿No se siente muy segura como para darle un verdadero baño? ¿No tiene mucho tiempo?

Entonces lave a su bebé sosteniéndolo sobre sus rodillas (recubiertas con una toalla grande), o bien acostado sobre la colchoneta para cambiarlo. Quítele sólo la ropa de la parte superior del cuerpo, y enjabónelo con la mano, con un pedazo de algodón o con un guante de toalla limpio. Después enjuáguelo y vuelva a vestirlo antes de descubrir la parte inferior del cuerpo.

¿A su bebé le gusta que lo sumerja en el agua? Empiece a enjabonarlo totalmente, incluyendo el cráneo, en la mesa para cambiarlo.

BAÑO Y CUIDADOS

Algunos consejos

● Un jabón neutro (o una pastilla sin ningún emoliente) es muy conveniente para todo el cuerpo del bebé, incluyendo la cabeza. Para la cara, es suficiente un poco de agua caliente en un trozo de algodón.

● Un paño o una toalla de manos en el fondo del lavabo o de la bañera evitan que el bebé se resbale en el fondo.

● Mientras no se sienta segura de sí misma, no ponga más de diez centímetros de agua en la bañera.

● A su bebé le gustará mucho que haya calentado su toalla y su ropita en el radiador.

● Para secar los plieguecillos del cuello, en los glúteos y las axilas, y para prevenir irritaciones, utilice una secadora de cabello.

● Para proteger la ropa de usted, abotone su bata al revés.

En general, no confíe en los productos de baño, los cuales son seductores pero superfluos, y pueden provocar reacciones alérgicas.

● Por cuestiones de higiene:

- Empiece el aseo por arriba y termine por abajo.

- No tome un baño con el bebé, a menos que usted ya se haya lavado meticulosamente.

BAÑO Y CUIDADOS

La hora del baño

● **Nunca deje a su bebé solo en la bañera. Aunque tenga muy poca agua, podría ahogarse. Tenga todo lo que va a necesitar a la mano. ¿Tocan a la puerta? No responda, o bien llévese al bebé con usted, enrollado en su toalla.**
Desconecte sistemáticamente el teléfono o bien conecte el contestador mientras lo baña, y así, no estará tentada a contestar.

●**Desde las primeras veces en que baña a su bebé, actúe con movimientos firmes y confiados. Su bebé se sentirá seguro y aceptará que lo bañe. Si, en cambio, la siente titubeante, él mismo se sentirá incómodo y se complicará la situación.**

●**Así pues, déle el baño alegremente, cantando. Eso le dará confianza a usted y le encantará al bebé.**

●**Levante al bebé de la bañera antes de vaciarla pues a algunos esto los asusta (¿temerán hundirse junto con el agua del baño?).**

Luego sumérjalo muy lentamente, con una mano bajo la cabeza y la otra bajo las nalgas, en el agua del lavabo o de la bañera. Mantenga siempre una mano bajo la nuca y use la otra para enjuagarlo. Ya que su bebé esté bien limpio y que haya aprovechado un momento estas nuevas sensaciones, sáquelo y envuélvalo en una toalla de baño grande.

No le gusta el agua

El bebé pasa los primeros nueve meses de su vida en el vientre de la madre, en un medio líquido. Por lo tanto, la sensación del agua en la piel le resulta conocida y normalmente la aprecia mucho. El primer baño, que a veces le dan en la sala de parto, lo prueba.
Sin embargo, algunos bebés, en los días o las semanas siguientes, aparentemente empiezan a detestar el agua. Rechazan el baño y chillan cuando los meten al agua.
¿Por qué? Es difícil decirlo. Al parecer, una experiencia desagradable es más que suficiente. Puede que se le haya metido jabón en los ojos, o tal vez tuvo un sentimiento de inseguridad porque no estaba bien sostenido. Si un día, en la maternidad por ejemplo, le dieron un baño de manera demasiado brusca o con agua demasiado fría, eso puede bastar. El bebé asocia el baño con ese recuerdo desagradable. A partir de entonces, llora cada vez. Además de que con frecuencia detesta sentir el aire sobre su piel desnuda.

Nunca obligue a un bebé al que no le gusta el agua

Debe tomarse el tiempo, muy progresivamente, para reconciliarlo con el placer del agua. Durante ese tiempo, interrumpa el baño si es necesario. En vez de bañarlo, puede lavar a su bebé con un guante de toalla y jabón, y enjuagarlo con una esponja remojada en agua bien caliente, y así no tendrá problemas con su higiene. Si además tiene cuidado de lavarle primero la parte superior del cuerpo y luego la de abajo, sin meterlo nunca enteramente desnudo, tiene muchas probabilidades de que todo salga bien.

El baño del niño más grande

A los tres o cuatro meses, el bebé ya se tiene confianza y ha aprendido a apreciar el baño. Frecuentemente sucede que ya es muy grande para su bañera de bebé y hay que bañarlo en una más amplia. Durante un periodo intermedio, puede meter la bañera chica dentro de la grande, con el fin de irlo acostumbrando, y después reemplazarla por una tina grande de ropa.

Al paso de los meses, el bebé, que ya corre por todas partes, con más razón necesita un baño diario. Sentado en el agua, le gusta mucho salpicar y jugar con sus objetos de baño. Bañarse es ahora un alivio para el niño y un tiempo privilegiado que comparte con el adulto.

Los placeres del baño evolucionan con la edad

Muchos bebés adoran el baño. El agua les hace bien: los relaja y los equilibra.

Si su niño es de los que se precipitan al baño y después ya no quieren salir, no tendrá problemas para enriquecer su gusto por diferentes juegos nuevos. En cambio, como ya lo vimos, si su bebé es de los que se bañan a regañadientes o berreando, acostumbrarlo será algo más difícil. ¡Calma y paciencia!

Al crecer, se bañará en la tina. Primer consejo: cuidado con su espalda. Existe el riesgo de que le duela si se pasa todo el tiempo del baño inclinada por encima del borde de la tina. Lo mejor será ponerse de rodillas después de haber puesto cerca de usted todo lo que va a necesitar.

Relajarse y disfrutar

Aquí van algunas indicaciones que deberían permitirle relajarse un poco. El horario del baño no es muy importante, como tampoco el lugar (el baño, la cocina…, siempre y cuando esté a buena temperatura) ni el recipiente de agua (tina, fregadero, lavabo, bañera, etc.).

BAÑO Y CUIDADOS

Algunos "trucos" para hacer del baño una diversión compartida

- **No lo bañe justo antes de comer. Si su bebé grita, en ese caso quizá es porque tiene hambre.**
- **Cuide particularmente la comodidad de su bebé. El agua deberá estar lo suficientemente caliente (37 °C, verifíquelo con un termómetro), la toalla sobre el radiador, el calentador a la temperatura exacta en el baño, la ropa a la mano, etcétera.**
- **Haga de la hora del aseo un momento privilegiado de comunicación. Es el momento del juego, de las cosquillas, de los cariños, de la charla. Un momento de total disponibilidad para el que antes ya se encargó de desconectar el teléfono.**
- **Si su bebé está inquieto, sumérjalo poco a poco en la tina, sólo para enjuagarlo. Al principio ponga poca agua, y un poco más al día siguiente. Sostenga firmemente al bebé en sus brazos y sumérjalo suavemente en el agua mientras le sigue hablando con una voz dulce y tierna para tranquilizarlo.**
- **Consiga uno o dos juguetes para la tina que le gusten al bebé y que le guste volver a encontrar cada vez que se baña y ver cómo flotan. Si usted lo toma con calma, cómodamente y con seguridad, muy pronto acabará gustándole el baño al bebé.**

BAÑO Y CUIDADOS

¿Con quién jugar?

Además de los juguetes para la tina previstos para tal efecto, piense en:

- **tazas y vasos desechables de plástico;**
- **botellita de plástico con agujeritos (hechos con una aguja de coser caliente);**
- **cucharón, colador, embudo;**
- **pelotas de ping pong de colores vivos;**
- **un bote de plástico de la mostaza o de cualquier salsa de tomate;**
- **prohibido todo lo que sea de vidrio.**

Para variar los gustos, un día puede darle un baño a un muñeco al mismo tiempo que al bebé, otro día ponga sales de baño en un botecito, etcétera.

Para tener todo junto, póngalo en una cubeta de playa o en una malla de plástico.

Los placeres del baño serán muchos para su niño si recuerda que el tiempo del baño no es sólo para lavarse, sino también para divertirse y relajarse.

Deje que corra el agua, lentamente, a una temperatura leve, para que el niño pueda jugar con el chorro. A menudo es algo muy divertido. Otra gran diversión es salpicar. Por supuesto, antes tendrá que ponerse una bata, y luego tendrá que trapear el baño. Pero eso no es nada en comparación con lo que goza el niño jugando con el agua.

Sepa que los niños que aprenden así a no temerle al agua también son los que la gozan más cuando nadan en una piscina o en el mar.

Otra gran diversión en el baño: los juguetes. En cuanto su bebé pueda mantenerse sentado en la tina, llénela de juguetes con los que jugará muy a gusto. Llenar, vaciar, verter... nunca se aburrirá.

El baño: los peligros

Ya hemos visto los placeres del baño: sólo serán completos y benéficos si tiene en cuenta los peligros, pequeños y grandes.

- Mientras no se sostenga bien sentado, siempre mantenga un brazo bajo la nuca de su bebé.
- Ponga poca agua en la bañera.
- Cubra el grifo del agua caliente con un guante de toalla para que el bebé no se vaya a quemar.
- Por la misma razón, sea precavida si agrega agua caliente en la bañera cuando el niño esté dentro.
- Evite el baño de burbujas, que cubre el agua y puede hacer que le ardan los ojos.
- No le dé ningún frasco de vidrio para jugar.
- Siempre coloque un tapete antiderrapante en el fondo de la bañera.
- No deje que su bebé se ponga de pie, se sumerja, salte, trepe o haga gimnasia cuando esté en la bañera.

Los cuidados

La fontanela y las costras de leche

Se llama fontanela a la parte blanda que se encuentra en la parte superior de la cabeza del niño. Se trata de una zona de forma romboidal que corresponde a un cartílago de crecimiento, allí donde los huesos del cráneo todavía no están soldados (esto tomará entre uno y dos años). La fontanela, elástica, está cubierta por el cuero cabelludo y no es particularmente frágil. Sin embargo, muchos padres creen lo contrario, a tal punto que dudan en enjabonarle correctamente la cabeza al bebé.
Ahora bien, sucede que un cráneo de bebé produce secreciones grasosas que generan unas costras comúnmente llamadas *costras de leche*. Para evitarlas o hacerlas desaparecer, no hay que dejar de lavarle bien la cabeza al bebé todos los días, y de ser necesario con ayuda de un peine pequeño o cepillo de seda suave.
Esto hace desaparecer las costras de leche y no hay ningún riesgo ni es desagradable para el bebé.

El cambio y los pañales

Otro ámbito en el que pronto llegará a ser muy hábil.

¿Cuándo cambiar al bebé?

En cada comida. ¿Antes, después o mientras está comiendo? Eso depende de usted y de su bebé. Si lo cambia antes, no le ponga más que un pañal rectangular "provisional", ya que las posibilidades de que evacue durante la comida son altas. Si se espera al final de la comida, corre el riesgo de tener que estar moviendo a un bebé que se está quedando dormido. Entonces, ¿por qué no durante o cuando saque el aire?
También cambie a su bebé, fuera de la hora de las comidas, cada vez que sea necesario (pañal sucio), pero nunca lo despierte para cambiarlo.

¿Qué pañales utilizar?

Los pañales desechables son muy prácticos, pero en este caso el presupuesto para pañales se vuelve muy importante. Haga un estudio: hay algunas marcas a mejor precio que otras. A usted le corresponde comparar calidad y precio. Los pañales rectangulares son mucho menos caros y a veces pueden utilizarse durante todo el día.

BAÑO Y CUIDADOS

Algunos consejos prácticos

- **Si su bebé tiene las nalgas irritadas, déjelo descubierto, con las nalgas al aire el mayor tiempo posible.**
- **Tenga un rollo de tela adhesiva a la mano ya que con ésta puede reemplazar los adhesivos que están desgastados o que se despegaron por error.**
- **Rocíe un poco de desodorante en el fondo del bote de basura en el que pone los pañales.**
- **Nunca deje solo a su bebé, ni unos segundos, sobre la mesa de cambio. Y lo que es mejor, siempre ponga una mano sobre él. ¿Tiene que alejarse? Ponga al bebé en el suelo. (Suceden muchos accidentes a la hora de cambiarlos).**
- **Dé un masaje a los glúteos del bebé con aceite de almendras (o con otro aceite vegetal para masaje), lo cual es una buena manera de prevenir un eritema.**
- **Haga del momento en que lo cambia un momento de intercambio, de complicidad, acentuando las cosquillas y cancioncitas.**
- **Entretenga al niño que ya es un poco mayor al momento de cambiarlo. Déle una botella de plástico vacía o un cepillo para el pelo, o bien, cuelgue un móvil por encima de su cabeza.**

BAÑO Y CUIDADOS

¿Cómo proceder para cambiar al bebé?

● Prepare todo lo que necesite y téngalo a la mano: pañal limpio, guante y toalla (o toallas prehumedecidas desechables, cuando vaya a salir), jabón neutro, agua tibia.

● Acueste al niño sobre el colchón donde lo cambiará y cúbralo con una toalla.

● Retire limpiamente el pañal sucio enrollándolo y asegurándolo con las cintas adhesivas.

● Lave las nalgas con un guante enjabonado, lave siempre desde adelante hacia atrás, sin olvidar los pliegues.

● Enjuáguelo cuidadosamente. Séquelo con la toalla.

● Póngale el pañal limpio.

● Si su bebé tiene las nalgas lastimadas, pídale al médico una pomada para que se la unte durante algún tiempo.

● Cuando el bebé ya es bastante grande para man-tenerse de pie en la bañera, resulta práctico lavarle las nalgas después de una evacuación, directamente bajo el chorro de agua.

El "eritema amoniacal"

Se trata del nombre técnico que se da a las rozaduras que frecuentemente aparecen en las nalgas del bebé. Las más de las veces se deben a la fragilidad de la piel del bebé, en contacto constante con la humedad y la acidez de los pañales. La orina y las heces producen amoniaco, que queman la piel.

Esas rozaduras, por insignificantes que parezcan, no dejan de ser dolorosas y necesitan atención. He aquí algunos consejos:

● Cambie el pañal del bebé en cuanto sea necesario. Nunca lo deje con un pañal mojado o sucio por mucho tiempo.

● Tan seguido como sea posible, especialmente en el verano y al aire libre, déjelo con las nalgas expuestas. No hay mejor tratamiento.

● En cada cambio, lávele las nalgas al niño con un algodón empapado en agua caliente y con jabón neutro en caso de que haya evacuado. Enjuáguelo con mucho cuidado y séquelo.

● Eventualmente, úntele una pomada o aplíquele una solución, según lo que le haya prescrito el médico.

● Asegúrese de que no se trata de una reacción a algún tipo de detergente o de pañal ni del efecto de otra afección como el muguet (estomatitis micótica), por ejemplo.

Como medida preventiva, puede poner en las nalgas del bebé, en cada cambio, una capa de crema protectora a base de óxido de zinc. Esas cremas valen la pena porque aíslan las nalgas del bebé de la humedad. Pero interrumpa la aplicación en caso de rozaduras, ya que impedirá que la piel respire, y por lo tanto que sane adecuadamente.

De hecho, al parecer la mejor prevención es una higiene perfecta basada eventualmente en el agua y el jabón…

Una dificultad: vestir al bebé

Algunas madres se sienten muy torpes cuando se trata de vestir o desvestir a su bebé. No se atreven a tirar del brazo para meterle la manga y mucho menos pasar el cuello de alguna prenda por la cabeza del bebé.

Además, muchos bebés detestan que los desvistan. La sensación de desnudez les es muy desagradable y empiezan a llorar en cuanto sienten el aire sobre su piel desnuda. Después, ¡quedarse quietos unos minutos es lo que les resultará insoportable!

Primeramente, esté tranquila: ni el bebé ni su cabeza son tan frágiles como parece. Si logra mantener la calma, y con ayuda de la experiencia, muy pronto será una experta en cómo manipular al bebé. Si el lado práctico (para usted) y la comodidad (para su bebé) son más importantes que lo estético o la moda, esto es lo básico: camiseta delgada, mameluco, botitas de lana y chambrita (para el frío). Hay que tener varios cambios de ropa...
Si evita los cuellos estrechos que pasan por la cabeza y el exceso de tirones, si le pone una buena dosis de humor y de cariño a la situación, todo ocurrirá rápido y bien.

¿Qué escoger y cómo proceder?

Como ya vimos anteriormente, durante los primeros meses el niño no necesita gran variedad de ropa. Le hace falta:
- Muchos mamelucos (el niño se ensucia mucho), sencillos y fáciles de poner, de felpa elástica. Son preferibles los que cierran por enfrente: no tendrá que volver al bebé para cambiarlo.
- Ropa interior. Al principio prefiera las camisetas de cuello amplio al *body* de una sola pieza, pues se lo tendrá que cambiar en cuanto esté un poco mojado (lo que la obliga a desvestirlo totalmente).
- Calcetines, botitas, pijama o bolsa de tela.

Concretamente:
- Prepare y tenga todo a la mano. Instálese cómodamente.
- Para las piernas y las mangas, enróllelas como lo hace con una media. Meta su mano en la manga y tome con cuidado la manita del niño.
- Estire el cuello de la camisa antes de pasarla por la cabeza.
- Déle las menos vueltas posibles al niño.
- Háblele suavemente al bebé y atraiga su atención en lo que está haciendo comentándole sus acciones.

Para el niño más grande

El problema esencial mientras viste al niño que ya tiene algunos meses será, como a la hora de cambiarlo, hacer que permanezca quieto. Puede ser de gran ayuda cantarle o mostrarle dibujos colocados sobre él.

BAÑO Y CUIDADOS

Para que no lo olvide: algunos consejos que garantizan su efectividad

● Tenga listos y a la mano todos los productos, pañal y ropa que vaya a necesitar.

● Instálese cómodamente, al bebé colóquelo boca arriba viéndola a usted, y usted siéntese en la cama o manténgase de pie frente a la mesa para cambiarlo.

● Suspenda arriba de la mesa (o pegue) un móvil o dibujos variados que mantengan ocupado al bebé mientras lo cambia.

● Aproveche el momento para hablarle suavemente, cantarle una canción, llamar su atención en un dulce diálogo.

● Evite tener al niño totalmente desnudo, desvístalo primero de arriba, después de abajo (o a la inversa).

● Si el niño tiene que estar totalmente desnudo (antes del baño, por ejemplo), envuélvalo rápidamente en una toalla grande, que sea suave.

● Tenga en cuenta algunos imperativos cuando compre el ajuar del bebé:
- evite lo que tenga que meterle por la cabeza;
- escoja ropa amplia, suave y fácil de lavar;
- descarte las decoraciones alrededor del cuello y los broches de seguridad.

BAÑO Y CUIDADOS

Pros y contras de los zapatos

La costumbre, hace no mucho, era que todos los niños llevaran botines que sujetaran bien los tobillos y que sostuvieran el arco del pie.
Es posible que la madre de usted, al ver a su bebé ponerse de pie en su corral, le haya aconsejado comprarle unos botines.
En realidad, no hay que apresurarse. Si bien es cierto que los botines son realmente útiles para salir, también es cierto que no se justifican para estar en casa. Incluso cuando su hijo empiece a caminar, podrá dejarlo descalzo sobre la alfombra sin temor alguno. Es también una manera de sentir bien el suelo en los pies, y una excelente manera de desarrollar el músculo en el arco del pie, que aún no está presente.
¡Cuidado! No lo deje caminar en calcetines si el suelo de su casa es liso. Una buena idea es coser plantillas antiderrapantes en sus calcetines (muy baratas). Cuando compre los botines, hágalo con el niño (aunque a él no le guste), con el fin de asegurarse de que envuelven bien el pie, y que sean cómodos. Una idea es que, en verano, haga caminar a su bebé con los pies descalzos sobre la arena, es excelente para los músculos.

Progresivamente, su hijo participará en las etapas del vestido, haciéndolo más fácil.
Los consejos esenciales para esta edad consisten en la elección de la ropa:
- No confíe forzosamente en las tallas de los fabricantes, siempre compre tallas un poco más grandes.
- Compre algodón de preferencia y verifique las indicaciones de la etiqueta: evite todo lo que no se lave en máquina, a 30 °C.
- Cuando su bebé empiece a erguirse, no olvide ponerles plantillas antiderrapantes a las plantas de los mamelucos.
- Evite las mallas que se ajustan con elásticos apretados y que frecuentemente hacen que le quede el vientre de fuera. Son mejores los trajecitos de dos piezas y los overoles.
- Finalmente, evite los vestidos para las niñas mientras no caminen: les impiden desplazarse en el suelo.
- En vez de la ropa complicada, opte por la que es holgada y cómoda.

Las sesiones para vestirlo

Si su niño es particularmente activo, puede ser que no aguante quedarse quieto el tiempo necesario para cambiarlo. En ese caso, las sesiones para vestirlo se vuelven verdaderas pruebas de fuerza.
Usted lo detiene mientras él trata de huir, pierde los estribos porque la retrasa, en resumen, es muy difícil.

Algunos consejos para ayudarla

- Para la parte de "arriba", vístalo mientras está sentado, jugando; para los pies, mientras está sentado en su silla alta.
- Para los pañales, especialmente, organice juegos en la mesa para cambiarlo: juguetitos que pueda agarrar, canciones que hablan de las partes de su cuerpo, diálogo que acompaña sus ademanes ("¿Dónde quedó la manita? ¿Estará escondida en la manguita? ¡Cucu! ¡Ahí está!"). Puede aprovechar para enseñarle los nombres de las diferentes partes del cuerpo…
- Para la parte de "abajo", siéntese y encajónelo entre sus piernas, de pie y de espaldas a usted.
- Enséñelo a participar, como si fuera "grande": extender la mano, meter el brazo, deslizar el pie, son acciones que él puede hacer para ayudarla.

El sueño del bebé

En el transcurso de la pequeña infancia, el sueño tiene una función biológica extremadamente importante: permite la organización de los circuitos nerviosos, desempeña un papel en el aprendizaje y en la memoria, y resulta indispensable para su desarrollo físico. Sobra decir que las largas horas que el recién nacido pasa durmiendo son invaluables y deben respetarse. El tiempo de sueño diario depende de cada bebé.

El sueño es una de las claves del buen desarrollo del niño. Cuando el bebé duerme retoma energía, libera la hormona de crecimiento, fija sus aprendizajes y madura su sistema nervioso. El problema es que todos los bebés son diferentes. Si bien todos, cerca de los cuatro meses, pueden dormir toda la noche, otros ya son desde antes grandes dormilones, mientras que otros no duermen más que por periodos. Cerca de los ocho meses, aparecen los que se acuestan tarde y los que se levantan temprano… Pero, así como no debe obligarse a un bebé a comer, tampoco hay que obligarlo a dormir. Lo único es ponerlo en una situación que favorezca un buen sueño.

El sueño del bebé puede tomar tiempo en regularizarse. Las condiciones de vida y la organización pueden ayudar, pero la paciencia es indispensable.

EL SUEÑO

El tiempo de sueño

Ésta es una tabla recapitulativa que le da a usted una idea del número de horas que habitualmente un bebé duerme al día. Las cifras incluyen el sueño durante la noche y las siestas que toma durante el día.

Recién nacido:
18 a 20 horas
De 1 a 3 meses:
18 a 19 horas
De 4 a 5 meses:
16 a 17 horas
De 6 a 8 meses:
15 a 16 horas
De 9 a 12 meses:
14 a 15 horas

La cama

Ya sea que haya optado por una cama con barrotes o por otro sistema, esto es lo que necesita:

- **Un colchón firme, recubierto con una sábana plegada y una funda de cajón.**
- **Una funda para la parte superior de la cama o una funda de almohada grande.**
- **Un colchón de plástico (lavable) con o sin funda, que asegurará al pie de la cama con pinzas y bandas elásticas especiales. O un pijama interior (o traje ligero de una sola pieza).**
- **Evite la almohada, los cobertores de lana, los flequillos.**

Para un buen sueño

Sólo observando al niño puede deducir cuál es su propio ritmo y ayudarlo a equilibrarse. A lo largo de los meses, los tiempos de sueño se regularizan. Un recién nacido pasa alrededor del 60% de su tiempo dormido. Cerca del año, el niño, además de dormir bien de noche, con frecuencia dormirá todavía dos siestas al día, una en la mañana y otra en la tarde.

Así como un ritmo de vida regular ayudan al niño a desarrollar buenos hábitos de sueño, así también los padres tendrán que dar prueba de flexibilidad. Es inútil meter a un niño a la cama si está totalmente despierto y no presenta ningún signo de tener sueño. Igualmente, el niño dormirá bien si tuvo, durante el día, los momentos que requiere de afecto y de presencia de los padres.

Diferentes necesidades de sueño

El número de horas que un bebé pasa durmiendo disminuirá rápidamente mes con mes, en el curso del primer año. Todas las cifras que puedan darse no son indicativas, ya que existen enormes variantes individuales. Algunos bebés, grandes dormilones, harán además una siesta por la mañana, a los once o doce meses. Otros dormirán menos y eso los hará sentirse muy bien. A los que duermen poco y que gritan para que los levanten de la cama nada hay que los apacigüe...

El sueño del recién nacido

Desde los primeros meses se nota el contraste entre los grandes dormilones y los que duermen poco. No es preocupante que su bebé duerma poco si tiene buena salud y se desarrolla con normalidad. Tampoco es preocupante que su bebé duerma por horas y que a veces hasta deje pasar la hora de la comida. Es inútil despertarlo: el hambre se encargará de hacerlo. Lo que sí varía es el temperamento de los niños: el que tiene hoy, quizás sea distinto mañana.

¿Cómo ayudarlo a pasar bien la noche?

Ayudándolo a diferenciar el día de la noche. Para las siestas de día, es inútil oscurecer totalmente el cuarto o imponer silencio total en la casa: el bebé se conforma de manera natural con ese ambiente.

Por el contrario, durante la noche conviene la penumbra en el cuarto. Si va a verlo, no encienda todas las luces y hable en voz muy baja.
Suprimir a fuerza el biberón de la noche y dejándolo llorar no ayuda al bebé a que pase bien la noche. Mientras tenga hambre por las noches, habrá que alimentarlo y tener paciencia.

¿Y si llora cuando lo mete a la cama?

Por lo general, los bebés se duermen fácilmente cuando los tratan con cuidado y los acarician. Un pequeño de menos de cuatro meses que tiene problemas para dormirse o que se despierta llorando repetidas veces puede ser un bebé al que algo le duele. Las incomodidades pueden ser varias: un reflujo gástrico, cólicos, dificultades respiratorias, una otitis, un eritema que le da comezón en cuanto hace pipí, etc. Incluso de noche, no necesariamente es hambre. Todo esto hay que verificarlo con el pediatra.

Las etapas de la vigilancia

El comportamiento del bebé puede resumirse en cinco etapas muy diferentes a las de un adulto y que resulta conveniente conocer.
La etapa 1 corresponde al sueño tranquilo. El recién nacido está inmóvil, su cara es inexpresiva y su respiración es regular. Mantiene cerrados los ojos.
La etapa 2 es la del sueño agitado. El niño se mueve, se estira, gruñe o bosteza. Mueve los ojos y hace gestos. La respiración puede ser rápida y ruidosa. Esta etapa cubre la mitad del tiempo de sueño total. Tenga cuidado de no tomar al bebé en sus brazos creyendo que está despierto, porque sin duda lo perturbaría.
En la etapa 3, el bebé está despierto y tranquilo. Con los ojos bien abiertos, está atento a su alrededor y se comunica. Es el momento más agradable para compartir.
En la etapa 4, el bebé está agitado. Se desespera y ya no está muy atento.
La etapa 5 ocurre si no encuentra la causa del malestar: el bebé llora.

La posición del sueño

El día en que su bebé aprenda a darse la vuelta, elegirá la posición más cómoda para él. Mientras, dormirá en la posición en la que usted lo acueste.

EL SUEÑO

Precauciones

- **Si su bebé tiene regurgitaciones severas o frecuentes, al punto de que a usted le asusta colocarlo boca arriba, hágaselo saber a su médico. Él determinará si amerita hacerlo adoptar una posición de sueño específica.**
- **Para que el recién nacido no se ruede mientras está acostado de lado, puede detenerlo con una almohada o un cobertor enrollado. También hay colchones cilíndricos con relleno en las tiendas, que sirven para tal efecto. Asegúrese de colocarlo tanto del lado derecho como del izquierdo, alternativamente.**

Tenga cuidado con el pabellón de las orejas, todavía muy frágil, no se pliegue hacia el frente cuando acueste a su bebé de lado. Use gorritos si los necesita.

¿Dónde poner a dormir al bebé?

Para el recién nacido, todo lugar cómodo y caliente es suficiente cuando está cansado. Puede entonces desplazar el moisés al cuarto en el que usted se encuentra, o tenerlo cerca de usted por la noche. Pero un niño más grande (pasados los tres o cuatro meses) necesita un espacio para él, preferentemente fuera del cuarto de sus padres, donde reconozca, cada vez que se mete a la cama, sus pequeños ritos.

EL SUEÑO

Las condiciones del sueño

● No importa el tipo de cama (moisés, cuna, cama con barrotes u otras), lo ideal es ponerle un colchón de felpa firme, adaptado a sus dimensiones. Recúbralo con una sábana de cajón.

● A la altura de la cabeza del bebé, ponga un pañal doblado en rectángulo. Protege las sabanitas de la saliva y absorbe bien la transpiración. En un moisés, doble el pañal en dos y ribetéelo. En una cama un poco más grande, amárrela con broches de seguridad. Evite:

- la almohada, es inútil y peligrosa,

- los rellenos de pluma, ya que propician alergias,

- las mantas y los cobertores ya que el bebé puede enrollarse o, al contrario, destaparse.

¿Qué falta? El trajecito o el "pijama de una pieza", también llamado "mameluco" o "saco de dormir" que mantiene al bebé calientito.

Asegúrese también de que el perímetro de la cama esté bien sujeto. La temperatura ideal del cuarto es entre los 18 y los 20 °C.

Durante años, hubo una fuerte polémica entre los partidarios de la posición boca arriba y los de la posición boca abajo. Actualmente, los médicos están de acuerdo en que el recién nacido debe acostarse de lado (durante las primeras semanas), y después boca arriba. En efecto, estudios médicos coincidentes han evidenciado que existe menos riesgo de muerte súbita de recién nacidos en esta posición.

Un recién nacido estará muy bien de lado si tiene la precaución de:

- ponerle la espalda contra una toalla enrollada;
- cambiarlo de lado regularmente.

Se despierta en la noche

Muchos bebés se siguen despertando de noche, las más de las veces al terminar un ciclo de sueño, cuando el sueño es más ligero. Todavía no han aprendido a entrar por sí solos en el ciclo siguiente.

Algunos bebés se despiertan una vez, otros, dos o tres veces. Por lo general, el bebé se pone a llorar, lo que dura algún tiempo, después se calma en los brazos de su madre o su padre y vuelve a dormirse. Hasta que vuelve a despertarse.

¿Cuál es la causa de que se despierte de noche?

Lo primero es ver si efectivamente es posible encontrar la causa. Estos elementos pueden ser la causa de que se despierte. Cada uno requiere una solución adecuada.

● El bebé tiene hambre, no comió lo suficiente o lo hizo muy temprano.

● Comió muy rápido y no mamó o chupó los suficiente.

● Tiene sed: hace mucho calor o está muy seco el ambiente, el bebé está demasiado cubierto.

● Algo lo está incomodando (nariz tapada, dolores digestivos, otitis latente, regurgitaciones...)

● Hay un ambiente agitado y de ansiedad en la casa.

● La irritación al final del día fue demasiada.

● No se tomó el tiempo para mecerlo, tranquilizarlo y ayudarlo a entrar en un sueño apacible.

¿Qué se puede hacer?

Si determinó la causa de que se despierte, podrá remediarlo eficazmente.

Si no, estos son algunos consejos que han dado buenos resultados.

- Déle bien de comer en la noche, abundante y digestivo.
- Coloque un humidificador en el cuarto del niño.
- Báñelo en la noche.
- Antes de acostarlo, déle un biberón con agua, con un poco de infusión de tila o de flor de naranja.
- Asegúrese de que el ambiente alrededor del niño sea tranquilo, sobre todo al final del día.

Cuando el bebé crece

Muy pronto, el bebé ya es muy grande para continuar durmiendo en un moisés o una cunita. Tiene que conseguirle una cama. Si es su primer hijo, quizá no haya elegido aún la cama en la que lo pondrá.
La cama tradicional de los niños de hasta tres o cuatro años es la cama con barrotes. La profundidad de la cama con frecuencia es ajustable y de un lado los barrotes se pueden bajar al nivel que desee. Los barrotes permiten al niño ver lo que ocurre en la habitación y al mismo tiempo le impiden salirse de su cama.

El sueño del bebé mayor

De cuatro meses a un año, las condiciones del sueño cambian un poco. El niño duerme bien por la noche, pero al mismo tiempo se vuelve más sensible al ambiente, a las costumbres y a las contrariedades.
En su sueño recaen fácilmente los efectos de su vida despierto. Poco a poco se vuelve capaz de luchar contra el sueño, aunque esté cansado. Se enoja, y dormirlo se vuelve difícil. Hacia los nueve o diez meses, acostarse quiere decir separarse de papá y de mamá, es decir perder amor, ternura, diversión, lo que no desea en absoluto, sobre todo si ha estado separado de usted todo el día.
Otra fuente de dificultades está en el hecho de que un bebé se apega a sus costumbres. Si tiene dificultades para dormirse en cuanto ya no se encuentra en su entorno habitual, es que esto le causa un poco de inseguridad. Con dulzura y tranquilidad se acabará con ella.

EL SUEÑO

Lo que nunca se aconseja:

- **administrarle somníferos o tranquilizantes para aturdirlo y que finalmente se calme;**
- **gritar más fuerte que él para hacer que se calle;**
- **acudir al mínimo llamado como si efectivamente la cama fuera para él un lugar desagradable o peligroso;**
- **ponerlo sistemáticamente en la cama de usted o en sus brazos, cada vez que llama.**

Algunos consejos

- **No se precipite al primer llamado. ¿Quién sabe?, si las cosas están en calma en la casa, quizá se vuelva a dormir.**
- **Arrégleselas para que no esté muy oscuro su cuarto por la mañana, para que el bebé pueda ver lo que le rodea.**
- **Hágalo esperar cinco o diez minutos al principio, antes de ir a verlo, después aumente el tiempo de espera progresivamente.**

La confianza es importante

Para que el niño se vuelva autónomo, tiene que confiar en sí mismo. Para eso, usted tiene que tenerle confianza a él y en su capacidad de arreglar él solo sus problemas de sueño.

EL SUEÑO

Trucos para hacer que espere en su cama

Si no se decide a acostarse más temprano para hacer coincidir su ritmo con el del bebé y está harto de que la despierten a las seis de la mañana...aquí hay algunas ideas que podrían ayudarle.

● Para conservar un poco de luz en el cuarto del bebé, piense en una lamparilla de noche para el invierno, puesto que en verano bastará con unas cortinas.

● Ponga en su cama algo con lo que se entretenga, como son sonajas, juguetes de estimulación con colores y formas, juguetes suspendidos al alcance de la mano o del pie, un espejo lo suficientemente grande en el que pueda mirarse, su peluche favorito.

● Si se despierta con mucha hambre, ponga algo que pueda mordisquear, como galletas, etc., al lado de la cama, a la mano.

● No se precipite al primer llamado del bebé. Déle el tiempo para que aprenda a jugar solo y a diferir un poco su deseo.

● Algunos bebés, cuando los meten en la cama entre sus padres, se duermen muy rápido…

Los ritmos del sueño

Se acuesta tarde

A algunos niños pequeños, entre los ocho meses y el año, les cuesta mucho trabajo dormirse en la noche. Una vez en la cama, lloran y llaman hasta que papá o mamá regresa. Una caricia, se asegura una de que todo está bien, de nuevo fuera del cuarto… y todo empieza de nuevo, a veces durante horas.

Aquí están algunas preguntas que puede hacerse para comprender mejor la situación:

- ¿Mi bebé está incómodo? Por ejemplo: tiene mucho calor, le duele algo, el aire es muy seco, etc. Explore y vea qué puede hacer.
- ¿Mi bebé tuvo el tiempo de presencia y de participación en la vida familiar que necesitaba?
- ¿Le forjé buenos hábitos (llevarlo a su cama en un horario regular, respetando los pequeños ritos de sueño)?
- ¿Le tengo confianza para que se las arregle solo durante la noche?
- ¿Siento que mi bebé me “manipula”? En ese caso, ¿tengo ganas de ser firme o a mí también me gusta decirle siempre que sí a todo?

Se levanta temprano

Unos bebés duermen menos que otros. Pero aun entre los que duermen un número de horas muy normal, muchos se levantan temprano. Desde que amanece, juegan al despertador, exigen un biberón… y después se vuelven a dormir. Otros niños, aunque con frecuencia son los mismos, duermen bien, pero se obstinan en despertarse desde muy temprano en la mañana. No es necesariamente el hambre lo que los despierta, sino su ritmo interior. Entre semana, pongamos que es algo normal, pero que los fines de semana la despierten a una a las seis de la mañana, puede resultar un poco rudo.

Algunos bebés que necesitan un número fijo de horas de sueño pueden salir ganando si se acuestan más tarde. Pero esto casi nunca funciona, ya que para su equilibrio un bebé necesita conservar el mismo ritmo toda la semana. La única solución consiste en enseñarle a que se quede solo en su cama en espera de que usted se levante.

La hora de irse a acostar

Un niño pequeño se duerme mejor si lo mete a la cama en el momento adecuado. Empieza a dar pequeñas señales: se frota los ojos, bosteza, su actividad disminuye. Para otros, es cierta excitación lo que indica el cansancio: quizás el niño necesite llorar un poco para liberar las tensiones antes de sumergirse en el sueño. Cada niño se manifiesta distinto, ¡pero no hay que dejar pasar el momento del sueño!

Es más fácil detectar ese momento y dormir al niño si tiene un ritmo de vida regular. Si lo acuestan todos los días a las ocho, por ejemplo, su organismo lo sabe y se prepara para dormir cuando llega la hora. La regularidad y los pequeños hábitos son de gran ayuda.

Hacia los ocho o diez meses, el bebé que hasta entonces se dormía tranquilamente, satisfecho con su último biberón, protesta con energía cuando lo meten a la cama y se queda solo en su cuarto. Es bueno saber que ese llanto no es por capricho, sino que frecuentemente es testimonio de una angustia real y una reivindicación legítima.

¿Cuáles son las causas? El niño tiene clara conciencia de su existencia y tiene relaciones ya complejas con sus semejantes. Toda separación le resulta difícil y meterlo en la cama no es la excepción. Si pasa todo el día fuera de casa, sin encontrar a su padre ni a su madre sino hacia las seis o las siete de la noche, para él es muy difícil separarse de ellos nuevamente una hora más tarde. Si su padre llega más tarde de la hora de dormir, hará todo para esperarlo. También sabe que la vida de familia continúa, y no soporta que lo mantengan al margen.

¿Qué hacer?

Toda la dificultad consiste en conciliar la comprensión, enfocándose en darle al niño los intercambios de afecto que necesita y cierta firmeza. El bebé también debe aprender a dormirse. Levantarlo o hacerle compañía cada vez que protesta implica el riesgo de que se multipliquen las llamadas y las despertadas nocturnas. Estas son algunas ideas sobre cómo proceder.

EL SUEÑO

Un momento de dulzura

Puede aprovechar ese momento de calma en la noche para:

- **acostar a los peluches que, al pie de la cama, también se van a dormir;**
- **cantar una canción de cuna o cualquier canción dulce;**
- **murmurar en el oído de su bebé unas palabras mágicas, la misma cada noche, como por ejemplo: "Puedes dormir ahora, todo está bien, papá y mamá están aquí...".**
- **colocar cerca de su cama su objeto preferido.**

Y después salir decididamente, después de darle un último beso.

Algunos consejos

- **Si acostumbra al bebé a dormirse en sus brazos, tendrá problemas para dormir solo en su cama, o para dormirse solo a la medianoche.**
- **Evite acostumbrarlo a cosas particulares a la hora de dormir que no podrá encontrar por la noche (un móvil, el chupón, etc.).**
- **Haga del momento de acostarse un momento tranquilo y placentero.**
- **Desarrolle regularidad y apéguese a ella.**
- **El baño en la noche calma a algunos niños, así ta bién un té de tila o de flor de naranja en el biberón.**

EL SUEÑO

Algunos consejos para ayudar a su bebé a dormirse

● Revise sus sentimientos de culpa (¿le da suficiente tiempo durante el día?) y convénzase de que es mejor que su bebé duerma solo, tranquilo, toda la noche, que con su presencia intermitente.

● No lo acostumbre a dormirse en condiciones en las que necesite de su presencia.

● No se deje manipular. Usted es la que sabe, es decisión suya ser firme y cariñosa.

● Aproveche el día para hablar con su niño y confirmarle su amor.

● Búsquele un "objeto transicional", peluche o mantita, que lo tranquilice al sustituir poco a poco a su madre.

● Es bueno que el padre se levante en la noche y le explique al bebé que su mamá está durmiendo, porque está cansada, que no se va a levantar y que quiere que se calle para que la deje dormir.

● Así como el niño encontrará "beneficioso" despertarse en la noche (la ve, lo mima, usted juega con él, etc.), sepa que no tiene ninguna razón para dejar de hacerlo.

● No acostumbre al niño a que acabe en la cama de ustedes en la noche, como tampoco debe usted acabar durmiendo en su cuarto, acostada al lado de su cama.

● Es importante estar pendiente del momento en que ya es hora de "irse a la camita". Esa hora, prácticamente la misma cada noche, es cuando el niño se dormirá mejor. Depende en parte de la hora a la que termine de hacer su siesta.

● Una hora "razonable" para acostarse es aquélla que tiene en cuenta el tiempo que cada niño pequeño tiene ganas de pasar cada noche con su padre y su madre. Es tiempo de encuentro, de juegos, de que lo mimen, y no solamente de la comida o del baño. No es muy grave no acostar al niño sino hasta las nueve, siempre y cuando pueda dormir como quiera durante el día.

● En algunos niños, cuando se cansan, el nivel de actividad y de irritabilidad aumenta en vez de disminuir. Es bueno saberlo, con el fin de interpretar correctamente este estado de excitación. Para esos niños, el final del día tiene que ser particularmente tranquilo y apacible. El baño en la noche a veces da buenos resultados.

● Para ayudar al bebé a enfrentar la angustia producto de la separación, característica de esta edad, es bueno establecer un ritual para acostarlo. Un cuarto de hora de movimientos habituales, cada noche, calman y dan seguridad al bebé.

● Finalmente, no olvidemos su peluche preferido, tan efectivo contra la soledad.

El ritual del sueño

El establecimiento de ritos, repetidos cada noche en el momento de meterlo a la cama, ayuda mucho a los niños a romper con las actividades del día y a prepararse para dormir.

El bebé descubre muy rápido la secuencia que hay en el baño, la cena, etc., y eso lo conduce de manera natural hacia la cama. A esa edad, no se trata más que de un esbozo de ritual destinado ante todo a tranquilizar al niño y a ayudarlo a que se relaje. Pero con el tiempo, las costumbres toman importancia y el ritual se vuelve casi idéntico. Tenga cuidado entonces de establecer sólo costumbres que pueda mantener por varios años.

Los problemas del sueño

Así como los problemas de sueño de los más pequeños con frecuencia son pasajeros y se arreglan sin dificultad una vez que se conoce la causa, los problemas de los niños más grandes exigen una atención particular.

En efecto, es común que algunos niños de seis meses sigan sin haber adoptado la costumbre de dormir solos toda la noche. Los padres, extenuados, frecuentemente deciden consultar a un especialista, pero muy pocas veces el problema es de orden médico. Sin embargo, el pediatra siempre empezará por cerciorarse antes de evocar cuestiones psicológicas.

Volver a dormirse solo

Los niños que, a los seis meses, despiertan a sus padres una o varias veces en la noche, son en su mayoría niños como los demás, pero a los que no se ha enseñado a volver a dormirse solos. Es normal que el bebé se despierte al final de cada ciclo de sueño, pero debe ser capaz de dormirse rápidamente y sin ayuda.

Algunos no lo hacen. ¿Por qué?

- Puede tratarse de un bebé al que se acostumbró a dormirse en ciertas condiciones (en los brazos de su madre, o viendo un móvil, etc.) y que, cuando se despierta en la noche, necesita las mismas condiciones para volver a dormirse.
- Más frecuentemente, se trata de niños sobreprotegidos. El padre o la madre acuden de inmediato al menor llamado del niño, aunque aún esté medio dormido. En vez de confiar en él y dejarlo que intente enfrentar sus dificultades, los padres intervienen y convencen al niño de que no puede arreglárselas solo. El niño se vuelve inseguro y exigente. Los padres, exhaustos, acaban por llevarse al niño a su cama. Y para el niño, a quien eso le resulta muy agradable, la excepción se convierte en regla.

Así se crea un círculo vicioso del que no es nada fácil salir.

EL SUEÑO

- **Es inútil dejar llorar al niño quince o veinte minutos antes de levantarse y darle algo que lo distraiga, pues solamente le enseña que para obtener lo deseado hay que llorar y ser paciente.**
- **Tampoco se precipite cada vez que lo oiga. Deje pasar un tiempo de prueba para que se vuelva a dormir solo. Si no lo logra, confórmese con calmarlo verbalmente desde la cama de usted.**
- **No le puede enseñar a su bebé a dormir solo en su cama más que cuando usted esté convencida de que es necesario y bueno para él. Si piensa lo contrario, que la soledad es espantosa y que la noche debe ser de convivencia, entonces ¡ni lo intente! Piense que todo eso es cultural, que antes las familias dormían todas juntas, y acepte la situación.**

¿Y si nada funciona?

Si ni engatusándolo consigue calmar a su bebé, tiene que consultar a un pediatra. Quizá haya un problema que se le está escapando a usted y que él puede resolver. Un bebé que llora mucho en la noche es fuente de tensión y de fatiga para los padres, que con frecuencia necesitan ayuda para esta situación. Si no, la irritación de cada uno sólo agrava las cosas.

EL SUEÑO

Un objeto muy personal

• Algunos niños no son fieles a su objeto transicional, otros, por el contrario, se encariñan mucho con él. Eso ocurre naturalmente, cuando haya perdido su papel de protección afectiva. Esa relación única que el niño desarrolla con su objeto transicional debe respetarse, cualquiera que sea su forma.

• Tenga el objeto transicional a la vista cuando salgan. Perder su objeto transicional es para algunos niños un verdadero drama que todavía recuerdan en edad adulta.

¿Hay objetos de transición buenos o malos?

Para el niño, no. Su elección siempre es correcta. Para la madre, el objeto adecuado es aquél del que hay varios ejemplares, que no es muy voluminoso y que puede meterse a lavadora.

¿Cuándo aparece el objeto transicional?

La elección la hace entre los seis y los doce meses, y esta historia de amor durará, según el niño, entre tres y seis años.

El objeto transicional o fetiche

Ya sea una mantita, un chupón, un osito de felpa o cualquier otro juguete, el objeto transicional es un término que los psicólogos emplean para designar el objeto que se convertirá en el fetiche del niño. Objeto elegido y amado a tal punto que ya no querrá separarse de él.

Hacia los ocho o nueve meses, quizás compruebe que su bebé se duerme más fácilmente si tiene a su lado un objeto de su predilección que él eligió. Puede ser un peluche, un pañuelo, un pañal de tela, un biberón, o cualquier otra cosa. Para otros, es un ademán: chuparse el pulgar, acariciarse la oreja o el cabello, balancearse con ritmo, etc.
Cuando el bebé está cansado o cuando tiene un problema, este objeto privilegiado hace su parte para reconfortarlo y relajarlo. Por esa razón a usted le conviene no olvidarlo cuando salen y, si es posible, procurar tener varios ejemplares.
No hay ninguna regla respecto a dichos objetos. Es el niño quien elige y decide cuando lo requiere. También es él quien decidirá prescindir de él cuando ya se sienta seguro de sí. Algunos niños poseen un objeto privilegiado al que le tienen poco o mucho afecto, otros no poseen ninguno, y todos ellos están bien.

Un objeto transicional para consolarse

Hacia los siete u ocho meses, el bebé empieza a darse cuenta de que es una persona distinta a su mamá. Así que ella puede no siempre estar disponible, separarse de él, incluso desparecer durante varias horas. Pero incluso cuando mamá está allí, son muchos los momentos en los que el niño está en la cama, solo en su habitación.
Es entonces cuando el bebé va a desarrollar un apego muy intenso por un objeto, cuyo papel será el de consolarlo, ayudarlo a soportar la soledad o ayudarlo a dormirse. El niño escoge ese objeto y le tiene tanto apego que no querrá separarse de él. Lo ayudará a luchar contra la angustia de

separación. Al cabo de unos meses (o de algunos años), el objeto acabará sucio, roto, feo, pero siempre adorado.
Algunos niños sustituyen la posesión de un objeto por un movimiento ritual: quitarle bolitas a una manta, frotarse la nariz o enrollarse los cabellos con los dedos. Otros aparentemente no tienen ningún objeto transicional, sin que se sepa por qué. Todos estos comportamientos diferentes son absolutamente normales. Hay que respetarlos, pues ayudan al niño a crecer y a encontrar su autonomía.
No hay objetos transicionales buenos, pero hay unos más prácticos que otros: los que se pueden tener en dos ejemplares (muy útil en caso de que se pierda), los que se pueden meter a la lavadora (al niño esto no le gusta porque el objeto transicional pierde su olor, pero a veces es indispensable), los que, al no ser muy voluminosos, caben en el bolso, etc.

¿De qué objeto se trata?

Se trata del objeto más suave que el bebé haya tenido frecuentemente a su alcance. A menudo es un objeto asociado a la cama: un pañal de tela que se coloca debajo de la cabeza del bebé, una sábana, un cobertor, un pañuelo, un animal de peluche. Pero sucede que hay niños que se apegan a un objeto mucho más sorprendente: una camiseta de lana, una bolsa de dormir, un biberón, un guante de franela, etc.

También es posible que un movimiento muy preciso esté asociado al objeto: una manta a la que le quita las bolitas de pelusa, una sábana que desliza entre sus dedos, un pañuelo que frota contra su nariz, etc.
Finalmente, el objeto es lo de menos: el niño es quien lo elegirá y lo impondrá.

¿Por qué el niño se apega a un objeto y no a otro?

Reglas muy misteriosas presiden la elección del niño. De entre todos los objetos que llenan su cama, se apega a uno en particular. A menudo, sin que los padres lo sepan. Ellos comprenderán después, cuando el niño insista en llevar ese objeto a todas partes.
Sólo podemos decir que los sentidos del olfato y del tacto intervienen seguramente de manera preponderante en la elección de tal o cual objeto, incluso si la elección sigue siendo eminentemente subjetiva.

El modo de empleo del objeto transicional

● El objeto transicional reconforta, consuela y anima. Es indispensable en momentos de decaimiento, de fatiga, pero también de un evento difícil, como la visita al médico, por ejemplo. Nunca hay que olvidarlo cuando deje al bebé en la guardería o con su abuela.

● Puede incitar a su bebé a elegir un transicional práctico, como un pañal de tela o una funda de almohada, poniéndolo debajo su cabeza, en su camita.

● Acostumbre a su bebé a que el transicional se lava con regularidad.

● Perder el objeto transicional es siempre un drama. Puede evitarlo cosiendo sobre la tela o pegando en el cuello del peluche un pedazo de tela resistente con su número de teléfono escrito con tinta indeleble.

● Si su bebé está apegado a una sábana o a un cobertor que lleva para todos lados, córtelo en cuatro para que el pedazo sea de una talla decente para su uso, más fácil de transportar y reemplazable en caso de que se pierda.

EL SUEÑO

¿Se puede suprimir el objeto transicional?

Definitivamente no lo aconsejo si el apego es muy grande. Los padres no tienen por qué intervenir en esa relación que el niño ha creado porque la necesitaba. Esta etapa tiene un lugar importante en su desarrollo. No debe lavar el objeto transicional más que con el consentimiento del niño, y de preferencia reemplazándolo momentáneamente con otro que sea idéntico. Aun si el bebé maltrata su objeto transicional, lo desgarra o lo arrastra, no hay que intervenir.

Algunos niños son poco fieles, otros guardan su objeto transicional por años. Los padres sólo pueden esperar a que su hijo se desprenda solo del suyo. Mientras tanto, si cuidan bien el objeto transicional, éste no tiene por qué olvidarse ni perderse. Esto sería un verdadero drama y el niño tendría muchos problemas para dormirse sin él.

Los niños sin objeto transicional

¿Todos los niños tienen un objeto transicional? Aparentemente no. Los niños que se chupan ávidamente el pulgar o un chupón parece que son menos propensos a elegir un objeto transicional. Sin embargo, si ponemos atención, con frecuencia encontramos algo muy discreto, un ademán por ejemplo, que hace las veces de objeto transicional.

Se ignora por qué algunos niños, los menos, no tienen ningún objeto transicional. Lo que es seguro es que nadie ha podido establecer diferencias claras en el plano del desarrollo general o psicológico entre estos niños y los que durante años van a todas partes llevando un oso viejo y despanzurrado.

¿Qué papel desempeña para el niño el objeto transicional?

Es múltiple, y siempre muy importante.

Para el bebé que empieza a tomar conciencia del alejamiento de su madre, el objeto transicional la reemplaza. Es una madre que lo tranquiliza, y también una madre que le permite expresar sentimientos contradictorios, sin temor a represalias. Una madre que él, así de pequeño, puede dominar.

- Al salir de la pequeña infancia, el objeto transicional es el objeto que permite volver a encontrar la seguridad que uno experimentaba, de bebé, al acurrucarse en brazos cariñosos. Por supuesto, uno crece y se vuelve más autónomo, pero no sin miedo ni nostalgia…
- Más cercano a uno que cualquier otro objeto, el objeto transicional reconforta y consuela. En caso de cansancio o tristeza ayuda a recuperarse. Llevado a todas partes, da un sentimiento de seguridad ante situaciones nuevas o inquietantes (una visita al médico, por ejemplo).
- Por último, apretado contra uno de noche en la cama, el objeto transicional ayuda a luchar contra las angustias nocturnas. Cuando está uno solo en su cuarto o cuando se despierta a la hora en la que los monstruos rondan alrededor del colchón, es bueno esconder la cara en un olor amigo.

La reorganización familiar

El bebé, que ahora es un nuevo habitante en casa, va a trastornar todas las costumbres. Las suyas, por supuesto, ya que usted está en primera fila. Fue usted quien llevó nueve meses a ese niño y lo trajo al mundo. Debido a la licencia de maternidad, también le corresponde a usted ocuparse del bebé durante los primeros meses. Es una gran alegría, pero también una gran obligación. Durante las primeras semanas, tiene la impresión de que todo su tiempo, todas sus preocupaciones y todos sus movimientos están en función del bebé. Por momentos siente que tiene demasiadas cosas encima o se encuentra agotada. Todo eso es normal. En uno o dos meses, habrá aprendido a organizase y su bebé ya habrá adquirido un ritmo regular.
Veamos qué pasa con los demás habitantes del hogar.

Los papeles de cada uno en torno al bebé.
Buscar una niñera o una manera de cuidarlo.
Organizar la vida juntos.

LA REORGANIZACIÓN FAMILIAR

Un padre para el niño

Su papel es enorme. El hombre aporta al niño sensaciones diferentes de las de la madre, las cuales necesita el bebé. El olor, el contacto, la voz, la manera de cargarlo son diferentes y le dan al bebé una nueva visión del mundo. Gracias a eso, el niño aprende poco a poco a diferenciar a sus padres, y a situarse él mismo como niña o niño. Cada padre debería, por placer, pasar cada día un momento en conversación con su bebé y ocuparse sólo de él, cada semana durante un tiempo más largo, medio día o un día. Padre, madre y niño tienen todo que ganar. Muchos padres todavía ignoran hasta qué punto su pequeño los ama, los necesita y cuántas veces sería más importante llegar y hacerle un cariño en vez de liquidar el último asunto laboral.

Padres, ocúpense de su bebé

Al parecer, los padres, se están ocupando cada vez más y más de sus bebés y parece que les gusta mucho. Ya pasó el tiempo en que se consideraba que los niños eran asunto sólo de las mujeres.

Los diferentes papeles

Padre, madre, hermanos y hermanas, abuelos... Cada quien desempeña un papel, tiene su lugar.

Durante el primer año, en el que los cuidados maternos son predominantes, el papel de la madre para con su bebé es esencial. Ella es quien se beneficia de la licencia de maternidad y ese tiempo le permite conocer a su bebé y crear, o más bien prolongar, una relación de intimidad estrecha. Incluso si ni la madre ni el padre tenían experiencia con bebés antes de la llegada del suyo, la madre pronto desarrolla un conocimiento y una habilidad particulares.

Pero el padre no tarda en estar presente. Su lugar, cerca del bebé, también es importante. Con su estilo de hombre, pero de manera tan competente como la de la madre, puede dar los biberones, proporcionar los cuidados del cuerpo y las caricias. El bebé siempre apreciará las sensaciones diferentes que el padre procura: olor y movimientos diferentes, otra manera de ocuparse de él. Gracias a eso, el bebé aprende progresivamente a diferenciarse de su madre y a adoptar una identidad propia; pero el padre también desempeña, durante el primer año, un papel muy importante al lado de su esposa. Al ahorrarle varias tareas y cuidados, puede ayudarla a consagrarse a las necesidades de su bebé. Al hacerle saber que todavía y ante todo es su esposa, no sólo la ayuda a no vivir exclusivamente como madre al 100%, sino que también la ayuda a retomar su identidad propia de mujer y de esposa.

Tener padres implicados en su educación diaria es para el niño una prueba importante de equilibrio, de florecimiento y de integración al mundo.

El papá

Ya sea que esté loco de alegría, lleno de atenciones, maravillado o un poco perdido, también él atraviesa por una gran transformación en su vida diaria. La nueva responsabilidad de padre puede acarrear cierta ansiedad.

Su cónyuge la ayuda a ocuparse del bebé. Participa activamente en las tareas cotidianas. Quizá se siente como esos "nuevos papás" que experimentan gran alegría al consentir a su recién nacido. Pero él ciertamente también necesita que le confirme el hecho de que ante todo sigue siendo su compañera.

Ser una joven madre atenta y presente no debe dispensarla de ser también y todo el tiempo una joven mujer, aquella a la que él ama y cuyo horizonte total no se resume a la maternidad.

El hijo mayor

Convertirse en hermano o hermana mayor ciertamente es una alegría y un ascenso. Pero eso también significa que a partir de ahora va a tener que compartir el tiempo y el amor de sus padres con un intruso que llora, que se hace pipí en el pañal y que ni siquiera sabe jugar al dominó...

Su primogénito necesita entender, al igual que su cónyuge, que para él usted sigue siendo la misma. Su corazón creció pero el lugar que ocupa en él no se redujo. Para eso, tome tiempo, mientras el bebé duerme, para estar a disposición de su primogénito, para hablarle y jugar con él. Recuérdele cuán orgullosa está de que sea grande, cuánto lo ama y cuenta con él. En fin, sea comprensiva con los sentimientos de celos tan naturales que puede expresar.

Cada quien debe encontrar su lugar

Si su bebé nace en una familia en la que ya hay uno o más niños, el bebé se enfrentará a un comité de acogida más vasto. Seguramente ya habrá preparado este nacimiento con el o los mayores, de manera que no se sientan abandonados o decepcionados, sino enriquecidos con la aparición del recién llegado. Durante el embarazo, con frecuencia se muestran entusiastas e impacientes por ver a ese compañero de juegos que les está preparando. Pero la llegada de un recién nacido gritón ante quien todo el mundo se maravilla, a veces viene a cambiar dolorosamente el orden de las cosas...

A lo largo de los primeros meses, cada uno va a tener que encontrar su lugar y asegurarse de que no han dejado de quererlo a pesar de la competencia. Cada hijo necesita saber que es único en el corazón de sus padres. Es así como la rivalidad cederá su lugar a la complicidad. En cuanto al bebé, pronto se convertirá en un verdadero admirador de sus hermanos mayores. Va a esperar su llegada, buscará su compañía y se reirá con sus más mínimas gracias.

Aprender a compartir

Este primer año no siempre es idílico. Pueden surgir manifestaciones de rivalidad o de agresividad.

LA REORGANIZACIÓN FAMILIAR

Un cambio positivo

Hasta hace poco, muchos de los padres se habrían sentido incómodos al pasearse empujando un carrito o humillados por cambiar un pañal. Actualmente, es común ver cruzar la calle a un padre joven con su bebé.

La evolución se dio esencialmente bajo la presión de las mujeres. Las jóvenes estudian y trabajan igual que los jóvenes. Cuando tienen un niño, no tienen mayor experiencia que ellos, tampoco horas de práctica como niñeras o por haber cuidado a sus hermanitos o hermanitas. Pero ellas se movilizan completamente respecto a esta nueva tarea.

El gusto de ser papá

Impresionado por ese pequeño bebé, con frecuencia se siente torpe, ya que la madre adquiere muy rápidamente nuevas capacidades al estar en contacto diario con su niño, la distancia se profundiza con el padre. Es entonces cuando el círculo vicioso se cierra: el padre, menos competente que la madre y sintiéndose apartado, la deja que se ocupe de todo. Sin embargo, ocuparse lo antes posible de su bebé es la mejor manera de sobrellevar su aprensión y de crear una buena relación con él.

LA REORGANIZACIÓN FAMILIAR

La importancia de los abuelos

●Más experimentados y disponibles, pueden ofrecer un relevo apreciable a los padres agobiados, y pueden ofrecerles la posibilidad de reencontrarse uno al otro, en un marco de intimidad.

●Los abuelos atestiguan que el niño no sólo es el hijo de uno o la hija del otro. Eso introduce al niño en un mundo simbólico en el que el tiempo retoma su lugar.

●Los abuelos son prueba de un tiempo en el que los padres del bebé todavía no se conocían, en el que eran niños pequeños que hacían un montón de tonterías. Le hace bien al niño sentir que esos padres perfectos, tan fuertes y poderosos, no siempre lo fueron. Así él, tan pequeño, llegará a serlo un día.

●Al no ser responsables de la educación de sus nietos y al disponer del tiempo libre gracias a que ya están retirados, los abuelos tienen más tiempo de ocio y paciencia para las confidencias, las canciones de cuna, los secretos, las papillas "hechas en casa" y los paseos al zoológico.

Tienen que recibirse como señales de preocupación y de dificultad que deben superar todos juntos. La vida en común, el tener que compartir y el respeto al otro son cosas que se aprenden a menudo en medio de la frustración. Este periodo sienta las bases del aprendizaje de la vida en común y exige de los padres una mezcla de comprensión, amor y cautela.

Los abuelos

Aunque, hasta aquí, he hecho alusión sobre todo a los padres y a los hermanos y hermanas en la vida del niño, es claro que su ambiente familiar no se limita a ellos. Desde el primer año de su vida, es bueno para el niño saber que, además del núcleo familiar, existe una familia más extensa, una especie de tribu de la que ya forma parte.

Una historia de familia

Tíos, tías, primos, padrino y madrina, abuelos, son otros tantos adultos y niños con los que va a poder tener lazos de afecto sincero y confiable. A la "nana" de la guardería y a la asistente los padres les pagan para ocuparse del niño, y las deja de ver cuando entra a la escuela. Por el contrario, los miembros de la familia ofrecen un amor "gratuito" y duradero. Los niños son sensibles a eso desde muy temprana edad, mucho antes de que puedan comprenderlo realmente.

El ambiente del bebé no se limita a la familia directa, padres, hermanos y hermanas. Se enriquece gracias a los abuelos, a los tíos y tías, a los primos.

Un papel privilegiado

En este conjunto, los abuelos desempeñan un papel privilegiado que, de ninguna manera, es el de sustituir a los padres.

- A menudo ofrecen un relevo que aprecian los padres, ya sea porque tienen muchas cosas que hacer o porque desean tener un poco de intimidad. Experimentados, saben tomar distancia ante los problemas y dan buenos consejos.
- Los abuelos representan las raíces del niño, su historia. Son testimonio del pasado, del tiempo "cuando los padres eran niños". Gracias a ellos, el niño se descubre en el cruce de dos generaciones, de dos culturas, de las cuales él es el resultado. Descubre un pasado familiar que empezó mucho antes de su nacimiento.

- Los abuelos no están obligados a tener los mismos imperativos educativos que los padres. Si pueden estar disponibles para las confidencias, los paseos, las canciones infantiles y los barquillos, eso será algo maravilloso para sus nietos.

La armonía entre generaciones a veces exige esfuerzos y respeto mutuo, pero finalmente enriquece a cada uno y es parte del equilibrio del niño. Por eso, sea cual sea la armonía que se dé entre el yerno, la nuera y las suegras, no debe privar a sus hijos de sus abuelos. Por el contrario, haga todo lo posible por dejarlos juntos en su ausencia, sin meterse. Los abuelos aprenderán, por su lado, a respetar la manera que usted tiene de hacer las cosas, y así no habrá ningún problema.

El animal doméstico

Si un perro o un gato ya tenía, antes del nacimiento, un lugar "de niño de la casa", también va a tener que adaptarse al recién nacido y podrá manifestar señales de celos.

Los animales y los niños pequeños generalmente se entienden muy bien. A los niños les llaman mucho la atención los animales, que les devuelven bien ese afecto. Tener un animal en casa es una gran suerte para el pequeño, sobre todo si es hijo único. Pero ocurre que las cosas no son tan fáciles, sobre todo si el animal estaba en el hogar antes del nacimiento del bebé. Algunas reacciones de celos del animal son previsibles.

En cuanto al bebé, al crecer, ya no será tierno con el animal, al que podría no gustarle que lo maltraten, y podría manifestarlo bruscamente.

Respecto del perro, lo mejor es que durante la estancia en la maternidad, el papá traiga regularmente a la casa los pijamas que usa el bebé para que aquél las huela.

Y en cuanto al gato, su sentido de comodidad es un poco peligroso: ¡a lo mejor hasta irá a acostarse en la cuna! Durante los primeros meses, se recomienda nunca dejar solo a un bebé en una habitación en compañía de un animal, por más amable que éste sea.

LA REORGANIZACIÓN FAMILIAR

Algunos consejos si tiene un animal doméstico

- **Si tiene un animal en casa cuando nace el bebé, póngale mucha atención durante los primeros días. Déjelo olfatear por mucho tiempo al bebé, su ropa, su cuarto. Lleve un pijama de la maternidad para que reconozca el olor del bebé antes de que éste llegue a casa.**
- **Nunca deje al bebé y al animal solos en un mismo cuarto.**
- **No deje que el gato se acueste en la cuna o la cama del bebé.**
- **Enséñele desde el principio a su hijo a reconocer y a aceptar los momentos en los que el animal quiere estar tranquilo, por ejemplo cuando come o duerme.**
- **Sea muy exigente en cuanto al respeto que se le debe tener al animal, la manera de acariciarlo, etcétera. Nunca acepte que su niño le haga daño. Enséñele qué le gusta al animal y fomente que lo respete.**

La vida cotidiana y social

Es verdad que el bebé, al principio, requiere atención en todo momento. Esa preocupación maternal es absolutamente normal. Pero quedarse aislada en casa frente al bebé, ocupándose sólo de él, no puede durar mucho tiempo. Usted también existe, y poco a poco podrá volver a empezar a ver por sí misma y por su bienestar.

Ocuparse de sí misma

Físicamente, ¿cómo se encuentra usted? ¿No será el momento de:

- empezar las sesiones de kinesiterapia;
- tener una dieta equilibrada que le permita perder lentamente los últimos kilos del embarazo;
- ir a que le den un tratamiento facial;
- hacer una cita con el peluquero;
- decidir descansar cada vez que el bebé duerme;
- hacer una cura vitamínica...?

Las tareas domésticas, para que no ocupen su preciado tiempo de reposo, debe organizarlas y simplificarlas al máximo. Por ejemplo:

- Haga sus compras por teléfono y pídalas a domicilio, use el frigorífico y el horno de microondas.
- Prevea comidas sencillas.
- Haga que su familia use ropa que no necesite plancharse.
- Pídale a sus padres que le paguen veinte horas de ayuda doméstica.

Las amistades

Algunas madres se quedan solas y encerradas. Es el momento de llamar por teléfono a las amigas. Dé preferencia a la que:

- tenga hijos grandes y acepte cuidar un rato a su bebé;
- tenga el tino de llegar con un pastel, caliente el agua para el té y se vaya cuando usted ya esté muy cansada.

Si no tiene una amiga a quien hablarle:

- invite a su vecina a tomar café;

LA REORGANIZACIÓN FAMILIAR

Las primeras sonrisas verdaderas

Difieren de las sonrisas angelicales en dos puntos esenciales:

- **abarcan la totalidad de la cara del bebé, no solamente la boca sino también los ojos;**
- **están dirigidas explícitamente hacia alguien (un bebé lo ve directo a los ojos) o hacia algo (la cara de un oso o de una muñeca de ojos bien delineados) y son parte de un diálogo. El bebé es sensible a la voz, a la mirada y a las caricias. También tiende a sonreír fácilmente en situaciones en las que se siente bien.**

Para incitar a su bebé a que sonría

- **Háblele a su bebé con una voz dulce y tranquila, llamándolo por su nombre, y después con sencillas frases afectuosas.**
- **Mézalo o acaríciele la cabeza, las mejillas o el vientre.**
- **Mírelo a los ojos, mientras le habla, o en todo caso, sonriéndole. El papel que desempeña la imitación es importante. Su bebé sonreirá (entre otras cosas) si usted sonríe mucho. Aunque se haya demostrado que la aptitud para sonreír es innata, se desarrollará mejor en un ambiente en el que se sonríe con frecuencia.**

- atrévase a hablarle a esa mamá a la que ha visto en el parque varias veces sola con su bebé;
- meta a su bebé en la bolsa de canguro y salga a mirar escaparates.

Otras madres tienen que aguantar las invasiones de la familia, a amigas despreocupadas y a visitas que no terminan nunca:

- aprenda a decir "no" gentilmente;
- compre una contestadora de teléfono;
- a la visita que no pare de hablar, sentada en un sillón, propóngale que planche mientras usted amamanta al bebé;
- tómese un tiempo para conversar con su cónyuge.

Complázcase

Todavía no hay nada mejor para el estado de ánimo. Para unas, puede ser hojear un catálogo y comprarse un vestido nuevo. Para otras, poner en el aparato de sonido sus discos favoritos. Y para otras, volver a poner *Lo que el viento se llevó* en la videocasetera (aunque la tenga que ver por episodios) o releer alguna novela preferida... Cada una debe saber, sin sentimiento de culpa, cómo hacerse sentir bien. El ambiente será más agradable y el bebé estará más contento.

Comunicarse con el bebé

Si una se contentara sólo con alimentar y cuidar a un recién nacido, sin intercambiar nada con él, éste tendría mucha dificultad para desarrollarse armoniosamente. Le faltarían dos cosas esenciales en su desarrollo: las caricias y el lenguaje.

Las caricias

El recién nacido tiene la necesidad de sentirse en lo más cercano, en lo más cálido del cuerpo de su madre. En ese contacto corporal íntimo, adquiere un sentimiento de protección y poco a poco descubre los límites de su propio cuerpo. Va a ir construyéndose, a lo largo de los días, depositando en él las experiencias vividas a través del cuerpo materno. Un contacto cálido, apacible y tierno lo ayudará a adaptarse al mundo y a desarrollar confianza en sí mismo.

LA REORGANIZACIÓN FAMILIAR

Qué pediatra escoger

Su médico general es completamente competente para seguir la evolución de su bebé y para cuidar de él cuando lo necesite. Pero puede decidir, si así lo desea, dirigirse directamente a un médico especialista en pediatría. En ese caso, tiene que escoger a uno en particular. Pregunte entre los suyos. Presentamos aquí los criterios del "buen" pediatra para ayudarla.

- **Se lo recomendaron padres que tiene buenas razones por las cuales sentirse satisfechos por sus servicios.**
- **Se encuentra muy cerca de donde vive usted (puede ir a consultarlo en una emergencia).**
- **Habla con usted personalmente por teléfono, no parece desagradable si lo molesta "por nada" y puede darle una cita en su agenda saturada si es necesario.**
- **Usted puede, en un momento dado, ponerse en contacto con él, los fines de semana o por la noche.**
- **Su sala de espera es acogedora, llena de juguetes para los niños que esperan la consulta.**
- **Crea directamente un buen contacto con el niño, le habla y lo trata con respeto y dulzura. En su consultorio, hay juguetes, un bote con dulces.**
- **Le da seguridad y se toma su tiempo para escucharla y para responder clara y de manera simple a todas sus preguntas.**

LA REORGANIZACIÓN FAMILIAR

Usted tiene derecho a cambiar de pediatra

Recuerde que ustedes tienen el derecho a cambiar de pediatra si no están satisfechos o si, después de varias vacunas o cuidados diversos, su bebé lo "toma a mal" y da alaridos de manera sistemática cuando se le acerca.

Cómo despedirse

- **Avísele al bebé que se va a ausentar y dígale adiós. Aunque no comprenda el sentido exacto de las palabras, su voz lo tranquilizará. Si es posible, evite partir mientras duerme. Si lo hace, dígale adiós antes.**
- **Los bebés más pequeños son más sensibles a la ansiedad de su madre que al hecho de que lo deje durante unas horas con otra persona; entonces, una vez tomada la decisión y que todo esté organizado, salga de buena gana y diviértase.**
- **Si todo marcha de maravilla, llame a la misma nana la próxima vez. Ella se acostumbrará al bebé y él a ella.**

La palabra

Hablarle a su bebé es introducirlo en el mundo de los humanos. Háblele de todo lo que le concierne: del biberón, que todavía no está caliente; de papá, que va a llegar pronto; de la pijamita azul, que le queda muy bien... El niño entiende. Quizás no el sentido preciso de las palabras, pero entiende que se dirige a él con amor y atención. Esas primeras palabras que se le dicen son tan importantes como las caricias. Lo ayudan a entrar, también, en el mundo del intercambio y del lenguaje, y a forjar su personalidad futura.
Su bebé tiene muchas maneras de comunicarse, con su llanto, su mímica, sus miradas. Usted responde con un ademán, una frase, una sonrisa. Así sabe que lo aman.

La nana, la primera vez

Llega el día en que la madre vuelve a sentir ganas de salir de su casa. Ya sea de día, para tomar un curso o ir a la peluquería, ya sea de noche, para salir con su pareja o ir a ver a unas amigas. Después de la "pasión simbiótica" de los primeros días, en los que la madre y su bebé están pegados el uno al otro, la madre siente la necesidad de volver a vivir una vida "normal". No tiene por qué culpabilizarse por ello, ya que esto es parte del equilibrio, tanto del niño como del suyo propio. Poco a poco, ambos tendrán que aprender a alejarse uno del otro, y el niño entenderá que su madre no le pertenece.
Cuando no hay familiares o amigos que vivan cerca y que puedan ocuparse del bebé, la solución consiste en llamar a una niñera.

¿Cómo escoger a la niñera?

Siempre es preferible confiar a su hijo, sobre todo cuando es la primera vez, a una persona que usted ya conoce, o que le hayan recomendado y en la que tenga toda su confianza. Quizá una joven haya ido a ayudarla a casa en las semanas anteriores. Si es así, llámela: el niño y ella ya se conocen, lo que es un punto a favor. Si todavía no conoce a la persona que va a venir en su ausencia, pídale que venga a su casa un día antes, para que vea cómo se comporta con su bebé y para que pueda conocerla un poco.
Puede elegir a una mujer o a un hombre, a una persona joven o mayor, eso no es muy importante. Lo esencial no es

tanto la experiencia con los niños como los buenos sentimientos y el sentido común. Lo que cuenta es que encuentre a una persona de confianza, que usted considere segura, a la que le gusten los niños y que sea dulce en su trato. El carácter de la niñera, más que el que esté acostumbrada a los niños, es lo que le permitirá irse tranquila.

Los padres que trabajan

En un número creciente de familias, sobre todo si sólo hay un niño, ambos padres trabajan. No pueden abstenerse de hacerse preguntas. ¿Paso suficiente tiempo con mi hijo? ¿No le habrá faltado mucho mi presencia durante sus primeros días? ¿Qué hacer para compensar todo ese tiempo que pasamos separados? Para empezar, sepa que la intensidad y la calidad del tiempo de presencia cuentan más que la cantidad. Puede pasar horas al lado de su hijo, y si él se entretiene solo y usted también, si usted no establece ningún contacto, su presencia no lo beneficia. Pero la calidad será tanto más importante cuanto que la cantidad sea menor. Es decir, cuanto menos tiempo comparta con su bebé, más indispensable será que ese poco tiempo esté lleno de momentos intensos y plenos. Esto es tan válido para el padre como para la madre.

Toda madre y todo padre que trabajan deben empeñarse en reservar un máximo de tiempo para su niño y en estar disponibles para él sin importar lo que pase. Esto es algo que las estructuras sociales y la organización de las empresas no favorecen mucho, y es lo menos que se puede decir. A cada quien, desde su posición, le corresponde intentar hacerlas evolucionar y tomar decisiones. Un bebé no permanece pequeño por mucho tiempo. Tiene la necesidad de la presencia de sus padres. Aproveche antes de que sea demasiado tarde.

Aunque ambos tengan un trabajo de tiempo completo, los momentos que les quedan para pasarlos con su hijo son suficientes si los utilizan bien.

Las diferentes maneras de cuidarlo

Si tiene que regresar pronto a su trabajo, es muy posible que ya sepa a quién le va a confiar al bebé. Pero la búsqueda de una solución satisfactoria es a veces tan larga y tan difícil que puede ser que todavía tenga sus dudas.

LA REORGANIZACIÓN FAMILIAR

¿Cómo debe uno organizar una salida tranquila?

Estos son algunos consejos que pueden servir como puntos de referencia.

- **Prepare con anticipación todo lo que la nana vaya a necesitar: el biberón, la leche, el agua, los pañales, la crema, etcétera. Así le evitará el tener que abrir todos los armarios para encontrar un pijama limpio.**
- **Pídale a la nana que llegue un cuarto de hora antes de su partida, para que pueda explicarle todo con calma y partir sin precipitarse.**
- **Haga que la nana se sienta cómoda. Si es necesario, preséntele al bebé y muéstrele los cuartos principales de la casa (el baño, el cuarto del bebé, la cocina, la sala...). Indíquele dónde está guardada la ropa de cambio, los pañales o la leche en polvo.**
- **Indíquele a la nana, si es necesario por escrito para ser precisa, los hábitos del bebé, como son medicamentos, cuidados, baño, biberón, etc.**
- **También ponga por escrito el o los números de teléfono en los que puede localizarla y otros números útiles como el del médico, de los vecinos, de emergencias o de los familiares cercanos.**
- **Finalmente, vaya a donde le dijo que iba. Si modifica su itinerario avísele a la nana y llegue a la hora acordada.**

Si procede así, váyase tranquila.

LA REORGANIZACIÓN FAMILIAR

¿Qué hacer para que el bebé no sufra la separación?

¿Cómo prepararlo en las semanas que quedan?

- **Si todavía lo amamanta, no se espere a los últimos días para destetarlo. Déle dos o tres semanas para reemplazar paulatinamente las lactaciones al seno por biberones, sin que eso esté ligado a la separación. Todavía puede amamantarlo por la mañana o por la noche.**
- **En el mes antes de que regrese a sus labores profesionales, intente que le cuiden al bebé, alguna vez una hora, alguna otra por la tarde. Así le dará la confianza al bebé de que regresará.**
- **Si todavía no lo ha hecho, decida rápidamente a quién le va a dejar al bebé. La separación sólo le caerá bien al bebé si la siente totalmente de acuerdo con la persona que lo cuida y segura de su elección.**
- **Finalmente, prevea algún tiempo para que se vaya adaptando progresivamente.**

La guardería

Las guarderías pueden ser públicas o privadas. Reciben a los niños de acuerdo con horarios estrictos y lo que debe pagar estará en función de sus ingresos. Favorecen que el bebé esté activo, la sociabilidad y... la propagación de microbios. Como la cantidad de lugares es muy inferior a la cantidad de solicitudes, es bueno inscribirse incluso antes de dar a luz y "respaldar" su solicitud por todos los medios posibles.

Las guarderías proliferan en la actualidad, y es importante hacer una buena selección que coincida con las costumbres, la ideología, el estatus social, la religión, etc., que se viven dentro del hogar. Esto podrá ofrecer la seguridad y la confianza que requieren los padres para el cuidado de su bebé. De la misma manera, el cuidado, la atención personalizada, la higiene, el material de trabajo, las áreas comunes y de esparcimiento, entre otras cosas, son puntos que se tendrán que valorar antes de hacer la elección correspondiente.

El plan de emergencia

Hay otras soluciones, como la amiga que asiste a su domicilio y que accede a auxiliar también a otras madres amigas suyas, o la portera que hace las veces de nodriza, o la abuela complaciente. Esta última solución resulta agradable tanto para el niño como para su madre, pero es un lujo cada vez menos común. Las familias con frecuencia se encuentran alejadas y las abuelas no siempre están disponibles...

El ingreso a la guardería

Esta vez, su licencia de maternidad realmente ya terminó. Tiene que regresar a su vida profesional y su bebé debe ir a la guardería.

Esta separación, si no se toman algunas precauciones, puede resultar poco agradable para ambas partes. Un bebé de esta edad es muy sensible a la separación de su madre y sus necesidades afectivas son grandes. No posee los medios para entender la situación ni aquéllos con lo que puede expresar su aflicción.

Para ayudarlo, tiene que hacer frente a dos exigencias.

- La primera: hacer las cosas poco a poco. El tiempo de adaptación es fundamental para que el bebé se acostumbre. Él va aprendiendo lentamente a sentirse a gusto en esos dos marcos de vida y entre las diferentes personas que lo cuidan. Pero la adaptación no es una simple inmersión progresiva en un entorno.

Es un tiempo en el que usted, su madre, va a acompañar a su bebé en su nuevo espacio, a estar allí con él, a estar en todas las habitaciones en las que pronto él estará solo. Así, ese lugar estará "investido" de su presencia y su bebé la recordará cuando se encuentre ahí sin usted. La adaptación también es el momento de conocer bien a la asistente que se ocupará de él.

● La segunda es preservar la seguridad interna de su bebé. Para lograrlo, es bueno que no haya ni ruptura ni conflicto entre la guardería y el hogar. Es necesaria una fase de transición de algunos minutos, en la mañana y en la noche, destinada a intercambiar impresiones respecto de su bebé, de su noche, de su jornada, de su ritmo.

No olvide que los miedos del niño a menudo son reflejo de la ansiedad y la culpabilidad de su madre. Si está segura de su elección, su hijo la aceptará con tranquilidad. Pero si se siente insatisfecha, culpable o triste por el tipo de guardería que escogió, el niño lo va a resentir. Se dirá a sí mismo que, si está preocupada, seguramente es porque tenía razones para estarlo y que existe un peligro para él. Recuerde que su hijo está en contacto directo con la realidad de sus emociones. Más vale, en ese caso, simplemente hablarle: "Tú sientes que estoy triste por dejarte todo el día, pero poco a poco, nos acostumbraremos los dos. Estoy segura de que estarás bien aquí y estaremos muy contentos de reencontrarnos en la tarde."

Estar disponible para su hijo

El riesgo proviene del hecho de que los padres frecuentemente llegan cansados de su trabajo y les cuesta mucho trabajo encontrar la paciencia y la disponibilidad necesarias.

La elección del tipo de guardería

En teoría, puede elegir entre varias posibilidades. En la práctica, la elección desafortunadamente es más restringida. Para toda madre que trabaja, la guardería es una cuestión clave. Sabe que no podrá trabajar tranquila a menos que su bebé esté en un buen ambiente y parezca feliz. Lo mejor es solucionarlo lo más pronto posible para escoger antes en función de su gusto y para prever una alternativa en caso de rechazo. Una vez escogido el tipo de guardería, mantenga su posición con el fin de ofrecerle al bebé la posibilidad de acostumbrarse a esa "nueva casa".

En la guardería o con la asistente maternal

● Ponga en la cama de su hijo dos o tres juguetes de la casa, para crear un vínculo.

● Ponga cerca de su almohada un pañuelo de seda que haya traído puesto varios días en el cuello. Impregnado de su olor, le recordará su presencia al bebé y lo tranquilizará.

LA REORGANIZACIÓN FAMILIAR

Reencontrarse por la tarde

- **Hasta que su niño se acueste, deje de lado todo lo que no es indispensable o que no le concierne como son la limpieza, las compras, la correspondencia, la comida de los adultos, la televisión, etcétera. Piense que pasar la escoba es menos importante que hacer una torre con sus cubos.**
- **Use útilmente el tiempo que pasan juntos. El baño, la comida, el cambio de ropa, meterlo a la cama pueden ser muchos momentos de comunicación, de intercambio y de estimulación.**

Su irritación repercute en su niño. Para llamar su atención, entre los 18 meses y los dos años, multiplicará las necedades, ya que si se porta bien, nadie le hace caso. Y en lugar de que los reencuentros sean momentos de alegría, se convierten en confrontación. Los padres se dicen a sí mismos que no van a utilizar las pocas horas que comparten con su hijo en la disciplina. Así, la situación está en peligro de empeorar y el final del día se vuelve difícil.

Para evitarlo, es absolutamente necesario que los padres encuentren la manera de relajarse antes de reencontrarse con su hijo: él no es responsable de la presión profesional y no tiene por qué sufrir las consecuencias. Les corresponde a los padres establecer, cuando están con él, una buena calidad de comunicación. Así, el niño no tendrá que echar mano de diferentes provocaciones (dejar de comer, despertarse por las noches, etc.) para establecer un diálogo y reclamar su derecho a la ternura y al amor.

La alimentación del bebé

Ya sea que le dé el pecho o lo alimente con biberón, la leche que recibe su bebé es suficiente para satisfacer sus necesidades durante más o menos tres o cuatro meses. Con excepción de algunos casos particulares, no hay ninguna necesidad de diversificar su alimentación antes de ese tiempo. De igual manera, el ritmo de esta diversificación depende de la reacción de cada bebé ante la novedad y ante la introducción progresiva de nuevos alimentos.

Hasta el final del primer año, la leche es un elemento básico en su alimentación, que puede irse remplazando de manera progresiva con equivalentes lácteos (queso, yogur, etc.).

Este periodo de transición lo vivirá mucho mejor si ha ido practicando, poco a poco, tomando en cuenta los gustos del bebé, y sin excesiva preocupación. No olvide nunca que el elemento esencial de la comida está en el placer del encuentro de un momento de felicidad y de satisfacción compartida.

Del destete a los alimentos sólidos: qué comer, cómo comer, lo que le gusta y lo que no le gusta al bebé.

LA ALIMENTACIÓN DEL BEBÉ

Algunos consejos

- **Desde el nacimiento, acostumbre a su bebé a beber en biberón. De vez en cuando ofrézcale agua, y también jugo de naranja en el biberón.**
- **Familiarícelo también con el sabor de la leche artificial. ¿Por qué no en el biberón de la noche? Puede aprovechar así para que el papá se lo dé mientras que la mamá aprovecha una larga noche.**
- **Déle alrededor de dos semanas para reemplazar totalmente el pecho por los biberones. Empiece por la comida de la noche, después por la de media mañana, etc.**
- **Si su bebé tiene más de tres meses cuando usted regresa a su trabajo, puede proceder al mismo tiempo al destete y a diversificar la ingesta de comida y darle entonces a probar con la cucharita.**

El destete

Si debe volver dentro de poco al trabajo y dejar al bebé en la guardería el día entero, tal vez piense que ya es tiempo de dejar de amamantarlo.

Si usted es de las mamás que amamantan a su bebé y tiene que acabar de hacerlo para retomar su trabajo al final de su licencia de maternidad, debe saber que es preferible no esperarse al último día para llevar a cabo la transición. Las primeras veces es probable que al bebé no le guste el cambio. Por eso, debe tomarlo con calma y hacerlo de manera progresiva. Algunos bebés aprecian muy pronto los biberones de los que la leche sale con facilidad. Con otros habrá que tomar precauciones. Dejar de amamantar al bebé puede resultar una separación dolorosa para ambos protagonistas...

Así que es bueno empezar desde antes, ya que siempre será preferible un destete progresivo —tanto para usted como para el niño— que una ruptura brusca. Pero sepa que hay muchas madres que, aún después de regresar al trabajo, siguen alimentando al bebé dos veces al día, por la mañana y por la noche, aun cuando el bebé come igual que los demás bebés en la guardería.

Por el contrario, puede ser que, debido al cansancio, ya no tenga suficiente leche para satisfacer el creciente apetito de su bebé. Si esto lo compensa con biberones suplementarios, hay grandes posibilidades de que su producción de leche disminuya aún más. Por una parte porque la producción de leche disminuye al mismo tiempo que las exigencias del bebé. Y por otra porque, una vez que haya tomado el gusto por la facilidad del biberón, el bebé ya no tendrá que "jalar" más leche para garantizar la producción. En una semana, su bebé ya no tomará más que del biberón y estará muy bien. No se culpe si su sueño era amamantarlo unos meses más: usted le dio el mejor inicio posible. Ahora, tanto el padre como usted podrán darle el biberón y ambos lo harán con el mismo amor.

Otro tipo de alimentación

La primera papilla, las verduras, la carne, el pescado y los huevos, la fruta, las bebidas...

Empezar a diversificar

Durante tres meses su bebé sólo necesita leche. Pero su estómago no puede retener más que cierta cantidad en cada comida. Llega el momento en el que el bebé, habiendo bebido todo el biberón, todavía tiene hambre, o bien no absorbió las suficientes calorías para aguardar hasta la siguiente comida. Usted se percatará de ello si el bebé parece insatisfecho después de la comida o bien si, tras haber hecho sus cuatro comidas, reclama mucho antes de la comida siguiente. Incluso hay otros que reclaman un nuevo biberón durante la noche aun cuando ya habían tomado uno antes de dormir.

Esto sucede, dependiendo del bebé, entre los dos y medio y los cuatro meses. De los tres a los cuatro meses, es la edad en que ya no necesitan ser amamantados tan a menudo. Es momento de diversificar la alimentación y de introducir la cucharita. Pero sin disminuir por ello las raciones de leche: las necesidades de leche del bebé siempre son importantes. Hay que calcular así:

- a los cuatro meses, aproximadamente 210 ml, cuatro veces al día;
- a los seis meses, aproximadamente 240 ml, tres veces al día.

¿Qué alimentos darle?

Siendo diferentes todos los bebés, usted debe adaptar el momento de la diversificación, la manera de proceder al gusto de su bebé. Él sabrá hacerle entender lo que le gusta y lo que de ninguna manera quiere. Lo esencial, a la hora de la comida, es siempre el placer de compartir un momento privilegiado.

Ya que a los bebés les atraen más los sabores dulces, puede empezar a diversificar dándole una pequeña cantidad de fruta (manzana, banana, pera, chabacano, durazno) a la hora de la merienda, con la cucharita o en el biberón. Dada la cantidad que necesitará al principio (una o dos cucharaditas), lo mejor es que compre frasquitos de papilla de fruta que venden en el supermercado.

LA ALIMENTACIÓN DEL BEBÉ

¡Cuidado!

Las papillas, muy en boga en otros tiempos, están un poco pasadas de moda. Gracias a ello, cada vez hay menos bebés regordetes. Las calorías que dan las harinas se almacenan en gran parte en forma de grasa. Darle demasiadas puede provocar que el bebé engorde de manera exagerada. Hay que resistirse a la variedad de productos propuestos y a su facilidad de preparación. En cantidades razonables (las que el pediatra recomiende en vez de lo que dice la caja), la papilla puede ser de gran utilidad y contribuir al equilibrio nutricional de su niño.

El harina que usted escoja debe ser:

- **"1ª etapa": destinada a los niños de tres a seis meses;**
- **"sin gluten" (esto se especifica en el empaque) ya que un niño de esta edad no lo tolera bien;**
- **"instantánea", ya que es fácilmente asimilable;**
- **simple, como una harina compuesta de un conjunto de varios cereales, o una harina con diastasa;**
- **ni azucarada ni salada.**

Por el momento deje de lado las harinas con verduras, con frutas o con cacao, que no corresponden a un niño muy pequeño. Cuando su bebé tenga ocho o nueve meses, puede darle la harina de su preferencia y variarla según sus gustos.

LA ALIMENTACIÓN DEL BEBÉ

La preparación de la papilla

Si bien es cierto que las harinas "para cocer" requieren tiempo de preparación, las harinas instantáneas, están listas para emplearse y se disuelven rápido, agitando el biberón de leche caliente o tibia. La leche que se utiliza es la misma que con la que normalmente se alimenta al bebé, diluida en las mismas proporciones.

Las harinas llamadas *lácteas* se preparan con agua. Con un poco de leche, constituirían una preparación demasiado concentrada para el bebé. Sólo úselas bajo vigilancia de su médico. Finalmente, no agregue ni azúcar ni sal ni miel a la papilla del bebé. ¡Aunque le parezca totalmente insípida!

¿Qué cantidad de papilla darle?

Una cucharada cafetera en el biberón de la noche es la cantidad que generalmente se admite y es suficiente para empezar a ayudar a que el bebé duerma más tiempo en la noche. Tiene que "llenar" a su bebé más que la leche y permitir que pase una noche más prolongada. Según la edad del bebé, aumente las cantidades, en el desayuno, por ejemplo. Algunos bebés pueden tomar una cantidad más grande de harina, pero eso lo tiene que decidir usted junto con su pediatra.

Muy pronto podrá introducir también el puré de verduras. Muy bien batido se puede agregar en el biberón. De este modo, el bebé se acostumbra a su sabor progresivamente. De cualquier forma, para que el cambio no sea brusco, puede intentar durante una semana hacer su biberón de leche del mediodía con un poco de consomé de verduras en vez de agua. Así tendrá el gusto por las verduras sin todavía experimentar el cambio de consistencia.

Déle a su bebé un solo alimento a la vez, así puede apreciar mejor su reacción y darle algunos días antes de pasar a otro alimento.

En todo caso, evite obligar a su bebé a comer lo que no quiera. Quizá no tenga hambre o no le agrade. Transformar entonces la comida en una relación de fuerza no resultaría en ningún beneficio, y en cambio sería dañino para la secuencia de su educación alimenticia.

La primera papilla

Según la regla dietética contemporánea (ha variado) hay que esperar alrededor de tres meses antes de diversificar la alimentación del bebé y, en particular, antes de agregar harina en el biberón.

En efecto, hasta esa edad la leche, materna o de fórmula, basta para cubrir las necesidades del bebé. Si la cantidad de leche parece no ser suficiente para el bebé siempre es posible aumentar ligeramente la cantidad propuesta.

Sin embargo, alrededor de los tres meses, a veces una o dos semanas antes, algunos bebés se despiertan de hambre en la noche o reclaman un biberón suplementario. Otros tienden a regurgitar y se ven beneficiados con una leche un poco espesa.

Finalmente, la papilla es una buena transición entre un régimen lácteo estricto y la diversificación alimenticia. Le aporta al bebé calorías suplementarias y elementos nutritivos que no existen en la leche.

Las verduras

Gracias a su gran variedad y a su interés dietético (sales minerales, vitaminas, celulosa, etc.), las verduras son la base de la diversificación alimenticia. Su calidad nutritiva depende sobre todo de si son frescas.

A los cuatro meses, puede empezar por las verduras verdes, como las judías (habas), las calabacitas y el puerro (poro).

Agregue un poco de zanahoria para que tengan un sabor dulce y una papa para la consistencia. Hacia los seis meses, se pueden introducir las espinacas, las berenjenas y las alcachofas. Hacia el octavo mes, es conveniente ya no mezclar las verduras en un puré, sino hacerle probar al bebé sabores separados: puré de zanahoria y de brócoli se ponen uno al lado del otro. En las sopas puede agregar sémola, fideo y otras pastas.

¿Cuándo introducir la sopa de verduras?

Al bebé puede sorprenderle este nuevo sabor, por lo que conviene introducirlo progresivamente. Lo mejor consiste en no utilizar, los primeros días, más que los caldos de cocimiento de las verduras.
Llene el biberón hasta la medida acostumbrada, pero reemplazando el agua con el caldo de verduras. Agregue el número de medidas de leche acostumbrado. Déselo así a su bebé.
Durante algunos días, no agregue verduras machacadas en el biberón. Así, el bebé se acostumbrará a un nuevo sabor antes de acostumbrarse a una consistencia.
Cuando agregue el puré de verduras al biberón, quizá quiera agregar, por lo menos al principio, una o dos medidas de leche en polvo. Al niño le gustará volver a encontrar ese sabor.

La preparación de las verduras

Utilice las verduras del mercado más frescas posibles. Pélelas y córtelas en pedacitos. Cuézalas en el agua del grifo (tienen que hervir durante mucho tiempo): veinte minutos en la olla de presión, más o menos una hora en la cacerola (cocimiento normal).
No le ponga sal al agua de cocimiento. Lo mejor es cocer una pequeña cantidad de frutas o verduras en un poco de agua o bien al vapor; después, cuando estén blandas, hágalas puré o bátalas.
Un bebé pequeño generalmente prefiere los purés sin grumos. Pero habituarlo rápidamente a la consistencia grumosa puede representar un logro para las etapas subsecuentes.
¿Qué cantidades darle? En ello, su niño será el que la guíe. Las primeras etapas deben franquearse poco a poco: 10 a 12 g de puré finamente batido y mezclado en el biberón son suficientes. Después aumente, si el bebé lo consiente, de 20 a 30 g por semana. Progresivamente puede ir haciendo el puré más espeso y dárselo con la cucharita, ya con un poco de sal.

LA ALIMENTACIÓN DEL BEBÉ

¿Qué hacer si el niño rechaza el biberón de sopa?

Si el niño rechaza el biberón de leche con caldo de verduras, regrese al biberón de leche pura. Vuelva a intentarlo la semana siguiente.
Si el bebé rechaza la introducción de verduras batidas en el biberón:

- **¿Puso una pequeña cantidad para empezar (una o dos cucharaditas)?**
- **¿No puso verduras con un sabor demasiado fuerte en la sopa (poro o cebolla por ejemplo)?**
- **¿Hizo el hoyo del chupete del biberón lo suficientemente grande como para que la sopa pase sin mucho esfuerzo del bebé?**
- **Si el bebé rechaza el biberón de sopa, espere unos días antes de ofrecérselo de nuevo. La diversificación de los alimentos debe hacerse paulatinamente. Mientras tanto, continúe haciendo el biberón con caldo de verduras.**

LA ALIMENTACIÓN DEL BEBÉ

Las ventajas del biberón con sopa

- **Aporta vitaminas, sales minerales y la celulosa que necesita el bebé en el plano nutricional.**
- **Le permite aumentar la cantidad de comida que le da al bebé sin un exceso de azúcar o de harina y, por ende, sin aumentar su ración de calorías.**

Otra cualidad de la sopa de verduras es que regulariza el tránsito intestinal y actúa en los pequeños problemas digestivos. Si el bebé está constipado, insista con las verduras verdes. Si el bebé tiene diarrea, póngale zanahorias.

Comida de frasquitos o productos frescos

No serviría de nada combinar los dos tipos. Los frasquitos de comida ya hecha están sujetos a controles de calidad muy estrictos, representan un importante ahorro de tiempo y de energía y permiten variar fácilmente los menús del bebé. El inconveniente es que no se pueden restituir ni el sabor ni las texturas similares a los preparados en "casa" y que frecuentemente tienen un contenido más alto de azúcar y grasa. En conclusión, son una solución de reemplazo mucho muy conveniente de las comidas hechas en casa, pero no es aconsejable que sean el único tipo de alimentación del bebé.

¿Qué verduras escoger?

Empiece por las verduras más clásicas: papa, zanahoria, poro (en pequeñas cantidades: a algunos niños no les gusta mucho cómo saben). Cuando el bebé se acostumbre (un mes o dos más tarde), puede agregar, según la época y lo que usted tenga, habas verdes, calabacitas, lechuga, acelgas, perejil, espinacas, tomates, corazones de alcachofa.

Espere todavía uno o dos meses más (casi hasta los cinco) antes de introducir las demás verduras: el nabo, la coliflor, el apio y la berenjena.

Pronto será tiempo de variar el sabor de la sopa y de iniciar al niño en sabores nuevos. A la mayoría de los bebés les gustan mucho los biberones con caldo de verduras. Aproveche para darle al suyo el sabor de las verduras verdes que tantos niños rechazan más tarde por no estar acostumbrados a ellas.

¿A qué hora darle el biberón con sopa?

Al mediodía o por la tarde, como usted prefiera. No es aconsejable darle a un bebé muy pequeño una sopa o una papilla cocidas hace ya veinticuatro horas. Por el contrario, puede cocer la sopa para varios días y congelarla, como puré espeso, o en cantidades pequeñas. En la comida, descongele justo la cantidad de sopa que vaya a necesitar. ¿En qué congelar tan pequeñas cantidades de sopa? Piense en los recipientes, perfectamente lavados, de queso crema o de flan. Piense también en los moldes de hielo y en las tazas de plástico.

Los frasquitos de puré

¿Qué pensar de los frasquitos con puré de verduras ya listo o de las diferentes sopas que se venden ya preparadas? Son buenos; los fabricantes de productos para bebé están sujetos a muy estrictos controles de calidad. Estos precocidos, de sabores muy variados, pueden facilitarle de manera agradable esos días en los que no tiene tiempo de cocinar las verduras para el bebé. Más tarde podrá utilizar también, para las sopas de verduras del bebé, los purés de verduras congelados. Existen en muchas variedades y son tan buenas como fáciles de usar.

Los precongelados

Durante los primeros días, su bebé sólo comerá un poco de sopa o de puré de verduras a la vez. Entonces puede perfectamente hacer sopa para varios días y conservarla en el congelador. Lo mismo para las papillas de fruta.

También puede comprar precocidos congelados para darle a su bebé. Las tortitas de puré de verduras, ciertamente son muy prácticas, ya que permiten utilizar sólo la cantidad deseada. Así tiene a disposición una gran variedad de verduras, cosechadas en el momento de su madurez.

La única preocupación que hay que tomar es que los alimentos nunca dejen de estar congelados. Compre en una tienda una provisión grande de precocidos congelados, transporte los productos en una bolsa isotérmica y nunca vuelva a congelar un producto que ya se descongeló.

La carne, el pescado y los huevos

Hacia los seis meses, cuando el bebé tome bien su puré de verduras con cuchara, puede empezar a introducir en su alimentación carne y pescado. Empiece por una cucharadita de jamón o de pescado finito y picado. Puede variar la comida con media yema de huevo, después con una entera. Para darle el huevo entero, espere a que el niño tenga alrededor de diez meses. En todos los casos, lo esencial es que los alimentos que le va a dar a su bebé estén frescos.

Aumente las cantidades progresivamente, según el apetito y las reacciones del bebé.

Darle carne o pescado en el desayuno basta para todo el día. En la tarde, el bebé volverá a comer su sopa de verduras, désela con cuchara o en el biberón, según la edad y el gusto del bebé.

La fruta

Hacia los seis meses, las compotas pueden dar paso a la fruta fresca. Bien madura, pelada y machacada con el tenedor (o rallada o batida ligeramente según la fruta), será una delicia para los niños y una fuente importante de vitaminas.

Hacia los ocho o nueve meses, el niño puede probar todas las frutas y aprovechar las de temporada: frambuesas, cerezas deshuesadas, pasas (al principio, tiene que quitar la piel y las semillas), ciruelas, mangos, gajos de mandarina o de naranja peladas, etc.

Las bebidas

Desde su nacimiento, el agua es indispensable para el bebé. En periodos de calor intenso, puede ocurrir que la cantidad de agua en la leche no sea suficiente para el recién nacido o bien que sufra de diarrea o vómito. En ese caso, habrá que darle agua en el biberón durante el día.

LA ALIMENTACIÓN DEL BEBÉ

Las demás bebidas

- **Los tés, de hierbas o de frutas, son refrescantes, calmantes, digestivos y con frecuencia a los bebés les gustan mucho. De preferencia, déselos sin azúcar.**
- **Los jugos de frutas frescas, hechos en casa o "100% fruta fresca" tienen una buena aportación de vitamina C, pero no debe darle demasiada cantidad al bebé, ya que son demasiado nutritivos.**
- **Los jarabes, las sodas o bebidas de frutas deben evitarse ya que contienen una gran cantidad de azúcar y ninguna aportación particular para la dieta. Acostumbran al niño a beber azúcar y frecuentemente hacen que rechace el agua pura y fresca, que debe ser la única bebida básica.**

Ideas divertidas para los mayores

- **Para fabricar bebidas divertidas y mejores para la salud que las sodas, proceda así: mezcle en una misma botella o en un mismo vaso néctar de frutas (piñas, chabacanos, frutas exóticas...) y agua gaseosa, sin sales, a partes iguales.**
- **Haga usted misma sus propios helados en moldes para hielos, vierta chocolate con leche o jugo de frutas (en este caso, ponga en medio una fresa o un gajo de mandarina). Cuando se empiecen a congelar, introduzca en medio un palito o mondadientes.**

LA ALIMENTACIÓN DEL BEBÉ

¿Qué tipo de agua darle?

El agua que utiliza para los biberones es muy conveniente ya que es pura y un poco mineralizada. Su médico le dirá cuándo debe empezar a darle al bebé agua del grifo. Lo más común es que sea alrededor de los cinco meses, pero eso depende de la calidad del agua y de la región donde usted habita. ¡Pero es tan práctico!

A partir de ese día, también puede darle con qué entretenerse a su bebé, por ejemplo en el verano, con unos hielos (naturales o con sabores).

Después del régimen antidiarreico

La reintroducción de la leche y los lácteos debe hacerse de manera progresiva, a lo largo de varios días, agregando por ejemplo una o varias medidas de leche en polvo en un puré ligero de zanahorias.

De cualquier manera, siempre es importante, desde la edad de cuatro meses, acostumbrar al bebé a beber otras cosas además de leche, y particularmente un poco de agua cada día.

El régimen antidiarreico

La diarrea es una afección frecuente en los bebés. Aunque común, puede deberse a un enfriamiento, a una mala digestión o a la salida de un diente. En casos más serios, puede ser signo de una gastroenteritis, por ejemplo.

Si la diarrea es líquida, persistente y va acompañada de fiebre y vómito, si el bebé parece apático y pierde peso, tiene que consultar rápidamente al médico. Le dará un tratamiento específico y le recomendará que inmediatamente ponga al niño bajo un régimen antidiarreico. Por esto, en cuanto constate que las evacuaciones de su bebé son muy líquidas, (o acuosas), puede recurrir sin tardanza a estas medidas alimenticias.

Modificar su alimentación

Suprima inmediatamente de la alimentación del bebé:

- la leche;
- los lácteos: yogures, quesitos batidos, flanes, quesos blancos;
- las frutas y verduras crudas, los jugos de fruta;

Reemplácelos por:

- sopa de zanahorias. La sopa de zanahorias se hace simplemente poniendo a cocer las zanahorias peladas y lavadas en agua. Después bata las zanahorias y diluya el puré con agua mineral. Esta preparación puede sustituirse con un biberón mezclado con un poco de puré de zanahoria de frasquito y agua mineral. Puede endulzar levemente el biberón si su bebé así lo prefiere.
- harina de arroz o agua de cocimiento de arroz (no tratado o precocido).
- un plátano licuado o compota de manzana y membrillo (hay envases pequeños en venta en las tiendas). En cuanto al plátano, tiene que estar bien maduro. Luego, quítele la cáscara, bata la pulpa y dilúyala en agua mineral.

Vida diaria

Lo esencial es que la comida se desarrolle en un ambiente relajado y no se transforme nunca en una lucha. No se puede obligar a un bebé a que coma. Mala suerte si no se acaba su biberón o si se agita en su silla alta para bajarse de la mesa. Cuando tenga hambre ya comerá.

El apetito se regularizará a medida que sentarse a la mesa se convierta en un verdadero placer. Cuando el niño empieza a asociar la comida y la obligación o la sopa y la ansiedad de la madre es cuando las dificultades alimenticias empiezan a manifestarse.

Para el niño de pecho comer es una fuente de sensaciones de plenitud muy agradables. También es un tierno intercambio. Pero si se obliga al bebé a tomar la cantidad que se ha dispuesto como correcta para él, pierde el contacto con sus propias necesidades internas y, eventualmente, todo placer de alimentarse.

El niño pequeño ante todo necesita amor y los alimentos serán bien asimilados si la comida es un momento privilegiado de complicidad. Así que no se preocupe y no sea estricta; el equilibrio alimenticio de su niño será una consecuencia del equilibrio psicológico y de su alegría de vivir.

Si el niño es particularmente despierto y activo, puede suceder que las comidas sean difíciles. Con curiosidad por todo, pronto será capaz de atrapar lo que tiene a la mano o lanzar aquello que pudiera resultar interesante.

Pequeños y grandes apetitos

Algunos bebés, desde su nacimiento, tienen poco apetito. Con frecuencia rechazan el último resto de su biberón o se dan media vuelta cuando se les pone enfrente un puré preparado con mucho amor. Las mamás se inquietan y no saben cómo reaccionar. ¿El bebé está satisfecho? ¿Estará enfermo? A otros bebés nunca les satisface la cantidad que les dan. Siempre tienen hambre antes de la hora y se abalanzan sobre su comida con voracidad. ¿Hasta dónde hay que aumentar las cantidades?

LA ALIMENTACIÓN DEL BEBÉ

¿Qué hacer si el niño no quiere comer?

Nada. Un niño pequeño puede tener varias razones por las que no quiera comer, puede, por ejemplo, estar inapetente, está iniciando una gripe, no le gusta esa nueva verdura, etcétera. Si usted le retira el plato al cabo de un tiempo razonable (de diez a quince minutos) para pasar al postre, hay grandes posibilidades de que se compense en la comida siguiente. No tiene de qué preocuparse. Por el contrario, si usted se muestra ansiosa y transforma las comidas en relaciones de fuerza, se está arriesgando a establecer el comportamiento del niño. Cada comida será en lo sucesivo un momento de lucha entre su voluntad y la del niño. Cuanto más obligue al niño, más se obstinará en rechazarlo, lo cual no le impedirá comer normalmente con su padre o con su niñera. La comida es el lugar habitual en el que se ventilan los conflictos.

Su bebé ya es capaz de sostener solo el biberón. ¿Podría dejar que beba solo?

¡Cuidado! A menos que pueda continuar bebiendo el biberón en sus brazos acogedores, el bebé rápidamente considerará que la autonomía es una vía poco atractiva. Además, podría atragantarse.

LA ALIMENTACIÓN DEL BEBÉ

Alimentación: simplifíquese la vida

En cuanto tenga la edad de hacerlo, déle al bebé un vaso provisto de una tapa con un aditamento con perforaciones para que pueda beber solo. De plástico, irrompible, con asas, pesado en el fondo para que sea difícil de voltear, es el objeto que se necesita para ayudar al bebé a hacer la transición del chupete al vaso. En un primer momento, ofrézcale este envase vacío para que se familiarice con él: lo va a voltear, sacudir, aventar al piso, etc. Después llénelo con una bebida que le guste mucho a él y enséñele cómo usarlo. Aprenderá rápido y cada día ganará mayor habilidad.

Otro objeto que le puede simplificar la vida a la hora de la comida, cuando el bebé agarra la cuchara, es un babero de plástico rígido que se fija alrededor del cuello del niño, sin cintas y fácil y seguro de usar. La parte de abajo del babero está provista de un recipiente donde se acumula el alimento que se le cae al niño. No solamente es seguro, sino también muy práctico. Después de la comida, sólo hay que pasarle una esponja para limpiarlo.

Ser flexible

Es fácil que las madres se inquieten por las peculiaridades alimenticias de sus bebés y a diario se preguntan si tomó suficiente. La respuesta es sí. Usted puede confiar en su bebé, él sabe qué necesita. Un bebé que tiene hambre come. Si ya no quiere más de su biberón o su papilla, es que ya no lo necesita. Si no equilibró bien su alimentación durante el día, ya lo hará durante la semana, entonces es inútil que usted se inquiete. Sobre todo si sus gráficas de altura y peso evolucionan normalmente.

Si su niño siempre quiere más, puede que esté en un periodo de mucho crecimiento. Le toca a usted decidir con el pediatra qué cantidades darle. Vigile sobre todo no aumentar exageradamente las cantidades de harina y azúcar para que su bebé "se llene", debido al riesgo de obesidad. Por lo demás, el niño debe comer hasta saciar su hambre, aunque ésta sea mucha. Al igual que nosotros, el pequeño tiene unos días mucho apetito y otros no tanto. Nos corresponde a nosotras adaptarnos a su apetito del momento.

No se está quieto

Distraído por todo lo que puede ocurrir en la cocina, se agita en la silla alta y se olvida de comer. Con frecuencia usted intenta convencerlo de quedarse sentado tranquilamente y de que coma lo que tiene enfrente.

No se inquiete, si usted no le da mayor importancia, su rechazo a comer no durará mucho. Para él, la vida es muy apasionante y hay demasiadas cosas para hacer como para perder el tiempo sentado en la mesa. Esto se le pasará y volverá a tener hambre.

Una solución consiste en hacerlo comer solo con usted en la cocina, en calma, sin muchas distracciones. Por supuesto, no lo fuerce a terminar y no se enoje por su manera de actuar. También puede intentar darle uno o dos juguetes de plástico con los cuales se mantendrá ocupado mientras come.

¿Por qué no ofrecerle también la oportunidad de compartir a veces la comida familiar? Comer en la mesa con todos es un gran placer para el niño, así como la ocasión de experimentar nuevos olores y sabores. ¡Y así empieza a educarse el gusto!

No quiere comer nada

Sucede con frecuencia que un niño rehúse comer o sólo acepte unas cuantas cucharadas. La madre que preparó la comida con tanto esmero y cuidado admite con dificultad que el niño no la quiera.

Si su falta de apetito dura varios días, ella se inquieta por su salud y teme que se debilite. El médico, después de haber verificado que el crecimiento del niño es normal, va a intentar desdramatizar la situación, pero no con mucho éxito. La madre va entonces a intentar por todos los medios posibles que su niño coma; insistir, escoger platillos que le gusten mucho y cantarle canciones infantiles, contarle una historia o ponerlo frente a la televisión mientras él deglute pasivamente. En vano; el resultado obtenido suele ser contrario a lo esperado. Las comidas se vuelven cada vez más largas y penosas.

Camino hacia la autonomía

Las comidas son para él una ocasión excepcional de descubrimiento, qué alegría meter los dedos en el puré o asir solo su biberón, ¡desde luego el resultado no siempre es afortunado! Pero sería una pena no aprovechar el tiempo de las comidas para permitirle que ejercite los movimientos de atrapar, llevarse a la boca y manipular los objetos.

Y como usted comprenderá, para él lo más interesante para manipular y llevarse a la boca, es la comida.

Conflictos frecuentes durante las comidas

- El niño desea agarrar la cuchara y el biberón, comer solo, con los dedos, ensuciándolo todo.
- Usted desea darle de comer para estar segura de lo que ingirió, para acabar más rápido y que esté más limpio.

Es el niño quien tiene razón. Si usted siente que su bebé quiere comer solo, es bueno animarlo a hacerlo. Si usted se niega, puede ser que comprometa su futura autonomía. Aun si come menos que si usted trata de arrebatarle la cuchara, esa comida le será de mucho mayor provecho porque es acorde con su desarrollo. Entonces resulta algo muy educativo en el sentido más amplio. Para no perder la paciencia, dígase que un niño que se entrena mucho será autónomo más pronto que otro, y más hábil. Intente convencerse de que el resultado es una de las primeras formas de su creatividad y limpie todo con un paño.

LA ALIMENTACIÓN DEL BEBÉ

Evite lo que pronto se transforma en círculo vicioso

- **No pierda de vista que una comida es un momento de felicidad, de descubrimientos y redescubrimientos. Relájese y evite enojarse durante esos momentos.**
- **Tenga en cuenta qué alimentos le gustan y qué alimentos le disgustan a su bebé, lo cual no impide que usted pruebe a darle nuevos sabores cuando se presenta la ocasión.**
- **Nunca obligue a su bebé a que se acabe todo lo que hay en el plato.**
- **Más vale servirle cantidades pequeñas, volver a servirle según lo requiera, que ofrecerle una cantidad muy grande que lo desanime si no tiene mucha hambre.**
- **No le dé de comer, "para compensar", entre las comidas.**
- **No se obsesione por la evolución de su curva de peso.**
- **Confíe en el organismo de su niño, el cual es perfectamente capaz de manejar solo sus necesidades alimenticias. Si respeta este principio, probablemente no tendrá ningún problema.**

Por último, recuerde que, en este tipo de conflicto, no tiene que "ganar" a cualquier precio. Lo que está en juego aquí es la autonomía de su niño.

LA ALIMENTACIÓN DEL BEBÉ

Razones por las cuales debe dejar comer solo a su niño

●Si deja pasar el tiempo en el que su bebé quiera comer solo, esta necesidad puede desaparecer y no volver a presentarse tan rápido. Algunas madres tienen que seguir dando de comer a sus niños hasta los dos o tres años.
El niño necesita mirar, manipular, probar, oler los alimentos, ya que sus sentidos son más libres y más refinados que los nuestros. Si respeta esa necesidad, al bebé le gustará sentarse a la mesa, lo que es un punto importante para el futuro. Le gustará comer, probar alimentos nuevos y probablemente no será un niño "difícil".

●Puede ser que su niño coma más, gracias a la dimensión de placer y de juego que para él represente la comida, al contrario de cuando usted le da con la cuchara. Esto compensa su torpeza. En todo caso, aprende a regular su apetito.

●El niño que puede comer solo aprende rápido a comer más, y más limpiamente. Hacia el año, el placer de manipular la comida progresivamente le cederá el lugar al deseo de "hacer como mamá", y por ende de comer correctamente. Gracias a su entrenamiento, su niño será autónomo y limpio en la mesa más rápido que otros niños. El tiempo perdido ahora lo ganará más tarde.

Comer con los dedos

Llega el momento en que su bebé quiere comer solo y se lo hace saber tomando la cuchara o el biberón con las manos. Esta etapa es importante para él. Cuidar su propio cuerpo, y por ende ser autónomo, es algo que empieza por saber alimentarse. Por supuesto, dejar que haga lo que quiera va a traer como consecuencia que ensucie toda la cocina. Pero este pequeño inconveniente se arregla fácilmente con un poco de organización y no es nada en comparación con las ventajas que esto representa para el niño.
El bebé quiere comer solo, pero todavía es muy torpe con la cuchara. Le gusta manipular las cosas, así que come con los dedos. Está en la edad en la que toma las cosas y se las lleva a la boca; es lo mismo que va a hacer con los alimentos. ¿Por qué no prever, junto a la papilla tradicional, una parte de la comida que pueda tomarse con los dedos? Este periodo no dura mucho. Si se muestra flexible ahora, evitará otras tantas ocasiones de conflicto. Y el niño adquirirá rápidamente una habilidad que le permitirá usar correctamente la cuchara. Estos son algunos alimentos que, cortados en pedacitos, reanimarán el apetito de su hijo y desarrollarán su capacidad de tomarlos delicadamente con los dedos:
- frutas y verduras. Todo lo que, crudo o cocido, pueda cortarse en pedazos fáciles de atrapar e ingerir: cuadritos de papa, coliflor, brócoli, chícharos, puntas de espárragos, zanahorias ralladas, sandía, melón, aguacate, pepino, maíz, piña, gajos de naranja pelada, etc.
- tampoco olvide: pedacitos de pescado, huevo duro, queso suave, galletitas, hojuelas de cereal, etc.

Comer "solo"

Como a los siete meses y medio, su bebé empieza a querer tomar solo las porciones de alimento. Unas semanas más tarde, generalmente toma pedacitos de alimento entre el pulgar y los dedos siguientes. Si la comida se resbala al interior de su mano, no la podrá recuperar fácilmente. Para llevársela a la boca, se limpia con la mano llena de comida. Cuando se cansa de este ejercicio agotador puede lanzar al piso el contenido de su plato. Tenga paciencia. Es la única manera de desarrollar su gusto por la comida y de que pronto pueda ser autónomo y educado en la mesa. Aun si usted se siente reacia, debe encauzarlo por la vía de la autonomía.

Por último, dejar que su niño coma solo y escoja la cantidad de comida que desea ingerir son los mejores recursos para evitar esos conflictos alimenticios tan frecuentes y a menudo tan difíciles de resolver una vez que ya se han establecido.

Aprender a usar la cuchara

Algunos bebés aprenden muy rápido a comer con la cuchara. A otros, por el contrario, les cuesta mucho trabajo hacerlo. Maman la cuchara, la chupan o de plano rehúsan categóricamente comer con ella.

Esto es fácil de entender; un bebé acostumbrado a aspirar, a presionar con la lengua la comida que llega directamente a su boca, tiene que llevar a cabo, con la cuchara, todo un nuevo aprendizaje. El contacto de ese objeto frío y duro en su boca le es muy desagradable. A veces pienso que aprender a comer con palillos tampoco debe resultar muy fácil.

El bebé puede entonces tender a mamar la cuchara, a devolver la comida. Si se rehúsa totalmente, espere un poco, regrese al biberón y vuelva a intentarlo una semana después. Si no, compre unos baberos de plástico, tómese su tiempo y dígase que ya llegará el momento en que coma como los demás.

La vitamina D

Llamada también vitamina antiraquitismo, la vitamina D es indispensable para el organismo del lactante. Lo ayuda a hacerle frente a su rápido crecimiento durante los primeros meses y los primeros años de su vida.

El cuerpo humano tiene la facultad de fabricar solo esta vitamina, a condición de que se exponga al sol. Sin embargo, rara vez ocurre en el caso de los recién nacidos, primero porque los baños de sol no son aconsejables para ellos y segundo ¡porque no todos viven cerca del mar! De todos modos, es necesario completar su alimentación con un suplemento de vitamina D, tanto en el verano como en el invierno. Ahora bien, sucede que la vitamina D es la única que el bebé necesita y que no se encuentra en los alimentos lácteos dietéticos (leches para bebé). Por tal razón, debe dársela a su bebé a partir del segundo mes y durante dos o tres años.

El aumento de peso

Es inútil pesar a su bebé todos los días; si come normalmente, engordará poco a poco como todos los bebés. El aumento de

LA ALIMENTACIÓN DEL BEBÉ

Algunos consejos para enseñarle el uso de la cuchara

- **Empiece la comida ofreciéndole el puré o la compota con la cuchara cuando el bebé tenga mucha hambre, eso lo animará a hacer el esfuerzo. Su recompensa será terminar la comida con un buen biberón.**
- **Si el bebé es de boca pequeña, al principio use una cuchara muy pequeña, tipo cucharita para café.**
- **El contacto de metal en su boca es nuevo para él y no necesariamente agradable. Empiece, pues, con una cucharita de plástico.**
- **¿El bebé se lleva todo a la boca? De vez en cuando déjelo jugar con una cuchara de plástico, fuera del momento de la comida, de este modo se acostumbra a tenerla en la boca.**
- **A la edad en la que el bebé quiera sostener la cuchara, proporciónele dos, una en cada mano. Aliméntelo con una tercera. No solamente se entrena a comer, sino que además ya no meterá las manos en el puré.**
- **A algunos bebés les encanta el biberón por lo cual es inútil privarlos de éste, junto con la alimentación con la cuchara, mientras así lo deseen.**
- **Acostúmbrelo desde muy temprana edad a beber su jugo de fruta con una cucharita.**

LA ALIMENTACIÓN DEL BEBÉ

¿Cómo administrar la vitamina D?

La vitamina D puede administrarse de dos maneras diferentes:

- **ya sea a diario, en forma de gotas que se pueden agregar al jugo de fruta del bebé;**
- **o en forma de ampolleta que le dará usted al bebé una vez al mes, por trimestre o por semestre, según las indicaciones de su médico.**

Diluir o espesar un puré

Con qué diluir un puré demasiado espeso:

- **para las verduras: agua, agua de la cocción de las verduras, leche, jugo de tomate;**
- **para la fruta: leche, agua de cocción de las verduras, jugo de fruta, yogur.**

Con qué espesarlo:

- **las verduras: harina de cereales, hojuelas de puré de papa;**
- **la fruta: queso suave.**

Aumento de peso promedio por mes

0 a 3 meses: 900 gramos
3 a 6 meses: 750 gramos
6 a 9 meses: 600 gramos
9 a 12 meses: 450 gramos

peso no tiene ningún sentido de un día para otro porque depende de la hora en que pesa al niño, de su apetito, etc.

Por el contrario, debe establecerse de manera regular semana tras semana y después mes tras mes.

El aumento de peso promedio de un bebé a lo largo de su primer año es impresionante; en doce meses, por lo general ¡habrá triplicado su peso de nacimiento!

Las comidas del bebé mes con mes

Estos son algunos ejemplos de menús que usted debe modular según el peso de su bebé, el número de comidas, su apetito y los consejos de su pediatra.

Del nacimiento a los 2 meses

Cada niño tiene su propio ritmo. Al fin y al cabo su bebé es quien le indica el número de comidas que necesita. Él mismo se irá regularizando paulatinamente. Hay una regla indicativa que nos permite saber cuánta comida debe tomar el bebé cada día y cuándo disminuir el número de biberones. Esta regla es la siguiente:

- cuando el bebé pesa 4 kg, toma 5 comidas;
- cuando el bebé pesa 5 kg, toma 4 comidas.

¡Atención!

Esto sólo es una información indicativa y debe modularse dependiendo del niño. A las nueve semanas, la mayoría de los bebés se despiertan todavía como a las cinco o seis de la mañana con mucha hambre. Esto obliga a darle el primer biberón a esa hora y darle entonces cinco comidas al día. Si no, los espacios entre los biberones serían demasiado largos como para que el bebé pudiera esperar.

Cuando su bebé se despierte muy tarde en la mañana, hacia las siete o las ocho, es tiempo de pasar a cuatro comidas, con un espacio de alrededor cuatro horas entre una y otra. Otros bebés se despiertan todavía durante la noche para pedir de comer y un biberón de agua no los satisface; es normal darles un biberón de noche mientras lo necesiten.

Cinco comidas de 160 g o cuatro comidas de 200 g

Mañana: biberón de leche: 180 g de agua y 6 medidas de leche en polvo y una cucharadita de harina con diastasa.

Mediodía: biberón de leche con caldo, luego con sopa de verduras.

Refrigerio: biberón de leche con papilla de frutas cocidas.

Cena: biberón de leche con harina (1 a 2 cucharaditas).

¿Qué come a los cuatro meses?

Aquí tiene un ejemplo de cómo puede elaborar los menús de su bebé a los cuatro meses, pero esto puede variar mucho de un niño a otro, según su peso y su apetito, y también de un día para otro.

Mañana: biberón de leche de 180 g de agua, 6 medidas de leche y 1 o 2 cucharaditas de harina.

Mediodía: -120 g de puré de verduras diluido en la leche. Al gusto: zanahorias, papas, chícharos, habas, calabaza, espinaca, etc.

- 30 g de pescado magro picado (merluza, salmón, trucha, etc.) o jamón magro o una yema de huevo.

Postre: a escoger, papilla de frutas, quesito batido, yogur, fruta madura machacada, etc.

Refrigerio: biberón de 180 g de agua y 6 medidas de leche en polvo.

Cena: biberón de leche (180 g) con harina. Alternado con biberón de leche y sopa de verduras.

De los 5 a los 6 meses

Ahora que su bebé ya está acostumbrado a su sopa de verduras de mediodía y quizá también de la cena, puede diversificar más su alimentación.

Lo esencial es hacerlo siempre progresivamente, con el fin de no introducir en la alimentación más que un alimento nuevo a la vez. Este mes, puede darle a probar a su bebé la yema de huevo (la mitad), la carne y el pescado (picado muy fino, el equivalente de una cucharada).

Puede variar a su antojo las carnes y el pescado, pero elija de preferencia la carne magra. Para los postres y el refrigerio, también puede proponerle novedades a su bebé: quesito batido, yogur natural, fruta en papilla y machacada, papilla de frutas.

Este es un ejemplo de régimen de un bebé de más o menos seis meses (se puede modular según el niño, su peso y los consejos de su pediatra).

Mañana: papilla hecha con un biberón de leche (210 g de agua y siete medidas de leche de la segunda infancia) y de dos a tres cucharadas de harina.

Mediodía: puré de verduras, con queso rallado encima:

- ½ papa y una cucharada de judías verdes (habas), todo licuado y diluido con un poco de leche.

LA ALIMENTACIÓN DEL BEBÉ

Algunos consejos

● Empiece por no darle carne más que una vez al día. Por la noche, basta con una sopa de verduras mezclada con leche.

● Pele bien las frutas antes de cocerlas y/o de batirlas.

● No agregue azúcar blanca en las papillas de fruta y póngale muy poca sal a los caldos cocidos que prepare.

● Téngale confianza a la comida congelada (que le permite preparar sólo una pequeña cantidad de puré o de carne). También puede congelar lo que usted misma prepare.

Todavía hay cosas prohibidas

Lo que no debe darle a su niño son frituras, carnes y pescados ahumados, mariscos, fruta seca o fruta con semillas (o quíteselas) y, de manera general, los alimentos demasiado condimentados, muy grasosos o muy azucarados. Finalmente, no lo alimente exclusivamente con comida envasada en frasquitos para bebé (contienen demasiadas féculas y no suficiente carne o pescado).

LA ALIMENTACIÓN DEL BEBÉ

Hacia el final del primer año

Usted abandonará la leche materna en polvo y la sustituirá, en dos o tres días, por leche pasteurizada y semidescremada. El biberón de la mañana debe contener alrededor de 240 g de leche, con harina. Ya no es necesario esterilizar los biberones, siempre y cuando los lave muy bien con agua muy caliente.

Al niño le empiezan a gustar los purés hechos con una sola verdura como lo son espinacas, judías verdes, coliflor, guisantes, zanahoria. Igualmente, también le gusta un poco de queso gruyére rayado encima del puré, y le puede usted agregar una bolita de mantequilla.

La cantidad de carne y de pescado aumenta a treinta gramos por día más o menos, y hay más variedad. Finalmente, su bebé acompaña sus refrigerios con una galleta o un pedazo de pan que comerá muy bien solo.

- 30 g de pescado picado o de carne magra o de jamón blanco o de yema de huevo duro.

Postre: yogur, quesito batido, queso blanco.

Refrigerio: papilla de fruta con una galleta. Biberón de leche (180 a 200 g).

Cena: biberón de sopa de verduras diluida en leche (alrededor de 150 g de leche y 50 g de puré de verduras licuado).

A los 8 meses

Estos son ejemplos de menús para las comidas de un niño de ocho meses.

Mañana: un biberón lleno de leche de la segunda infancia, y harina (hay muchas variedades) o galletas. O bien una papilla espesa con cuchara (según lo que prefiera el niño).

Almuerzo: puré de verduras con un trocito de mantequilla. 30 g de carne o pescado o jamón picado. Comenzar con el huevo pasado por agua o las verduras crudas.

Postre.

Refrigerio: biberón de leche (200 g) con una galleta o lácteo o fruta con una galleta.

Cena: sopa de verduras en el biberón de leche, y papilla o fruta fresca machacada o puré de verduras y lácteo.

De los 9 a los 10 meses

A partir de ahora, su bebé ya no come alimentos totalmente molidos y mezclados en sopas de verduras. Los menús del bebé son similares a los que comía a los ocho meses, de no ser porque:

- las cantidades aumentan progresivamente, según el apetito del niño;
- el bebé come de manera habitual verduras crudas y purés de verdura hechos con una sola verdura (y no siempre mezclados con una papa), pasta, arroz, etc.;
- come un huevo entero y, por lo general, amplía su régimen a la totalidad de la cocina familiar. Él "prueba" de todo (sesos, hígado, avena, flan, etc.).

Sus menús evolucionan poco hasta la edad de un año. Ahora usted tiene que tener en cuenta sus gustos e introducir progresivamente alimentos nuevos. Con el transcurso de los meses, tomará menos biberones y comerá más, ya sea con los dedos o con una cuchara.

El llanto del bebé

Los sollozos y el llanto son el primer y más eficaz medio de comunicación de que dispone el bebé. Como señales de angustia, tienen el propósito de hacer que venga el adulto, quien hará lo posible para restablecer el estado de bienestar. Pero el llanto de los más pequeños también es una expresión fisiológica normal de la que todavía no se conoce el significado exacto.

Algunos bebés pueden llorar cuatro o cinco veces al día durante veinte o treinta minutos, otros concentran su llanto al final del día o por la noche, pero durante un periodo de dos o tres horas.

Los bebés difieren mucho en su temperamento. A algunos les encanta que los estimulen, que haya gente a su alrededor, que los distraigan, mientras que otros necesitan mucha calma y no toleran mucho la estimulación. Algunos son más fáciles de calmar que otros, que necesitan vaciar sus tensiones internas durante un buen rato antes de que logren dormirse.

El llanto es un lenguaje. Progresivamente, los padres aprenden a descifrarlo para responder mejor al bebé. ¿Y si el bebé estuviera enfermo?...

EL LLANTO DEL BEBÉ

Guardar la calma

A veces es difícil, pero muy eficiente. Un bebé percibe las tensiones en el ambiente y responde a ellas gritando cada vez más fuerte. Hay que dejarlo que llore durante algunos minutos, después tomarlo dulcemente en sus brazos, proponerle un biberón con un poco de agua, después pegarlo contra su corazón cuyas palpitaciones lo confortan, y a veces es un buen método para calmarlo. Siempre es mejor dejar a alguien que lo calme (o dejarlo llorar) en vez de exasperarse.

Buscar la razón del llanto

Es más fácil entender el llanto de un bebé que duerme por las noches completas y que tiene un ritmo de vida regular. Puede llorar porque tiene hambre (aunque todavía no sea la hora de comer), sed (la calefacción hace que el aire se vuelva muy seco), porque está incómodo, adolorido, fatigado, etc. Así, con lo pequeño que es, puede llorar porque está muy nervioso, para pedir que lo dejen en paz. Ya más grande, llora para atraer la compañía de alguien y para que se ocupen de él. A cualquier edad, para que lo tomen en brazos, no es un llanto "por nada" o por capricho. Además, cuando es muy pequeño, los caprichos no existen, solamente la incomodidad o la necesidad de amor.

Qué hacer ante un episodio de llanto

Su bebé es único, tiene su carácter y necesidades propias. Sólo observándolo sabrá cuál es su ritmo de llanto, y lo que le gusta en ese caso, la mejor manera de calmarlo. Pero sobre todo no crea usted que es una madre incompetente si no logra calmar rápidamente a su bebé. Todos los bebés lloran y parece que cierta dosis de llanto es inevitable, incluso necesaria. Cada paso a una nueva etapa de desarrollo va acompañado de conflictos internos y de un periodo en el que el niño está irritable. Se ha observado incluso que los bebés más despiertos y vigorosos son también los que lloran más...¡antes de convertirse en pequeñines encantadores!

Entender su llanto

No será sino hasta las seis o siete semanas cuando el bebé empiece a organizarse. Entiende mejor su entorno, ya se acostumbró a los ritmos y a sus padres, llora con menos frecuencia y puede diferenciar su llanto. Entonces es más fácil entender las razones de sus crisis. Pero aparecen otros tipos de llanto que no existían cuando el niño era recién nacido. Aquí tiene una recapitulación que puede serle de gran ayuda.

Llora por aburrimiento, por soledad

En el curso de esos meses de intenso aprendizaje, cuando está despierto, su bebé necesita descubrir y aprender cosas nuevas. Llora si lo deja solo en su cama, porque no hay mucho que hacer allí. Proporciónele "material" (juguetes y objetos diversos) que le permita ejercitarse. Pero el niño también necesita compañía. Más que permanecer solo en su cuarto mientras usted se dedica a sus ocupaciones en el resto de la casa, le agradará mucho acompañarla, sentado en su silla plegable o boca abajo, de cuarto en cuarto, mientras usted asea, limpia el baño o prepara la comida. Le gusta verla desplazarse. Le gusta oír su voz mientras le cuenta lo que usted hace. Le gusta estar a su lado y necesita esa dulce complicidad.

Llora de enojo y frustración

Son los dos sentimientos que puede tener su niño cuando se siente impedido para hacer lo que quiere. Psicológica e intelectualmente, sus capacidades son mayores cada día. Poco a poco va a tener ganas de tocar todo, deseos de descubrir el mundo.

Pero dos fuerzas se oponen ahí:

- Su impotencia, su incapacidad de hacer lo que le gustaría hacer, simplemente porque todavía es muy pequeño y sus deseos se anticipan a su desarrollo físico; eso le produce enojo.
- Sus rechazos y sus prohibiciones; cuando lo aleja de las tomas de corriente, del florero o de todo aquello que representa un peligro para él o para el objeto. Esa frustración de su arrebato también puede provocar su llanto.

La solución prácticamente no existe; todo niño tiene que aprender poco a poco a soportar la frustración. Lo puede ayudar limitando las prohibiciones, animándolo en sus intentos y alejándolo con delicadeza de lo que está prohibido, sin castigarlo nunca por una curiosidad que es natural y completamente legítima.

Llora por miedo

Ahora su niño es capaz de anticipar y anticipadamente puede llorar de miedo, por ejemplo al reconocer al médico que le puso una vacuna el mes anterior. No lo regañe; es una prueba de su buena memoria e inteligencia.

Pero también puede desarrollar un miedo a las personas desconocidas y refugiarse con usted en las situaciones poco comunes. En ese caso, no sea brusca con él, atraviesa por una nueva fase, sus angustias son reales y necesita que lo tranquilice. Tómelo en sus brazos, lleve su objeto favorito cuando vayan a salir y respete sus miedos; así adquirirá confianza en sí mismo.

Llora por hambre

El llanto empieza tenue pero, si usted no responde, rápidamente se torna en una rabieta. Es la causa más frecuente de la crisis de llanto. Es bueno saber que el hambre es un verdadero dolor para el pequeño.

Intente calmar a su bebé

Aunque no haya encontrado la razón por la que su bebé llora, siempre se puede mostrar un poco de compasión hacia él, decirle que no comprende e intentar aliviarlo. Unos mimos, su chupón, una canción dulce, un pequeño masaje, una bolsa de agua caliente, el portabebé, un momento de soledad... a cada padre le corresponde encontrar algo que calme a su bebé. De manera general, el bebé llora para manifestar sus molestias. Para él, igual que para nosotros, la vida es a veces incómoda y frustrante. Como no puede comprender lo que le pasa, ni compensar por sí mismo las carencias, llora.

El llanto de la noche...

¿Su bebé llora en la noche después de comer? Envuélvalo en la bata de usted o en su pijama y mézalo un poco antes de volver a meterlo en su cama, sin desenvolverlo.

EL LLANTO DEL BEBÉ

¿Puede estar llorando el bebé "por nada"?

No hay nada qué hacer. El bebé ya comió, está limpio, no parece que le duela nada, ya durmió y, sin embargo, llora. Puede calmarse en sus brazos y volver a llorar en cuanto lo acueste. O bien, parecer inconsolable.

El hecho de que no encuentre la causa de su llanto no significa que el bebé esté llorando "por nada". Seguramente hay una razón, pero puede ser difícil encontrarla:

- **¿No satisfizo su necesidad de mamar?**
- **¿Respondió a destiempo a sus llamados?**
- **¿Necesita el contacto e intercambio de comunicación que no quedó satisfecho?**

¿Qué hacer? Aunque no sepa la causa de su malestar, sea comprensiva. Explíquele a su bebé que está con él, a su lado, y que lamenta no poder aliviarlo. Mézalo, háblele tiernamente, déjelo solo un momento, regrese a verlo. Un día de lágrimas puede simplemente marcar el paso a una nueva etapa de desarrollo. Esté presente, calmada, tranquila, acompáñelo y todo saldrá bien.

¿Qué hacer? Darle de comer, naturalmente. ¿Por qué dejarlo llorar de hambre si no hay otra razón más que el cumplimiento de un horario estricto? Cada bebé tiene su ritmo, a usted le corresponde descubrirlo.

Llora por sed

Es una causa en la que no solemos pensar. Sin embargo, es frecuente que un bebé, muy cubierto, llore porque está incómodo y tiene sed. De igual manera, el calor y la resequedad del aire en los apartamentos modernos a menudo le provocan al bebé una sed que debemos remediar como lo que es, dándole un biberón con agua y no con leche.

Llora por cansancio

Su bebé pasó un largo rato despierto, encantador. Luego vino la fatiga y empezó a lloriquear un poco. Puede que se quede dormido. Pero también puede ocurrir que su exasperación aumente, en prolongados sollozos, y que usted tenga la impresión de que nunca se va a dormir.

¿Qué hacer? Puede probar mecer al bebé, pasearlo en una bolsa canguro o cantarle una canción de cuna. Un bebé se siente bien si está en estrecho contacto corporal con su madre. Pero también puede acostarlo en una habitación tranquila y ofrecerle la posibilidad de eliminar tranquilamente la tensión que lo aqueja, sin que usted se angustie.

Llora por incomodidad, por malestar

Este tipo de llanto es corto pero repetido, persistente. Trate de entender de dónde viene el malestar para remediarlo: el pañal sucio, un eritema en la región glútea, frío o calor, posición incómoda, está desnudo, etc. A cada problema, su solución. Un ejemplo: ¿Su bebé no soporta estar desnudo? Envuélvalo en una toalla bien caliente cuando lo vaya a desvestir completamente.

Llora de dolor

Su llanto suele ser agudo, estridente, difícil de soportar. Pero a esta edad el niño a menudo no sabe todavía ponerse la mano donde le duele, por ello es muy difícil entender de dónde viene el problema.

¿Qué hacer? Tome al bebé en brazos para que no sufra solo. Intente entender lo que le duele y remediarlo. Si parece que está enfermo, llame al médico.

El bebé está enfermo

En algunos casos, lo que hace llorar al bebé es la fiebre o el dolor. Está enfermo.

Tiene fiebre

A los niños pequeños les puede subir la temperatura considerablemente. Un bebé muy arropado o expuesto de repente a un fuerte calor (en un coche estacionado bajo el sol, por ejemplo) no puede regular rápidamente su temperatura interna y corre el riesgo de sufrir el clásico bochorno que se traduce entre otras cosas en una temperatura corporal muy alta.

Poner la mano en su frente no es un buen indicador de la temperatura; cuanto más frías tenga usted las manos, más caliente le parecerá la frente del bebé. Si tiene dudas, si le parece que el niño tiene fiebre, sólo el termómetro se lo confirmará. El termómetro frontal de cristales líquidos es un buen indicador, pero el termómetro anal tradicional es el más confiable. Si la fiebre rebasa los 38 °C y tiene otros síntomas (tos, diarrea, llanto de dolor, etc.), es mejor que vaya al médico. Él puede determinar las causas de la temperatura alta y decirle cómo tratarla. En efecto, la fiebre no es signo de enfermedad en sí misma, pero es un signo asociado con algún padecimiento que conviene diagnosticar.

¿Cómo hacer que baje la fiebre?

Existen varios recursos sencillos, totalmente eficaces, que eximen del uso de medicamentos que pueden ocultar los síntomas, si todavía no se ha hecho un diagnóstico.

- Destape al niño. Quítele la camiseta y los cobertores. Sólo déjele puesta una camisetita de algodón.
- Dirija hacia él un ventilador a velocidad moderada.
- Envuélvalo en un lienzo fino (una sábana) empapado de agua fría, no lo seque.
- Déjelo unos veinte minutos en un baño con el agua a una temperatura de 2 °C por debajo de la de su cuerpo.

EL LLANTO DEL BEBÉ

Una idea

Si su bebé protesta cuando introduce el termómetro, unte un poco de vaselina en la punta, lo cual facilita la entrada. También puede pedir a su médico que le enseñe a medir la temperatura debajo del brazo o en la boca, como lo hacen en los países anglosajones, lo que parece ser menos desagradable para los niños.

¿Qué hacer mientras espera al médico?

Si la fiebre es poca (inferior a los 38.5 °C) y la tolera bien el niño, lo mejor es no hacer nada. Tomarle la temperatura cada tres o cuatro horas le permite controlar la evolución de la situación. Si la fiebre es más alta, es preferible bajarla para mantenerla a un nivel razonable. En efecto, existe el riesgo de convulsiones febriles, sobre todo en un bebé que ya las ha tenido, lo que no hay que pasar por alto. En cualquier caso, hay que darle de beber al niño con frecuencia.

El desarrollo físico

A lo largo del primer año, los padres generalmente quedan sorprendidos por la rapidez con que se desarrolla su bebé. No pasa una semana sin que haya un progreso, sin que adquiera una nueva capacidad. A medida que el sistema nervioso del bebé va madurando, mejora su coordinación y el control muscular es más preciso. El niño aprende a sostener la cabeza erguida, después a sostenerse sentado, a arrastrarse y finalmente a caminar. Paralelamente, controla mejor los movimientos de las manos; sus ademanes se tornan más habilidosos y finos.

Todos los niños son diferentes. Unos desarrollan ciertas aptitudes más pronto, otros más tarde, sin que eso signifique nada en cuanto a sus capacidades ulteriores. Al cabo de unos años, todos los niños logran ponerse al día, los que empezaron a caminar temprano y los que empezaron a hablar tarde, los que supieron gatear pronto y los que nunca lo hicieron.

Es pues inútil comparar a su bebé con el del vecino o incitarlo a apresurarse. Él tiene su propio ritmo, necesita que usted se sienta orgullosa y lo estimule.

Sentarse, después ponerse de pie.
Gatear, después caminar con toda seguridad.
Usar su chupete o su pulgar.

Puntos de referencia

Los aumentos de talla y peso son proporcionalmente considerables a lo largo del primer año. Mientras su bebé esté feliz, tenga buena salud, sea activo y muestre un apetito normal, es inútil que tenga la mirada puesta en la cinta de medir o en la balanza. Las gráficas en el expediente médico se hacen para un niño "promedio" que no existe. Sólo su médico está en condiciones de interpretar, cada mes, esas curvas de crecimiento del bebé.

Así como las diferentes etapas de desarrollo se van adquiriendo en el mismo orden, éstas no se dan en el mismo momento o con la misma velocidad en todos los niños. A menudo, un gran progreso va seguido de un periodo de estabilidad. De todas las nuevas adquisiciones, al estar éstas bajo el control del sistema nervioso, ninguna puede ser efectiva antes de que el cerebro del bebé esté listo.
En fin, notará que el desarrollo siempre va de la cabeza a los pies. El bebé empieza a controlar el sostén de la cabeza, después los brazos, el tronco, y finalmente las piernas.

Cómo ayudar al bebé

El propósito de los siguientes consejos es brindale los elementos necesarios para acompañar a su bebé en estas adquisiciones. Si le facilita las cosas en el plano material y lo estimula en su desarrollo, él se sentirá apoyado y seguro para seguir adelante.
-Aunque no se sostenga solo sentado, el bebé está muy contento en esta posición que le libera las manos y le permite ver lo que pasa a su alrededor. Así que ¡enhorabuena por las sillas plegables, las sillas altas y los cojines grandes que le sostienen la espalda!
-Sentarse a dos pasos del bebé, sosteniendo su juguete favorito, lo estimula para desplazarse y que vaya hacia usted. Cuidado, algunos bebés nunca gatean, están en su derecho.
-No corra a ayudar al bebé a menos que sienta que está en dificultades y muy frustrado por lo que no puede hacer. Si no es el caso, anímelo más con la voz. Déle confianza para que desarrolle sus propios recursos y felicítelo calurosamente por sus esfuerzos.

EL DESARROLLO FÍSICO

De 1 a 5 meses

Atención: las edades aquí presentadas sólo constituyen promedios.

- **Al mes, estando boca abajo, el bebé libera el área de la nariz para respirar levantando un poco la cabeza. Sus miembros todavía están flexionados, pero ya perdió el aspecto típico de recién nacido.**
- **A los dos meses, el bebé empieza a estirarse. Boca abajo, levanta la cabeza apoyándose sobre los brazos para mantenerla así por unos breves instantes. Gesticula mucho.**
- **A los tres meses, si usted levanta a su bebé cuan largo es sobre su espalda y lo jala de las manos, es capaz de sostener su cabeza en el mismo eje del cuerpo. Boca abajo se estira por completo y se mantiene largo rato apoyado en los antebrazos.**
- **A los cuatro meses, estirado boca abajo, apoyado en los antebrazos, a veces extendidos, es todavía mejor. También puede despegar ambas piernas del suelo. Por último, tenga cuidado, a veces el bebé es capaz de rodarse y cambiar de posición de boca arriba a boca abajo y viceversa en una fracción de segundo.**
- **A los cinco meses, el bebé se rueda sobre sí mismo. Su cabeza está bien estable. Si lo tiene sentado, la parte posterior de su espalda y su cabeza están derechas. Acostado levanta el torso.**

- Los suelos resbalosos, peligrosos cuando el niño se pueda poner de pie, son de gran ayuda cuando se arrastra; puede desplazarse fácilmente, sin mucho esfuerzo.
- Cuando su bebé se sostiene de pie, estará más cómodo con los pies descalzos para sentir el suelo y no resbalarse. Si hace frío, escoja unos botines con suela suave.
- A partir del séptimo u octavo mes, cuando el bebé empieza a moverse y a querer pararse, escoja ropa que no le moleste en sus movimientos y exploraciones. Por ejemplo, olvide los vestidos hasta que su niña camine, y para la noche cambie el bolso de dormir (o portabebé) por un mameluco o edredón.

Garantizar la seguridad

Mientras el bebé permanezca en el lugar donde usted lo deje, los riesgos en cuanto a su seguridad son pocos. Pero a partir de que empiece a moverse y quiera explorar su entorno, hay que tomar una serie de precauciones.
- No se deje sorprender por los progresos de su bebé. Con frecuencia se dan de un momento a otro y sin que usted se lo espere, y traen consigo riesgos en un ambiente que no está adaptado. Lo mejor es anticipar las capacidades de su bebé y prever lo que será capaz de hacer próximamente.
- Hacia los cinco meses, el bebé sabe volverse de lado. A partir de ese momento, nunca hay que dejarlo sobre una superficie elevada, como una mesa de cambio por ejemplo, sin sostenerlo con una mano. Sólo puede dejarlo solo por algunos minutos en el suelo, una vez que haya quitado todos los objetos peligrosos, y en su cama con barandal o en el corral, es decir, en lugares perfectamente seguros.
- Si la cama no tiene barandal y el bebé puede salir libremente de ella, vea la manera de acondicionar el cuarto de tal forma que esté absolutamente libre de peligro (tomas de corriente con seguros, muebles estables, sin esquinas ni objetos puntiagudos, etc.). Así podrá pasearse libremente.
- Muy pronto va a tener que revisar toda la casa y hacerla perfectamente segura. Piense cómo proteger de la curiosidad de su bebé los objetos que usted aprecia, y cómo protegerlo de los objetos peligrosos en casa. Desaparezca las plantas, coloque los productos tóxicos en alto, revise la instalación eléctrica, no deje ningún cable en el suelo, suprima los objetos rompibles y los ceniceros en las mesas de centro, etc.

EL DESARROLLO FÍSICO

De los 6 meses a un año

- **A los seis meses, el bebé generalmente se mantiene sentado sin apoyo durante algunos segundos, después se apoya en las manos pero no tiene estabilidad. Gira su torso en todas direcciones.**
- **A los siete meses, el bebé se mantiene sentado un poco mejor y sabe equilibrarse al agacharse. Con apoyo en la espalda, se queda estable durante mucho tiempo. Algunos bebés empiezan a desplazarse en el suelo reptando.**
- **A los ocho meses, el bebé se mantiene sentado totalmente sin ningún apoyo y puede girar sobre sí mismo. Pero, si cae, no es capaz de levantarse. El bebé se desplaza por el suelo hacia delante o hacia atrás.**
- **A los nueve meses, si está sentado, su posición es estable. Algunos niños intentan, por un fuerte deseo de desplazarse, usar las cuatro extremidades. Al bebé le gusta que lo sostengan de pie y permanecer así firmemente sostenido en sus piernas.**
- **A los diez meses, el bebé se queda parado solo con un buen apoyo. Volver a sentarse es lo que le causa problemas. Algunos bebés, en lugar de andar a gatas, optan por desplazarse con brazos y piernas estiradas.**
- **A los once meses, el bebé prefiere estar de pie. Generalmente puede caminar si lo sostienen de las manos. Algunos niños tienen ganas de soltarse, otros de esperar un poco. Pero todos quieren desplazarse. Sentado, el niño ya se queda totalmente estable.**

EL DESARROLLO FÍSICO

Estar sentado

Las edades aquí proporcionadas sólo son indicativas ya que el bebé promedio no existe y las diferencias de un niño a otro pueden ser grandes. Tampoco se preocupe si su niño no se apega al calendario con precisión ya que habrá aprendido otra cosa en el intervalo.

- **20 semanas: el bebé sentado, mantiene la espalda recta. A veces se cae de lado o de frente y no puede reincorporarse. Se sostiene apoyándose en las manos. Se sostiene bien si tiene cojines y un respaldo.**
- **28 semanas: el niño se mantiene sentado solo pero utiliza las manos para estabilizarse.**
- **32 semanas: el niño se sienta en el suelo, puede mantenerse derecho sin apoyarse en las manos.**
- **36 semanas: el niño se sostiene solo sentado, sin apoyo, durante unos diez minutos. Si se cae, puede levantarse.**
- **40 semanas: el niño se sienta él solo en el suelo.**

Cuidado

No porque el niño sepa ponerse de pie, sabe también volverse a sentar. Frecuentemente se queda de pie mucho tiempo y acaba por cansarse y llorar. Es el momento de enseñarle a su bebé cómo sentarse lentamente doblando las rodillas, Si no, tenderá a dejarse caer bruscamente y agregar golpes y experiencias desagradables.

- Cuando su bebé empiece a sentarse solo, pero sin estabilidad, rodéelo siempre con cojines grandes que eviten que se golpee la cabeza si pierde el equilibrio.
- El mobiliario del niño (la silla alta, la silla con ruedas...) tiene que ser sólido y pesado para que no pueda desequilibrarse cuando el bebé se incline o se aferre a ellos.
- En las tiendas especializadas encontrará muchos objetos útiles: esquineros redondeados para mesa, bloqueadores de puerta, picaportes para armarios, barreras para escaleras, etc. Observe todo el interior de manera muy atenta; si hay alguna tontería que hacer seguramente la hará. Parta del principio de que nada escapará a la curiosidad del bebé y que usted ya no puede descuidar nada.
- Desde el momento en que el bebé gatea, lleva a su boca todo lo que encuentra en su camino. Ponga atención a los objetos pequeños que pudieran ahogarlo y a la limpieza del suelo.
- Evite gritar: "¡Cuidado, te vas a caer!" cada vez que el bebé intente levantarse o caminar a pesar de su inestabilidad. Déle confianza, si no, él perderá la suya.

Logra mantenerse de pie

Desde los cinco meses, el bebé suele levantarse apoyándose en sus piernas. Uno se da cuenta de que le agrada que lo pongan de pie, aun cuando todavía no es capaz de sentarse. Alrededor de los seis meses, puede ponerse de pie, con las piernas rectas y firmes, si lo sostiene bien de las axilas. Luego va adquiriendo seguridad.

Cuando está sentado o acostado y usted le tiende las manos, se aferra a ellas con firmeza y así pasa directamente a la posición de pie. Poco a poco aprende a mantenerse erguido, sin estar sostenido más que de las manos.

Es evidente que algunos adoran esto; muestran júbilo, saltan, doblan y estiran las piernas, y a veces lloran cuando uno los quiere sentar.

Pero no todos son así. Algunos bebés, más tranquilos, menos "físicos", esperarán todavía tres o cuatro meses antes de querer ponerse de pie, sin que eso traiga consecuencias en la naturaleza de su desarrollo.

En efecto, si todos los niños no caminan a la misma edad, las etapas que siguen para lograrlo, generalmente son las mismas.

Se pone de pie

Muchos bebés, entre los más activos físicamente, pronto empiezan a ponerse de pie solos. Acostumbrados a asirse de las manos de mamá para levantarse sobre las piernas, continúan aferrándose a todo lo que encuentran. Si la posición de pie es la posición preferida de su hijo, va a pasar una parte importante de su tiempo intentándolo.

En esta etapa, el niño trata de levantarse usando todo aquello que pueda servirle de apoyo (a veces se cae y voltea las sillas o las mesas de centro). Se aferra a todo lo que puede, pero poco a poco aprende a escoger los mejores lugares de donde asirse, los más adecuados.

La ayuda más segura para el niño la constituyen las barras del clásico corral cuadrado en el que hasta entonces jugaba sentado. El bebé se detiene de las barras para ponerse de pie, después aprende poco a poco a desplazarse de lado, dándole la vuelta al corral así, de pie. A partir de ese momento, ya no tardará mucho en caminar.

Una vez de pie, muestra júbilo e intenta la fase siguiente, soltar una mano, soltar la otra. Después soltar las dos apoyándose en el vientre.

La "deambulación"

"Deambulación" es un término utilizado para describir la etapa en la que el niño se desplaza de pie, lateralmente, deteniéndose de los muebles y pasando de apoyo en apoyo. Muy rápido, el niño puede deslizarse a lo largo de un mueble, un sofá por ejemplo, apoyándose sólo en el vientre.

Los niños pequeños que ya están en esta etapa, por lo general pueden iniciar una primera marcha detenidos con ambas manos. Pero todavía tendrán que esperar varias semanas antes de que se atrevan a soltar una mano y después la otra.

Las diferencias entre los niños son importantes. Quizá el suyo logre, al ponerse de pie, liberar una mano o las dos para tomar un objeto apoyándose sobre el vientre. Otros también son capaces de ponerse de pie a mitad del cuarto sin necesidad de apoyo para levantarse.

Lo que es seguro es que casi todos los bebés de esta edad encuentran que la posición de pie es realmente la única interesante. Si es el caso del suyo, seguramente tendrá que cambiarlo, vestirlo y a veces alimentarlo de pie, para que se quede tranquilo. También llega a tomar grandes riesgos cuando quiere, a cualquier precio, mantenerse de pie sobre la silla alta o en su cochecito.

EL DESARROLLO FÍSICO

La habilidad manual (recapitulación)

- **Nacimiento: las manos del bebé están cerradas. Pueden tomar un objeto si éste le roza la palma (reflejo de agarre), pero el niño no controla este reflejo de tomar las cosas y las soltará involuntariamente. Este reflejo es muy estimulante.**
- **2 meses: las manos del bebé se abren. Si una cosa atrae al bebé, estira entonces un poco la mano en esa dirección; globalmente, su cuerpo es más bien el que se excita.**
- **3 meses: el reflejo de agarre ya desapareció. El bebé puede sostener una sonaja pero todavía no es capaz de tomarla sin ayuda.**
- **4 meses: el bebé tiende con decisión la mano hacia su objetivo, pero el puño todavía es un poco torpe. Se puede observar el inicio de la coordinación entre ambas manos.**
- **6 meses: el bebé dirige mejor sus movimientos y ahora puede atrapar voluntariamente un objeto que localizó. Sabe llevarse cosas a la boca, pasar algo de una mano a la otra y golpear alguna superficie para hacer ruido.**
- **8 meses: el pulgar se opone a los otros dedos, lo que le permite tomar las cosas con más precisión así como ademanes minuciosos. La mano sirve también para lanzar o para rechazar lo que el niño no quiere.**

EL DESARROLLO FÍSICO

La habilidad manual (continuación)

● 10 meses: el dedo índice se vuelve predominante y el niño lo usa para señalar. La habilidad manual se desarrolla en todas direcciones: girar, hacer girar, tirar, etc.

● 12 meses: la manipulación se vuelve más fina y más segura. El bebé es capaz de imitar ademanes simples y hacer una pila con dos o tres cubos.

No camina "derecho"

¿Debe una inquietarse si un bebé tiende a caminar con los pies hacia adentro, si tiene los pies planos o si camina en la punta de los pies?

Todas esas tendencias no tienen importancia y están presentes en casi todos los niños. En unos meses, los pies adquieren músculo y esos pequeños problemas desaparecen. No obstante, si le parecen preocupantes, no dude en consultarlo con el pediatra.

Los primeros pasos

Su hijo caminará solo, como todos los niños, entre los diez y los dieciocho meses. Eso depende de su madurez muscular y neurológica, de su peso, su temperamento y del tiempo que pase ejercitándose.

No hay por qué alarmarse en el caso del niño que tarda un poco en empezar a caminar. De ningún modo es perezoso. Quizá es tan hábil para gatear que no ve para qué cambiar. Quizá sólo espera su momento.

Si su hijo pasa, de pie, de un mueble a otro; si es capaz de levantarse solo en medio de un cuarto, entonces pronto llegará la hora. Puede ayudarlo a arrastrarse con un banquillo o una silla ligera; caminará empujándolos delante de él y deslizándolos por el suelo. Pero es mejor todavía que, en cuanto pueda, lo haga caminar sosteniéndolo por ambas manos, después por una sola.

Algunos temores

Muchos bebés tienen miedo al momento de soltar el último dedo que asegura su equilibrio. Es por eso que nunca hay que apresurarlos o presionarlos; se soltarán a su hora, cuando su paso haya adquirido cierta estabilidad.

Una cosa es segura, para que un bebé se suelte y dé sus primeros pasos solo, tiene que tener ganas de ir hacia algo o de complacer a alguien. Si siente que su bebé está listo, manténgase a uno o dos pasos de él. Después extienda los brazos, él se precipitará hacia ellos. Sus primeros pasos se dan muy frecuentemente casi al azar, abandona los brazos de papá para dar un paso y dejarse caer con todo su cuerpo en los brazos de mamá, y recíprocamente.

Un poco de paciencia

¡Cuidado! Tómelo con paciencia y calma. No es bueno para su niño sentir que usted espera impacientemente que él atraviese una etapa si no se siente maduro como para hacerlo. Pero por el contrario, si él percibe su ansiedad y que usted se precipita hacia él cada vez que está a punto de caer sentado, le estará dando la idea de que caminar es una cosa muy arriesgada.

Por último, lo único que hay que hacer es jugar con él y dejarlo experimentar solo el resto del tiempo. Va a titubear, progresar o a veces retroceder después de una mala experiencia. Pero un día, seguramente, se lanzará.

Ese día, no todo estará ganado. Durante un buen tiempo, el niño seguirá gateando para desplazarse eficazmente con toda seguridad. Como a menudo empieza a caminar sin saber cómo parar, escoge dejarse caer sobre el trasero. Pero finalmente, semana tras semana, adquirirá estabilidad y confianza.

Descubrimientos e inquietudes

Los inicios de la caminada marcan un viraje importante en el desarrollo del niño. Por un lado, se siente grande y fuerte. Caminar significa poder ir de pie a descubrir el entorno. El horizonte se amplía: es el inicio de nuevas experiencias. Explorar la verticalidad no es un asunto cualquiera. Requiere tiempo, audacia y mucha energía.

Por otro lado, el bebé se siente todavía muy pequeño frente a un mundo tan vasto. Se excita, le gustaría descubrir todo, pero se cae o se golpea. La conciencia de sus propios límites a veces lo hace llorar de frustración. Quiere decidir solo e intenta mantener el control de la situación, pero aventurarse así da mucho temor. A menudo le parece bien refugiarse junto a mamá, esconderse entre sus faldas o resguardarse en sus brazos, como cuando era un bebé que no caminaba.

Esa mezcla de deseos e inquietudes, de descubrimientos y frustraciones suele manifestarse con dificultades para dormir por la noche. El niño se despierta en medio de la noche, llora y parece tener miedo sin que usted pueda entender de qué. Tranquilice al niño, asegúrele su amor y su protección, reconfórtelo en su deseo de autonomía.

Así, progresivamente, recobrará la confianza en sí mismo.

Le están saliendo los dientes

Si su bebé tiene los pómulos enrojecidos, se chupa vigorosamente el puño, babea mucho, tiene las encías inflamadas y parece tener dolor, quizá esté preparándose para la salida de su primer diente.

EL DESARROLLO FÍSICO

Dientes: las ideas que se tienen

Verdadero

- **El niño babea,**
- **a veces le duele,**
- **puede perder el apetito,**
- **puede tener las nalgas rozadas, lastimadas,**
- **necesita morder algo.**

Falso

- **La salida de los dientes es causa de fiebre, otitis, diarrea, bronquitis, vómito, convulsiones y demás molestias.**

Unas palabras acerca de las vacunas

Sin importar cuál sea la opinión que usted tenga en cuanto a las vacunas, hay que saber que las primeras son obligatorias y se las pedirán en cualquier institución en la que desee inscribirlo (la guardería, por ejemplo).

Las vacunas representan un progreso extraordinario de la medicina, protegen a los bebés de enfermedades que podrían ser muy graves para ellos, incluso mortales. En parte, gracias a ellas, la mortalidad infantil ha disminuido mucho.

Los efectos secundarios son leves, como un poco de fiebre, en el caso de algunas y que a veces obligan a postergar una aplicación. Pero el disgusto del niño no tiene comparación con los riesgos a los que se expondrían con la enfermedad.

EL DESARROLLO FÍSICO

Las vacunas (continuación)

●La BCG es una vacuna contra la tuberculosis. Se administra una sola vez, frecuentemente entre el nacimiento y los tres meses.

●La DTP, que conjunta en una aplicación vacunas contra la difteria, el tétanos, la tos ferina (coqueluche).

●SABIN es una vacuna contra la poliomielitis y parálisis infantil.

●La Triple viral. Aunque no sea obligatoria, yo aconsejaría mucho que le aplicara la Triple viral a su bebé, una vacuna que protege a la vez contra el sarampión, las paperas (parotiditis) y la rubéola.

Esta recomendación es válida si su niño está en grupo y, por ende, a merced de las epidemias.

Las dos primeras enfermedades generalmente no se consideran graves, pero a veces pueden desencadenar complicaciones severas. En cuanto a la rubéola, es grave si la contrae una mujer embarazada, ya que el feto corre riesgo. Su niña algún día será mujer, su niño podrá algún día transmitir la enfermedad.

Entonces, ¿por qué tomar estos riesgos? ¿Por qué no decidir proteger a su niño de estas molestias con una vacuna que, por lo demás, se tolera muy bien?

Éste puede aparecer desde los 5 meses o todavía no haber salido al año, sin que haya motivo de preocupación en ninguno de los dos casos. No hay niños que no tengan dientes y la edad en que aparece el primero no tiene absolutamente ninguna importancia ni relación alguna con el desarrollo del niño. Si bien los dientes de leche salen más o menos en el mismo orden, así también la edad de aparición del primer diente puede variar mucho: a los cinco meses es muy común, pero también a los doce. Así que no se impaciente. Algunos bebés parecen sufrir un poco más que otros cuando les salen los dientes. Los dientes nunca provocan directamente fiebre, diarrea, bronquitis o vómito.

El niño, a menudo menos resistente durante este periodo, está expuesto a infecciones que hay que tratar como tales. La negligencia ante un síntoma atribuido a la salida de los dientes sería un error.

Cómo ayudar al bebé

- Déle algo duro para masticar: un anillo de dentición, una zanahoria refrigerada. El anillo contiene un líquido por lo que debe guardarse en el frigorífico (el frío alivia la inflamación) pero no en el congelador.
- Frote suavemente la encía del bebé con su dedo y eventualmente con un gel calmante que le aconseje su médico. Pero evite anestésicos y analgésicos.
- Cuando hace frío, o sólo si el viento es frío, cubra bien la cabeza y la cara de su bebé.
- Una vez que su bebé tenga dientes, no lo deje masticar toda la noche un biberón con leche o con agua azucarada. ¡Cuidado con las caries!

El orden de aparición de los dientes

Los dos incisivos inferiores salen primero, después los incisivos superiores. Siguen los incisivos laterales superiores, y los laterales inferiores salen al último.

El pulgar y el chupón

Tanto el uno como el otro tienen sus partidarios y sus detractores. No pretendo tomar parte en esta querella. Ante todo reconozco la necesidad fundamental que el bebé tiene de mamar, necesidad que rara vez queda satisfecha con el tiempo que pasa comiendo. También sé que si algunos bebés encuentran muy rápido su pulgar y logran calmarse, hay otros que no lo consiguen.

¿Por qué vamos a impedir que se tranquilicen de manera similar negándoles un chupón?

El "buen" uso del chupón

Se ha criticado exageradamente el uso del chupón. Porque al parecer resulta malsano, portador de todas las suciedades y porque esclaviza a los padres. De hecho, he podido constatar sobre todo que produce una verdadera satisfacción al niño. En particular es de gran ayuda para calmar a los niños que tienen cólicos y dificultades digestivas. En principio, el pulgar es preferible en la medida en que deja al bebé libre de tomarlo o no, voluntariamente, sin que tenga que intervenir el adulto. Pero hay soluciones para el uso del chupón, por ejemplo disponer unos cuantos en la cama del niño para que tenga varias oportunidades de encontrar uno en la noche. También hay broches que permiten pegar el chupón a la ropa. El problema es que los niños no podrán prescindir de él antes de varios años. La elección queda en manos de los padres.

Mamar, una necesidad real

Mamar es un comportamiento innato que el bebé emplea espontáneamente para tranquilizarse y controlar las emociones que lo invaden. Es una necesidad que se debe respetar. Sólo sería perjudicial prohibirle a un bebé el que satisfaga esa necesidad, no importa qué medio haya elegido. Si se satisface con su pulgar o con un chupón, es secundario. Pero una vez adquirido el hábito, privar al niño a la fuerza sería peor que el mal, si es que existe un mal. A los padres que fuman, les pregunto: ustedes que son prisioneros de su placer oral, ¿esperarían que su bebé tuviera más fuerza de voluntad que ustedes? La educación es un ejemplo, sean exigentes con ustedes mismos antes de serlo con él.

El único signo que puede inquietarlos, es constatar que su bebé mama todo el día, de modo que parece distanciarse del mundo. Cuando el bebé está descansado, no tiene hambre, juega, no experimenta permanentemente la necesidad de mamar, a menos que ésta se torne más apremiante que su necesidad de intercambio, exploración y comunicación. En tal caso sería conveniente valorar lo que es bueno para el niño y, desde luego, dedicarle tiempo y jugar más con él.

EL DESARROLLO FÍSICO

La limpieza

Es verdad que algunas madres de niños de 1 año, al poner al bebé a horas fijas sobre la bacinica y dejarlo ahí un momento, han logrado que haga sus necesidades. Pero un niño no es un perrito y la educación no consiste en obtener una respuesta pasiva. Las que lo hacen se arriesgan demasiado y el niño lo podría pagar caro en los años siguientes.

En un momento de tantos cambios no es apremiante retirarle el uso del pañal. Su niño tiene muchas cosas que aprender antes de saber aguantarse y pedir la bacinica. Tiene que aprender a caminar, a correr, a subir y bajar las escaleras, a decir algunas palabras. Debe aprender dónde están los baños y para qué sirven. Tiene que aprender el placer de estar seco, de estar limpio, de andar tan sólo en calzón. También tiene que dejar la etapa oral, en la que todo el interés y el placer pasan por la boca.

Pero sobre todo, la limpieza real, controlada, requiere una madurez del sistema neuromuscular que no se puede apresurar y que frecuentemente interviene hasta los dos años.

Entonces, sea cual sea su impaciencia, no intente nada antes de los 18 meses de edad. El niño y usted no tienen nada que ganar.

El juego y los juguetes

El juego y los juguetes son esenciales en los mecanismos que sustentan el desarrollo del niño. Hoy día se sabe que el juego no es sólo una distracción para el niño, sino un tiempo de adquisiciones y aprendizaje indispensables para su desarrollo intelectual, afectivo y social.
Un niño sano y feliz juega de manera espontánea. Con el cuerpo de su madre y el suyo para empezar; juega mucho tiempo con sus manos, después con sus pies, toma los cabellos y los anteojos de su mamá. Hacia los cuatro meses, capaz de asir, juega con todo lo que cae a su alcance y se empeña en llevárselo a la boca. Capaz de desplazarse, toma todo lo que lo atrae como juguete, sobre todo si no es un juguete sino un objeto prohibido. ¡Cómo le gusta manipular el control remoto de la televisión, arrugar los periódicos y hacer girar el rallador de queso!

Las diferentes funciones del juego y de los juguetes. Jugar con el niño. Escoger buenos juguetes.

EL JUEGO Y LOS JUGUETES

Jueguitos sencillos para el bebé

● Suspenda juguetitos o un móvil, encima de su cama, a la altura de sus manos, después a la altura de sus pies. Enséñele cómo puede hacer que se muevan.

● Hágale descubrir olores nuevos. Para eso, puede pasarle por la nariz un frasco de vainilla o de canela, una banana o una naranja cortada por la mitad, un frasco de agua de rosas, etc. Siempre huela usted primero y haciéndole ver que le provoca placer. Después déle a inhalar a su bebé. Explíquele de qué olor se trata y pregúntele si a él también le gusta.

● Hágale conocer sensaciones nuevas apelando a su sentido del equilibrio. Para ello, arrúllelo en sus brazos, acostado horizontal, con su espalda contra usted. Después balancéelo ligeramente, de un lado al otro, inclínese hacia un lado y hacia el otro, hacia delante, hacia atrás, baje y suba, etcétera.

● Ate cascabeles en listones y amárrelos en sus puños, luego en los tobillos del bebé. Enséñele cómo, al mover la mano o la pierna, puede provocar un sonido. Lo entenderá rápido. ¡Cuidado! Nunca lo deje solo con sus cascabeles, podría tragárselos.

Las funciones del juego

Hemos visto que el niño nace con una percepción rica y sensible; los primeros juegos estimulan la visión o la audición del bebé. Después atraviesa por una fase de exploración durante la cual sus juegos preferidos serán examinar, manipular, vaciar, lanzar, agitar todo lo que pasa por sus manos. Vamos a examinar el sentido del juego y luego revisaremos algunos juguetes importantes, comprados o hechos en casa, y algunas sugerencias que han de facilitarle la vida.

Jugar, ¿para qué sirve?

El juego está lejos de ser algo accesorio en el desarrollo y en la vida del niño. Piense en un niño sano que no tenga hambre ni sueño.

¿Qué hace? Juega. Esto es en sí mismo un signo importante de buena salud física y psicológica.

Eso demuestra que jugar es una actividad fundamental para el niño, mediante la cual aprende acerca del mundo y de sí mismo, y no una mera insignificancia que lo distrae mientras llegan a ocurrir cosas serias, pues jugar es cosa seria. Jugando, el niño aprende a controlarse, evolucionando a su propio ritmo y aprende también a manejar las cosas que lo rodean.

Jugar es aprender

No se sorprenda por la palabra aprender, para el niño no hay diferencia entre jugar y aprender. Manipular los objetos, tomarlos, desarmarlos, hacer ruido, vaciar el agua, treparse al sofá, todo esto es aprender.

Pero cuidado, lo anterior no significa que el adulto deba "apoderarse" del juego del niño para someterlo a entrenamiento intenso ni a aprendizajes precoces. El juego sirve para jugar y nada más. El pequeño juega por el placer, aun cuando éste sea fruto de un esfuerzo que él se impone a sí mismo. El niño se lanza a verdaderos aprendizajes, intenta, fracasa, intenta de nuevo, porque sabe que entre más habilidades posea más posibilidades de juegos tendrá y, por lo tanto, más placer.

Progresa porque lo impulsa una fuerza formidable. Este impulso fundamental, innato, es nada menos que el deseo de vivir, de crecer, y la curiosidad de conocer.
Su niño está maravillosamente dotado para ello. Obsérvelo cuando le da un juguete nuevo. Va a hacer uso de todos sus sentidos para descubrirlo; va a mirarlo, por supuesto, pero también a oírlo, saborearlo, acariciarlo, agitarlo, golpearlo, desarmarlo, todo de una manera ingeniosa y maravillosamente eficaz.

Jugar es compartir

Jugar es ya muy importante para su bebé, pese a su corta edad. Él no sólo juega con su cuerpo, sino con otras personas. Usted ha desarrollado el hábito cotidiano de dedicarle unos momentos a esos juegos que comparte con su niño. Miradas, sonrisas, balbuceos y cosquillas son algunas de las formas en que él le comunica su placer.

Jugar con su hijo

Todos los padres esperan que su hijo adquiera un sentido de autonomía, especialmente que sea capaz de jugar solo. Lo será, si usted pasa tiempo con él.
Un niño juega solo, pero tanto mejor si usted pasa tiempo jugando con él. Si los padres juegan con el niño, él se aficiona a los juguetes utilizados porque, de algún modo, sus padres los han "investido" afectivamente.
Aun cuando el niño tenga juguetes bonitos, muy bien estudiados por los fabricantes, ninguno alcanzará el valor de estímulo y descubrimiento que puede representar un cuarto de hora de juego cariñoso con un adulto. Un tiempo de disponibilidad total, aunque breve, y de atención al niño, es un regalo regio. Si se dispone de poco tiempo, se puede aprovechar algún momento como el baño o el cambio de ropa para jugar y reír juntos. En la alfombra se puede jugar a las escondidas (primero cubriéndose los ojos con las manos, después con un objeto) o a la pelota. Puede hacerle cosquillas o brincotear; hacer una torre con cubos de madera o de plástico, misma que el niño se encargará de derrumbar.
En última instancia, el juego importa poco. No habrá nada mejor para el niño ni nada que le produzca más placer que el hecho de que le dediquen a diario un rato de atención, juego y esparcimiento.

EL JUEGO Y LOS JUGUETES

● Escoja pedazos de telas con diferente textura. Acaricie con ellos la palma de su bebé, después, su cuerpo. Si tiene tiempo, puede coser esos retazos de tela en una sola pieza y después confeccionar una gran serpiente que a su bebé le encantará.

¡Cuidado! Unos cuantos minutos a la vez bastan. Aprenda a sentir su disponibilidad y su fatiga para detener el juego a tiempo, antes de que se canse.

La edad en la que tira todo en el suelo

Déle al bebé objetos que pueda lanzar sin riesgo alguno y que caigan de maneras variadas:

● Objetos ligeros (una pluma, papel arrugado, un globo inflado...) que caigan lentamente y sin hacer ruido, y objetos más pesados (un cubo de madera, una cuchara de metal...) que caen más rápido y hacen más ruido.

● Objetos que ruedan (una botella de plástico, una pelota...) o que permanezcan donde caen (cojín, arena).

● Propóngale que se dirija a un punto fijo colocando delante de su silla, en el suelo, un gran recipiente, como un recipiente de plástico, en vez de recoger diez veces el mismo objeto o diez objetos esparcidos, ponga de una sola vez todo el contenido en el recipiente

LOS JUEGOS Y LOS JUGUETES

Cuando tira todo en el piso

● Si quiere que su niño se interese todavía más en el juego, ponga el fondo de la palangana una bandeja de metal boca abajo (o una tapa de cacerola). El ruido que produce lo divertirá mucho.

● Finalmente, cuando usted se haya cansado de recoger las cosas y si el juego ya acabó con su paciencia, amarre un objeto "para lanzar" en el extremo de un trozo de listón. Anúdelo por el otro extremo, cerca del niño, en su silla o en el barandal de su corral. Ya sólo tiene que aprender a recuperar el objeto tirándolo con ayuda del hilo.

Investir de afecto el juguete

Para que un niño se interese en un juguete, para que juegue con él cuando esté solo en su cuarto o en su corral, es necesario que el juguete haya sido "investido" de afecto por su madre o su padre. Es necesario que los padres hayan pasado algún tiempo descubriendo el juguete con su hijo, que lo hayan manipulado, que se hayan divertido juntos con él. El juguete en un estante, en su caja o en un cajón está como muerto para el niño. Cuando la madre lo toca y lo anima, le da vida y despierta el deseo del juguete en el niño. Más tarde, cuando el niño está solo con el juguete, recuerda a su madre jugando y a él se le facilita jugar solo. Recobra a su madre a través del objeto. De vez en cuando, es conveniente "animar" así a los juguetes.

No se trata de explicarle al bebé la mejor manera de jugar con tal o cual objeto, puesto que él se desenvuelve solo muy bien, sino de mostrarle que se tiene interés en él y que da gusto compartir tiempo con él. Basta con que cada día usted se ponga a su nivel, sobre la alfombra, con algunos juguetes y deje que el niño elija el juego, déjese guiar por él. Sólo póngase a su disposición y participe en el juego.

La mano y el juego

La mayoría de los bebés extienden la mano hacia los objetos que quieren tomar, cuando son capaces de alcanzar un juguete suspendido arriba de ellos.

Cuando ya tiene en la mano el objeto, el niño es capaz de girar la muñeca para poder ver sus diferentes caras. Estudiar los objetos desde diferentes perspectivas y a diferentes distancias o invertidos, forma parte de los intereses del niño. De este modo aprende que un objeto puede presentarse bajo múltiples apariencias sin dejar de ser el mismo. Esto es el inicio de lo que se conoce como la permanencia del objeto.

Saber soltar

El niño de siete meses sabe atrapar bien los objetos, pero se le dificulta soltarlos. Suelta algún objeto para atrapar otro o por torpeza. Pero soltarlo deliberadamente, para dárselo a alguien o para lanzarlo, requiere de un relajamiento muscular opuesto a la tensión ejercida para sostenerlo.

Se trata de un aprendizaje en el que usted puede ayudar al niño.

Cuando tenga un objeto en la mano, coloque usted la suya extendida bajo el objeto. Enséñele que puede soltar el objeto sin que se caiga; permanece ahí, sobre su mano, y el bebé puede volver a tomarlo sin problema.

Tomar y dar

Cuando el niño ha aprendido esto, usted y él pueden jugar juntos, cada vez que la ocasión se presente, a "toma y daca". Así, por ejemplo, cuando el niño esté sentado frente a usted, ofrézcale una pelotita. Cuando la haya tomado, incítelo a que se la dé. Extendiendo la mano hacia él, pídale: "¿me das la pelota?". Si se la da, haga algo divertido con ella, como lanzarla al aire y devolvérsela. Entonces el niño se sentirá estimulado para soltar los objetos que tiene y dárselos, porque le divierte lo que usted hace.

Este juego puede hacerse en cualquier momento. ¿El niño sentado en su silla alta la acompaña en la cocina? Déle una espátula, una zanahoria o un vaso irrompible y pídale que se lo devuelva. Cada vez, juegue un momento con el objeto antes de dárselo. Ya entendido, el juego puede hacerse más complicado. Pueden iniciarse los intercambios "¿Me das la zanahoria? Ten, en su lugar toma la cuchara".

No olvide verbalizar —decir en voz alta— lo que usted hace. De este modo puede incrementar el vocabulario de su niño: "Oh, ¿tomaste el cubo azul? Dámelo. Yo te doy el cubo verde. ¿Ves el verde? Ahora, dame el verde y yo te doy el azul", y así sucesivamente.

Por último, una vez que el niño sabe soltar, simplemente separando los dedos y colocando el objeto en la mano de mamá, puede proseguir a la etapa siguiente. Sentados los dos, uno frente al otro, a uno o dos metros de distancia, le enseña a lanzar, acompañando la palabra con un movimiento del brazo. Con una pelota pequeña, el niño aprenderá poco a poco a lanzar.

EL JUEGO Y LOS JUGUETES

Desde muy chico siente apego por sus juguetes

Desde que está en edad de tomar con la mano una sonaja o una muñequita, el niño las aprieta contra sí mismo y protesta cuando alguien intenta quitárselos. En cuanto descubre un nuevo juego, se apropia y se apega a éste. Si se divierte lanzando lejos de sí el chupón o el osito de peluche al que está muy apegado, es para reclamar que se lo levanten en seguida para tomarlo.

En cuanto estén en edad de desplazarse solos con sus juguetes, algunos niños toman la costumbre de agruparlos alrededor de ellos mismos, en su camita o en el corral, como queriendo decir: "Esto es mío, prohibido tocar". Le gusta tener sus juguetes alrededor suyo, al alcance de la mano, especialmente en la noche. Es una especie de rito que le da seguridad, dándole un sentimiento de perennidad y de confianza.

Este apego es exclusivo ya que el niño no presta. O, si presta en un juego de intercambios, rápidamente reclama lo que acaba de dar. Hay, pues, un sentimiento de propiedad y un apego muy precoz del niño a sus juguetes, que es importante respetar.

EL JUEGO Y LOS JUGUETES

Lanzar: una fase importante del desarrollo

Sería una pena quitar los objetos que se encuentran al alcance del niño en cuanto comienza a aventarlos al suelo.

Aventar algo al piso para que usted lo recoja y así sucesivamente es el pasatiempo favorito del bebé cuando descubre que sabe lanzar. Piense que si todos los niños atraviesan por esta fase, es porque es importante para ellos. No lanzan las cosas sólo para fastidiar a su madre, sino para practicar una capacidad nueva, simplemente tienen curiosidad de descubrir lo que pasa con las cosas que uno avienta. Aprenden que los objetos (y las personas) pueden desaparecer y regresar. Entonces, cuando mamá se va, no desaparece definitivamente, ella también regresará. Aprenden que uno puede tener una reacción agresiva hacia los objetos (o las personas) sin que se estropeen (o sin que se molesten). Finalmente, el aspecto social del juego —hacer que usted intervenga a intervalos regulares para regresarle el objeto— lo regocija enormemente.

Ahora ya ha comprendido usted por qué ese juego es importante para su niño. Entonces créame, sin por ello quedarse de rodillas horas y horas recogiendo cosas, acepte jugar con él de vez en cuando.

Los juegos con las manos

Las manos son el primer juguete del bebé y fuente de descubrimientos inusitados. Después, con la habilidad, se transforman en el primer y más útil instrumento del niño. Le permiten llevarse cosas a la boca, explorar y manipular.

● Déle a su niño una caja que se abra y cierre con facilidad (por ejemplo, una caja de zapatos) y ponga en ella algunos objetos que no puedan hacerle daño y que él pueda manipular a su antojo. Dado que la novedad provoca siempre una renovación del interés, es bueno cambiar los objetos con frecuencia.

● Haga que su bebé toque objetos que le procuren sensaciones diferentes: un vaso o el vidrio de una ventana en invierno, y diga "frío". El biberón con leche: "caliente". Los paseos permiten ampliar las experiencias.

● Sentado en sus rodillas, déjelo manipular objetos pequeños. Por ejemplo, llenar una taza con un montoncillo de pasitas al lado.

Tira todo al suelo

La escena es clásica: el bebé está sentado en su silla alta con diferentes objetos a su alrededor. De pronto, el niño la llama; su jirafa se cayó. Usted la recoge, se la da, y reanuda sus actividades. Pero esto se repite una vez, dos veces, diez veces, y usted constata que intencionadamente el niño tira la jirafa cada vez que la recupera. Creyendo que ya no la quiere, usted se la lleva, pero él la reclama enérgicamente.

Segunda variante: está en su corral y tira sus juguetes al otro lado de la barrera. Después grita para recuperarlos.

Tercera variante, que muy pronto llega a cansar: durante la comida se divierte aventando y lanzando vasos y cucharas con puré. Durante esta etapa la madre suele desmoronarse y pensar que ¡el bebé la toma por lo que no es!

Algunos juguetes importantes

¿Qué es un buen juguete?

Ésta es una pregunta difícil, dependiendo de si nos ponemos en el lugar del niño, del padre o del psicólogo.
Para los padres un buen juguete es generalmente aquél que se usa mucho: el niño juega con él con frecuencia y durante mucho tiempo. Es también aquél que le hace aprender algo y que lo hace progresar. Para el niño, seguramente, una vez que el atractivo inicial pasa, es el juguete que ofrece más posibilidades de juego. A este respecto, una gran caja de cartón vacía tiene una especie de récord.

La sonaja

La sonaja, primer juguete que no es su propio cuerpo, fascina al niño durante mucho tiempo. Aporta estimulaciones mentales importantes: el bebé adquiere nociones de color, de forma, de texturas. La sonaja tiene dos papeles importantes esenciales. Permite al niño ejercitar la manipulación: la sonaja se toma, se agita, se sacude y pasa de una mano a otra. Además, estimula la inteligencia del bebé y le permite descubrir la relación de causa y efecto; agita la sonaja y se produce un sonido. El bebé parece sorprenderse, repite la acción y se produce el mismo resultado. ¡Le alegra descubrirse capaz de actuar sobre los objetos!
Bien se entiende que una buena sonaja ha de ser un objeto pequeño, fácil de tomar con la mano, suave, ligera, irrompible, de material no tóxico y que haga ruido con facilidad.

El peluche

Pasan algunos meses antes de que al bebé le interesen sus animales de peluche. Hasta entonces, es inútil amontonar en su cama animales que pudieran molestarlo. Pero, poco a poco, el bebé va descubriendo el placer de acariciar, apretar, hundir sus deditos entre los pelitos, mirarlo a los ojos, mordisquearlo y consentirlo. Pronto, el pequeño va encariñándose con sus peluches y alguno puede llegar a convertirse en un verdadero sustituto materno, fuente de consuelo y tranquilidad en caso de fatiga o ausencia de la madre.

Consejo del especialista

Para el especialista, ¿cuáles son las características del "buen" juguete? Trataré de ofrecer algunos datos para contestar la pregunta. Un buen juguete se adapta a su destinatario. Esto significa que, si bien es cierto que hay malos juguetes (porque son peligrosos e inútiles), también lo es que hay pocos buenos juguetes. Un juguete es bueno para determinado niño porque va bien con sus gustos y con su nivel de desarrollo, pero no lo será para otro niño. Un buen juguete es, ante todo, un juguete elegido en función del niño que ha de recibirlo.

Un buen juguete

- **Un buen juguete es un juego estudiado que los especialistas (algunos padres son excelentes especialistas) han concebido en función del niño que ha de tenerlo, y que se ha probado con niños. Es sólido, resiste nte y absolutamente confiable desde el punto de vista de la seguridad.**
- **Un buen juguete es sencillo y no sustituye del todo lo que el niño puede hacer. Por el contrario, le deja al niño total libertad para actuar, concebir e imaginar a partir del juguete. El niño es el indicador y actor del juego y el juguete actúa sólo como apoyo a su imaginación.**

EL JUEGO Y LOS JUGUETES

Un buen juguete (continuación)

● Un buen juguete tiene usos múltiples.

Debe poder servir de diferentes maneras, para diversos usos. Según el humor del niño en el momento y según la evolución en su desarrollo, el juguete debe tener la capacidad de evolucionar y ofrecer múltiples modos de funcionamiento. Así por ejemplo, un camión de carga es mejor si puede servir también como caja de juguetes, si hace "run, run", y si el niño puede apoyarse en él para ponerse de pie.

● Por último, un buen juguete para el niño es aquél que su padre o su madre se haya tomado el tiempo para descubrirlo con él, aquél que haya "cautivado" la atención del niño así como su amor.

Para hacerle su primer libro

Compre un álbum para fotografías pequeño, de formato de tarjeta postal. Deslice en los compartimientos hojas plastificadas con dibujos varios y cámbielos con frecuencia. Algunos ejemplos son bonitas tarjetas de navidad o de cumpleaños, fotografías de la familia, tarjetas postales de animales, fotografías de objetos de la vida diaria que usted haya recortado de revistas, etc.

El bebé va a querer dormirse con su peluche en los brazos o desearle buenas noches. Así se tejen historias de amor que a veces duran toda una vida (muchos adolescentes conservan su oso de peluche). El niño juega con el peluche como con un muñeco pero, las más de las veces, éste es un compañero a quien se lleva a todas partes, a quien se sienta a la mesa y a quien se saca a pasear. Suave, fuente de consuelo, pronto se convierte en un compañero privilegiado y seguirá siéndolo durante largo tiempo. Para un niño pequeño, elija unos cuantos peluches, pequeños, muy suaves (el bebé va a dormir encima de ellos) y lavables en máquina.

El primer libro

Los bebés adoran los libros. Desde los seis meses, le sorprenderá el interés que pueden tener y el placer que les da hojearlos con usted. Los primeros libros tienen páginas gruesas de tela o de plástico (se los llevarán a la boca y los someterán a un manejo brusco). Han de ser simples repertorios temáticos de imágenes o bien libros con imágenes bastante sencillas. Algunos son libros para tocar y manipular. Nunca estará de más adquirir algunos libros pequeños y dedicar algunos ratos, quizá a la hora de ir a la cama, para hojearlos con el niño y contarlos con voz dulce y alegre. Esto desarrolla el vocabulario, la imaginación y la comprensión visual.

Los juguetes "caseros"

Usted puede hacer algunos juguetes sencillos o modificar el uso original de algunos juguetes para dárselos a su bebé. Es original, divertido y económico. El niño no tiene ideas preconcebidas sobre el origen del juguete. A partir de algunas ideas, usted pronto encontrará en su entorno aquello que le interesa al niño.

Observe a su alrededor

- Al niño le gusta lo que tiene movimiento y brilla. Suspenda arriba de su cama tiras brillantes con esferas de navidad, con cajitas cubiertas con papel de aluminio, etc.
- A los anillos grandes de madera de las cortinas les puede enrollar listones con colores vivos, y hacer anillos para la dentición muy apetecibles.
- Aparte envases vacíos: botecitos, frascos o botellas pequeñas que cierren bien (usan tapón de rosca envuelto con cinta adhesiva, por ejemplo).

Evite los envases de vidrio una vez que el niño pueda manipularlos solo y limítese a los de plástico. Llene estos recipientes con objetos pequeños (un solo objeto por cada recipiente). Al agitar los frascos, se producen sonidos diferentes que se pueden variar a voluntad.
Están listas sus sonajas. Las puede hacer más alegres decorándolas con calcomanías o tela adhesiva de colores.
¿Qué poner en los recipientes? Hay de donde escoger: semillas, grava o arena, perlas, cuentecillas, etc.
- Los juegos más divertidos son los más olvidados. Piense en: anillos para servilletas, guantes de hule grueso, espátulas de madera, empaques vacíos, botes de té, cartas de juego sueltas, pinzas para la ropa, naranjas, manzanas, carretes de hilo, ligas grandes, pelotas de tenis y recortes de telas, llaveros, vasos de cartón, pulseras rígidas en desuso, etc.

Lugar para la creatividad

Un buen juguete es sólido, seguro y sencillo, y ofrece múltiples posibilidades de juego al niño. Un juguete manufacturado o una gran caja vacía, todo vale si el niño está contento.
Un buen juguete ha sido estudiado para el niño. Al ser resistente, ofrece todas las garantías de seguridad. Está destinado a un niño en particular en función de su etapa de desarrollo y de sus gustos. No tiene por objeto hacerlo progresar, sino divertirlo y servir de apoyo a su imaginación. Un buen juguete es sencillo. Cuanto menos elaborado, tanto mayor será la actividad e inventiva del niño. Él ha de ser el autor del juego, en tanto que el juguete sofisticado no deja posibilidad alguna para el despliegue de la creatividad del niño. Un buen juguete para un pequeño ha de tener usos múltiples y podrá adaptarse a los deseos del momento.

Consejos de uso

- No dé a su niño juguetes muy adelantados para su edad. Le hará sentir frustración y confusión. Un juguete ha de desempeñar plenamente su papel para un niño de la edad para la que ha sido estudiado, y los grupos de edad indicados por los fabricantes son suficientemente amplios.
- No amontone en su cuarto o en su cama multitud de juguetes, peluches, sonajas, etc. Mejor ponga menos y alternelos. Para llamar su atención basta un solo juguete, que ha de sustituirse cuando aburra al niño.

Los consejos sobre seguridad

● Sólo compre juguetes que cumplan con las normas de seguridad; se les identifica por algunas siglas según el país directamente sobre el producto o bien en la etiqueta.

● Escoja juguetes apropiados para la edad del niño, como lo define el fabricante. Evite aquellos en los que está indicado: "no convenientes para niños menores de treinta y seis meses".

● No deje al alcance de su hijo objetos muy pequeños (que puede llevarse a la boca), puntiagudos, cortantes, rompibles (cuidado con plásticos delgados y rígidos, que al romperse forman aristas cortantes).

● Guarde para más tarde, cuando ya no se los lleve a la boca, canicas, cuentas, o las pequeñas piezas para armar.

● Verifique de manera periódica el estado de los juguetes, la solidez de las juntas, los ojos de los muñecos de peluche, etc.

● A los niños les encantan los empaques, pero jamás los deje jugar con bolsas ni con empaques de poliestireno.

● A menos que esté segura de que en la habitación todos los objetos son perfectamente seguros, no deje a su niño de esta edad jugar solo en una habitación sin vigilancia permanente. Si fuera necesario, acomódelo en su corral durante algunos momentos.

EL JUEGO Y LOS JUGUETES

Objetos para el "canasto de cháchara":

- escobilla,
- manopla,
- caja de plástico,
- colador,
- embudo,
- juego de loza de muñecas,
- guantes viejos,
- papel de envoltura,
- cochecitos,
- catálogo viejo,
- pelota de tenis,
- juguetes para la playa,
- pinzas para tender la ropa,
- llavero,
- muestras o pedazos de telas,
- pelotas de hule,
- tubos de cartón (de los rollos de papel higiénico),
- cajetilla de puros vacía,
- tarjetas postales (o de felicitaciones),
- bola de estambre (bien apretada y atada).

El corral

El corral es muy útil en momentos en que usted no puede vigilar al niño, pues lo protege de los peligros. ¿La llaman por teléfono? ¿Debe ir a la cocina para preparar algo? Deje a su niño en el corral aunque él no quiera ya que un pequeño no es consciente de los riesgos que corre. A este respecto, usted debe protegerlo y a la vez enseñarle, y recuerde, el niño aprende solamente por experiencia propia.

-Atención: el exceso de estímulos, los juguetes muy ruidosos o muy brillantes pueden fatigar a un niño pequeño.
-Escoja juguetes de dimensiones apropiadas para el tamaño de su niño. Evite, por ejemplo, muñecos de peluche muy grandes. Asegúrese de que una mano pequeña pueda pescarlos.
-Cuando llegue a la etapa de los primeros plumones y crayones, cerciórese de que las tintas y las minas sean lavables y no tóxicas.

El cesto de "curiosidades"

El pequeño pronto se convierte en un ser perfectamente sociable, siempre y cuando esté rodeado de personas que lo amen. Dialoga largo y tendido con su madre. Se aferra a ella y se refugia en sus brazos, pero también despliega su talento de imitador y seductor. Con su padre disfruta los juegos más violentos, más físicos, y los de escondidillas. Tiene una verdadera pasión por sus hermanos y hermanas, con los que es un verdadero payaso.
A partir del momento en que sus manos desarrollan habilidades suficientes, no cesa de tomar, agitar, manipular, abrir, cerrar, voltear, deslizar, en pocas palabras, de explorar los objetos en todos sentidos y desde todos los ángulos. ¡Vaciar, llenar, vaciar de nuevo, qué alegría! Aproveche para procurarle el mejor de los juguetes, aquel al que le daría más usos, una caja o un cesto lleno de "curiosidades". Sus exploraciones requieren una variedad grande de objetos, de manera que no se limite usted a juguetes sólo "previstos para" como los cubos, los animales que emiten ruidos o las sonajas. Piense en objetos de formas, colores y texturas diferentes, que han de procurarle al niño información variada.

El corral

El corral es de uso temporal. Cuando empieza a gatear, el niño corre riesgos. Provocados por él, porque va a desplazarse, a tocar todo, a llevarse todo a la boca, a estirarse tanto como pueda; por todo lo que lo rodea también, porque el niño puede hacer caer y romper muchas cosas. No es una razón para confinarlo en su corral hasta que sea capaz de razonar. Por una parte, porque él pronto podrá darle la vuelta y no es allí donde va a desarrollar mejor su inteligencia, ávida por descubrir. Por otra, porque se va a aburrir pronto (si es que no sucedió ya); aun cuando le proporcione nuevos juguetes, el niño va a protestar vigorosamente. No tendrá usted más alternativa que estar con el niño cerca del corral para entretenerlo o dejarlo salir.

¿Qué juguete para qué edad?

De los 0 a los 3 meses el bebé manipula poco, pero con ojos y oídos explora durante largo tiempo el espacio que lo rodea. Un movimiento de la cortina, un sonido que se repite, un dibujo en la pared, todo es juego y amerita su atención.

- Al bebé le interesará mucho un móvil que se balancea, de listones o de globos.
- Atravesado en la cama o en su carriola, suspenda un ábaco o varias sonajas atadas con listones. Al bebé le encanta verlos moverse, sacudirlos y hacerlos sonar.
- Acostado de lado, le agradará que coloque frente a él un muñeco pequeño de peluche o una muñeca de trapo.
- Una caja de música es también un bonito juguete. El bebé llega a reconocer la melodía y ésta podrá apaciguarlo.
- En la pared, láminas bonitas, fotografías o simplemente un espejo.

De los 3 a los 6 meses el bebé puede asir las cosas. Le gustan todos los objetos (sonajas, anillos para la dentición, animales de plástico) que puede tomar con una mano, pasarlos a la otra, ponérselos en la boca y agitarlos, con lo que podrá producir algún sonido, etc.

- Le gustan las cajas de música y los móviles animados. Comienzan a interesarle los animales de peluche y los muñecos de trapo.
- Los tapetes de actividades en los que se recuesta al niño pueden tener diseños y colores alegres y ser buena fuente de estímulos sensoriales.
- Los portales son agradables también. Un poco caros, puede hacerlos en "casa" con un simple caballete.
- Comienzan los juegos de baño. Inicialmente se le pueden proporcionar pelotas de ping-pong de colores vivos y pequeños juguetes de plástico.

De los 6 a los 9 meses es la edad en que el bebé empieza a jugar con pelotas, cubos de trapo, tapas, cajas de plástico y envases, osos de peluche y todas las pequeñas "curiosidades" que le gusta manipular y que, de ser posible, produzcan algún sonido.

Los juegos de baño se desarrollan y adquieren importancia. Los fijados a los barrotes del barandal de la cama o del corral se prestan bien para entretenimientos manuales. Además de todo lo anterior, a los "grandes" de 9 a 12 meses les gustan las carretillas, camiones grandes de plástico, perro o caballo con ruedas, objetos que puedan jalar del extremo de un cordón.

EL JUEGO Y LOS JUGUETES

Información suplementaria

Un niño muy pequeño (de 0 a 3 meses) no tiene necesidad de numerosos estímulos y el exceso de ruidos y movimientos lo cansaría. Bastará con que usted le ofrezca uno tras otro pocos objetos, sencillos y de colores vivos. Posteriormente, el niño cogerá todo y es entonces cuando todos los objetos le gustan mucho (3 a 6 meses).

De los 6 a los 9 meses, estar sentado le permite al niño tener acceso a muchos juegos y juguetes nuevos. Las sonajas siempre son interesantes y se puede hacer una gran variedad de ellas.

Finalmente, de los 9 a los 12 meses, los "grandes", ya se desplazan y les gusta todo lo que se mueve por el suelo. Esta es también la época de los juguetes que se superponen y se derrumban. Los primeros libros son de cartón o de tela, y los juegos afectivos empiezan a tener un papel importante, juegos de imitación y apego verdadero.

La seguridad del bebé

El hogar es el lugar donde uno se siente protegido, al abrigo del exterior y de sus peligros. Pero no hay que olvidar que en casa ocurren accidentes domésticos que causan heridas o el deceso de un gran número de niños. El precio a pagar es muy alto tratándose de niños pequeños, incluso bebés, aunque los riesgos aumentan cuando el niño se desplaza solo.

No todos los peligros pueden evitarse. Aun cuando se tomen todas las precauciones y se ejerza vigilancia estrecha, los pequeños accidentes son parte de la vida diaria del niño. El descubrimiento del espacio y del equilibrio se logra exponiéndose a riesgos y con el desarrollo paulatino de una conciencia del peligro. Es pues inútil, y sería perjudicial para el desarrollo psicológico del pequeño, querer evitarle todos los moretones y golpes.

Un niño en un ambiente seguro es un niño cuyo entorno ha sido acondicionado y al que se vigila mientras se mueve libremente.

LA SEGURIDAD DEL BEBÉ

Soluciones para proteger a su niño

Aquí presento algunas sugerencias para no tener que seguir a su pequeño paso tras paso por toda la casa.

Organícele un cuarto (o el rincón de un cuarto) sólo para él, que sea perfectamente seguro y apropiado, como su corral. Dicho de otra manera, transforme su cuarto en un gran corral, con un área de juego a la medida de su curiosidad.

- **Deje a su disposición una caja o un cesto lleno de objetos y de juguetes que, a su gusto, él pueda explorar, maltratar, desarmar o acomodar en hilera. Deje al niño en esa habitación cuando tenga necesidad de un momento de tranquilidad sin tener que vigilarlo (¡contestar el teléfono, bañarse!).**
- **Disponga el resto de la casa, durante algunos meses, en función de las necesidades de su niño.**
- **Guarde seguros sus objetos valiosos pero esté consciente de que, se trate de lo que se trate, no podrá protegerlo todo; el resto, deberá prohibírselo. Sepa usted que cuantas menos sean las prohibiciones, más fácil será que él las respete.**

Pequeños y grandes peligros

Los accidentes graves pueden y deben evitarse de manera absoluta. Desde el nacimiento hasta la edad de un año, lo esencialmente importante es controlar el ambiente del niño y hacerlo lo más seguro posible, y vigilar al bebé, que siempre debe tener compañía en el curso de todos sus intentos y exploraciones.

El pequeño muy pronto es capaz de trepar y hacer evoluciones que no podemos imaginar. Es necesario cerciorarse de la seguridad absoluta de todo el material de puericultura que se emplee (silla alta estable, asiento confiable para el automóvil, etc.). Rápidamente, el bebé es capaz de voltearse, trepar, levantarse, balancearse. Lo acuesta en un extremo de la cama y lo encuentra en el extremo opuesto. Esto demanda vigilancia estrecha por parte de usted. Es importante la educación que sobre el peligro se le dé al niño. Es indispensable prohibirle hacer ciertas cosas, pero también lo es el enseñarle lo que sí puede hacer por sí mismo y con toda seguridad. En vez de transmitirle nuestra angustia, más vale advertirlo acerca de los peligros y enseñarlo a enfrentarlos.

La mesa para cambiarlo

Aun cuando usted nunca lo haya visto hacerlo, puede estar segura de que de un día para otro su bebé será capaz de girar y voltearse. Por ello, nunca debe dejarlo solo en una mesa de cambio de ropa, ni siquiera durante unos segundos. Si usted debe volverse para tomar alguna cosa, mantenga al bebé sujeto con una mano. Si olvidó una prenda en otro sitio o debe contestar el teléfono, envuélvalo en una sábana y llévelo con usted a donde vaya. Otra solución es dejarlo sobre la alfombra. Nunca lo deje solo en algún lugar alto. Se registran muchos accidentes de niños víctimas de traumatismos craneoencefálicos por caída en pisos de mosaico desde lo alto de su mesa para cambio de ropa. En cada caso, la madre explica: "No pensaba que ya fuera capaz de moverse tanto".

El deseo de explorar

Este deseo no es nuevo. Puede decirse que el bebé nace no sólo con el deseo, sino con la necesidad de explorar lo que lo rodea. Sus nuevas capacidades físicas, y especialmente el hecho de poder desplazarse, le dan tal energía y curiosidad al niño que podría decirse que no tiene límites.

Esa es la inteligencia del niño. Esa fuerza de vida con la que poco a poco va a ir al encuentro del mundo, a interrogarlo, a tratar de comprenderlo y modificarlo. Multiplicando sus experiencias y exploraciones va a reconocer e interiorizar una suma inimaginable de conocimientos. Por eso puede llegar a parecernos particularmente agotador e insoportable. No hay libro de la biblioteca que no haya tirado, no hay cajón que no haya vaciado, no hay alacena que no haya explorado. ¿Ya no lo oye? Usted corre a buscarlo. Está explorando las tomas de corriente eléctrica o arrancando las hojas del cuaderno de su hermana.

¡Alégrese! Tiene un pequeño en plenitud de forma, rebosante de vida, inteligencia y curiosidad. Ya es demasiado grande para quedarse en su corral. Sus juguetes no le interesan sino sólo a ratos. Lo que a él le interesa descubrir es lo que a usted le interesa y la retiene. Así, las más de las veces, es lo que le está prohibido.

Los objetos pequeños

A partir de los cuatro meses, su bebé progresa mucho en materia de prensión. Todo lo que toma se lo lleva a la boca. Usted deberá redoblar la vigilancia respecto a su seguridad.

Nunca deje objetos que pueda tragarse y meterse en la nariz o en los oídos. Antes de darle algún juguete al niño, cerciórese de que no represente peligro alguno.

Los juguetes disponibles en el comercio son sometidos a controles bajo reglamentos muy estrictos y por ello son inocuos en general. Sin embargo, tenga cuidado con los ojos de los animales de peluche, que el niño podría arrancar, y con cascabeles y silbatos que suelen tener las sonajas y los muñecos de peluche. Tenga mayor cuidado con los juguetes que usted misma le haya fabricado, con los juguetes de los niños mayores, que pueden tener piezas pequeñas, y con los objetos que usted transformó en juguetes.

LA SEGURIDAD DEL BEBÉ

En el área destinada al niño revise que no haya:

• cables de electricidad que sobresalgan, ni tomas de corriente eléctrica al ras del suelo, excepto si son tomas de seguridad;

• muebles con aristas agudas;

• ni objetos ni juguetes pequeños que puedan ser peligrosos;

• envases de productos de tocador o de medicamentos.

Revise el resto de la casa. Es ilusorio pensar que podrá andar detrás de su niño en todo momento. Es tiempo de poner barreras de seguridad arriba y abajo de la escalera; de cerrar las puertas de las habitaciones prohibidas (el estudio, por ejemplo), y de instalar tomas de corriente de seguridad en todas partes.

Autonomía y seguridad

Debe adaptar los espacios desde el día en que el niño ya se desplaza. Es más necesario que nunca dejar que el niño experimente y enriquezca sus descubrimientos, bajo vigilancia activa.

• Si comparte su cuarto con un niño mayor, aíslelo en un área determinada con una barrera al ras del suelo.

LA SEGURIDAD DEL BEBÉ

Algunas cifras significativas:

● En 90% de los casos el producto tóxico ingerido por el niño es o un medicamento o un producto para limpieza o mantenimiento.

● En 75% de los casos, el producto no estaba guardado, sino que se había dejado al alcance del niño.

● En 20% de los casos, el producto peligroso había sido transvasado a un recipiente inocuo inofensivo (por ejemplo, combustible en una vieja botella de jugo de fruta).

● Los ambientes más peligrosos son la cocina, el cuarto de baño, la cava, la lavandería, la cochera, etc.

Otros riesgos

Existen otros riesgos, además de los que se deben tomar en cuenta con objetos pequeños:

• Algunas pinturas. Las pinturas de algunos objetos contienen plomo. Ingerirlas es particularmente tóxico.

• Tenga cuidado con los objetos que pueden romperse (objetos de vidrio), con los que pueden provocar asfixia (bolsas de plástico, cojines...), con los que pueden estrangularlo (cuerdas, cordones, elásticos grandes), herirlo (aristas filosas) o envenenarlo (restos contaminados de alimentos...).

Asfixia, ¿qué hacer?

Puede suceder que, pese a la vigilancia, el bebé se lleve a la boca un objeto pequeño, se lo pase y se ahogue, se asfixie. Estos objetos suelen ser:

● caramelos, pedazos grandes de carne, zanahoria, manzana o pan, huesos de fruta;

● "botanas" servidas como aperitivo (cacahuates, almendras, pistaches, nueces, confites);

● piezas o pedazos de juguetes: ojos de animales de trapo o de peluche, botones de prendas de vestir, canicas, piezas sueltas;

● objetos diversos dispersos en la casa: tapas de botellas, pedazos de lápices, tapas de bolígrafos, grava, piedrecillas, etc.

La historia es siempre la misma. El bebé toma un objeto y se lo lleva a la boca. En vez de vomitarlo o deglutirlo, lo pasa por descuido a las vías respiratorias. En el caso de asfixia benigna (ha logrado "ingerir" el objeto que estaba atorado) el niño tiene un ataque de tos y se pone colorado. Puede ayudarlo acomodándolo de manera que su cabeza esté más baja que su cuerpo y dándole golpecitos en la espalda, para que escupa lo que lo asfixiaba.

En caso de que el niño se haya pasado un cuerpo extraño, que esté bloqueado en la laringe, la situación es mucho más grave. El niño se lleva las manos al cuello. Respira con dificultad, o no respira; no puede hablar ni toser, se pone pálido, después morado. Tal vez pierda el conocimiento. Es una situación escalofriante pero, dada la urgencia, es necesario que usted conserve la serenidad y el control de la situación.

Si el niño respira, anímelo a que tosa y llévelo rápidamente al servicio de urgencias de algún hospital.

Si el niño no puede respirar ni toser:

● Solicite que los bomberos acudan con premura.

● Ábrale la boca al niño e iluminándole la garganta con una lamparilla examine si el objeto está visible, y si es posible tomarlo con los dedos o con una pinza. Sea cautelosa; si el riesgo de empujar el objeto hacia adentro es mayor que el de sacarlo, no trate de tocarlo, e intente la maniobra siguiente:

- Acomode al niño pegado a usted, con su espalda apoyada contra el vientre de usted. Tome uno de sus puños con la mano opuesta y colóquelo sobre el hueco situado justo debajo de las costillas del niño. Haga presión brusca y breve, hundiendo el puño y llevándolo hacia arriba. Si el niño no expulsa el objeto, inténtelo de nuevo cinco o seis veces, mientras llega el auxilio. El objetivo de esta maniobra es comprimir, hacer que la presión del aire dentro de los pulmones aumente, y que así el aire salga bruscamente y expulse el objeto atorado en las vías aéreas.
- Aunque el niño haya expulsado el objeto, llévelo de inmediato a un médico, para que lo examine y determine si hay lesiones o si quedaron secuelas.

Envenenamiento: ¿qué hacer?

Las intoxicaciones representan el 2% de las consultas pediátricas. La mayoría no son graves, pero algunas necesitan intervención urgente y hospitalización.

La situación ocurre siempre de la misma manera. El niño, que ha sido dejado solo un momento, es atraído por una sustancia que se parece a algo que a él le gusta, un dulce, algún jugo de fruta o simplemente algo que se lleva a la boca por curiosidad. O bien se trata de bolas de naftalina, colillas de cigarrillo, o bien de alguna solución blanqueadora – hipoclorito de sodio – o pastillas como aspirinas y somníferos.

¿Qué hacer en caso de intoxicación?

Es imperativo mantener la sangre fría y llamar por teléfono de inmediato al centro para el manejo de intoxicaciones de su zona. De no ser esto posible, llame a su médico, a algún médico de guardia o a los bomberos. Cada minuto cuenta. Por teléfono, infórmele al médico la edad del niño, su peso, la naturaleza del producto que ingirió, la cantidad que tomó, la hora en que la tomó y los síntomas observados.

Lo primordial es que no tome ninguna iniciativa, excepto llevar al niño a la unidad de urgencias del hospital más cercano. La conducta a seguir varía mucho según el producto de que se trate. En algunos casos, se procede a darle de beber al bebé o hacerlo vomitar, pero en otros eso podría agravar la situación. Así, por ejemplo, nunca se debe hacer vomitar a un niño que ha ingerido productos corrosivos o espumantes ni al que se ha desvanecido.

LA SEGURIDAD DEL BEBÉ

Otras medidas de seguridad

- **Es necesario que todos los productos de limpieza y de mantenimiento se guarden en alto, en una alacena cerrada con llave. Tenga cuidado con aquellos productos que recién ha utilizado y que por descuido puede haber dejado momentáneamente en una mesa.**
- **Guarde fuera de su alcance todas las herramientas, rasuradoras, cuchillos, tijeras y todo el material de costura.**
- **Tenga mucho cuidado con balcones, terrazas y ventanas, particularmente las que sobresalen. Los accidentes son frecuentes, y muy graves si su departamento está situado en pisos altos.**
- **Déle a cuidar sus plantas verdes a algún vecino durante algunos meses ya que, de por sí, no es bueno que el niño coma tierra, y menos algunas hojas que pueden contener veneno.**
- **No deje en el suelo los alimentos de animales.**
- **Nunca deje solo al niño en la cocina.**
- **Acostúmbrese a dejar los mangos de las cacerolas orientados hacia el muro, de manera que no rebasen el borde de los muebles de la cocina.**

LA SEGURIDAD DEL BEBÉ

Otras medidas de seguridad (continuación y fin)

● Tenga cuidado con el horno si no está aislado y si está debajo de las parrillas de la estufa, con el fuego de la chimenea no provista de la rejilla frontal de protección, con ascuas y aun leños que puedan rodar, con las manijas fáciles de manipular y que pueden dejarlo encerrado, por ejemplo, en el baño.

● Asegúrese de que cuando el niño esté sentado en su silla alta, ésta tenga buena estabilidad y que el niño no pueda resbalarse o caer de ella (si es necesario, si se levanta todo el tiempo, inmovilícelo con un cinturón de seguridad).

Todos estos consejos no bastan para evitar que ocurra algún accidente, pero si los pone en práctica, los riesgos disminuyen notoriamente. Sirven también para mantenerla alerta y para que refuerce su vigilancia. A pesar de todas las campañas de información todavía ocurren muchos accidentes que se pueden atribuir a la negligencia. No olvide que gran parte de los accidentes ocurren no porque los niños estén solos, sino porque sus padres están distraídos u ocupados en otros menesteres, por ejemplo, al teléfono.

Los riesgos según la edad

Veamos cuáles son las cosas que debe vigilar con particular atención, según la edad del niño.

Desde el nacimiento hasta los tres meses

● La cuna es el lugar donde el recién nacido pasa la mayor parte del tiempo. Debe ser absolutamente segura y por ello debe suprimir el uso de cobertores, sábanas y almohadas. Es preferible el uso del traje de una sola pieza en vez del bolso de dormir; el colchón debe ser firme.

● No deje ninguna cadena ni gargantilla alrededor del cuello del niño.

● Ponga siempre el moisés en el suelo, nunca en una mesa. Cerciórese con regularidad de la firmeza y la seguridad de sus asas o agarraderas.

● Para evitar la hipertermia, no le ponga al niño ropa muy calurosa ni lo cubra en exceso cuando duerma o cuando lo lleve en automóvil.

● La leche de un biberón calentado en el horno de microondas puede estar excesivamente caliente sin que usted se dé cuenta. Vierta unas gotas de leche del biberón en el dorso de su mano para verificar la temperatura del líquido antes de dárselo al niño.

De los tres a los seis meses

● El baño empieza a ser un momento placentero para el bebé. Controle siempre la temperatura del agua con un termómetro de baño (más confiable que la mano o el codo). La temperatura correcta para el baño del niño es de 37 °C a 38 °C.

● El riesgo importante para niños de esta edad es la caída de la mesa para cambiarlos. La única manera de evitarlo es mantener siempre una mano sobre el bebé cuando lo tiene acostado en la mesa. Si debe dejarlo, aunque sea un instante, déjelo en el piso, en una toalla.

● Transportarse en automóvil puede tener sus peligros. Nunca viaje en automóvil con su bebé en las piernas. Únicamente viajará protegido en su asiento o en su cuna para automóvil. Nunca deje a un niño solo en un automóvil. Puede sufrir una severa insolación. Siempre tenga a la mano un biberón con agua.

● El bebé ya empieza a llevarse cosas a la boca. No deje nada cerca de él, excepto sonajas y juguetes que pueda llevarse a la boca sin ningún riesgo.

¡Cuidado con los ojos de los muñecos de peluche y con las canicas de los hermanos mayores!

De los seis a los nueve meses

● Predominan los riesgos de asfixia. Mientras se lleve todo a la boca, evite cualquier objeto que esté al alcance del niño.

● El niño puede ahogarse en el baño, aun con poca agua. El ahogamiento puede ocurrir en segundos. Jamás deje a un niño solo en la tina, ni por un momento.

● El niño gatea, se desplaza, se pone de pie. Es el momento de equipar la casa: colocar protectores en las aristas de los muebles, fijar los estantes, poner rejillas en la escalera, protectores en los contactos de electricidad, etc.

De los nueve meses al año

● A esta edad el niño ya se desplaza con rapidez. No siempre se sabe dónde está. Por ello, se debe hacer una revisión de toda la casa para identificar las medidas de protección que se deben tomar para la seguridad del niño. Nunca deje productos para mantenimiento doméstico ni medicamentos, a menos que estén bajo llave o colocados en lugares muy altos, fuera de su alcance.

● El niño está muy interesado en la electricidad, los cables, las pequeñas ranuras de las tomas de corriente. Cúbralas con tapas especiales y nunca deje rodando por la casa las extensiones eléctricas.

● Verifique periódicamente el estado de los juguetes del niño. No deje que juegue con juguetes de niños mayores cuando no esté bajo su vigilancia.

LA SEGURIDAD DEL BEBÉ

Envenenamiento, cómo prevenirlo

La única cosa que los padres pueden hacer en caso de intoxicación de su hijo es ponerlo rápidamente en manos de un médico, sin embargo, de ellos dependen actividades preventivas muy importantes:

● Ponga bajo llave, fuera del alcance del pequeño, todos los medicamentos y productos de limpieza, así como todas las sustancias peligrosas.

● Cuidado con los botes de basura, los productos de maquillaje y los líquidos transvasados con empaques de colores que sean atractivos.

● Cuidado con los cigarrillos, ceniceros y restos de alcohol en vasos y copas que se quedan en las mesitas del salón.

● Algunas plantas, flores y bayas son tóxicas. Infórmese con su boticario o farmacéutico, o con horticultores en invernaderos.

● Finalmente, tenga siempre a la mano los números telefónicos de urgencias, los de costumbre y los del centro de intoxicaciones de su localidad.

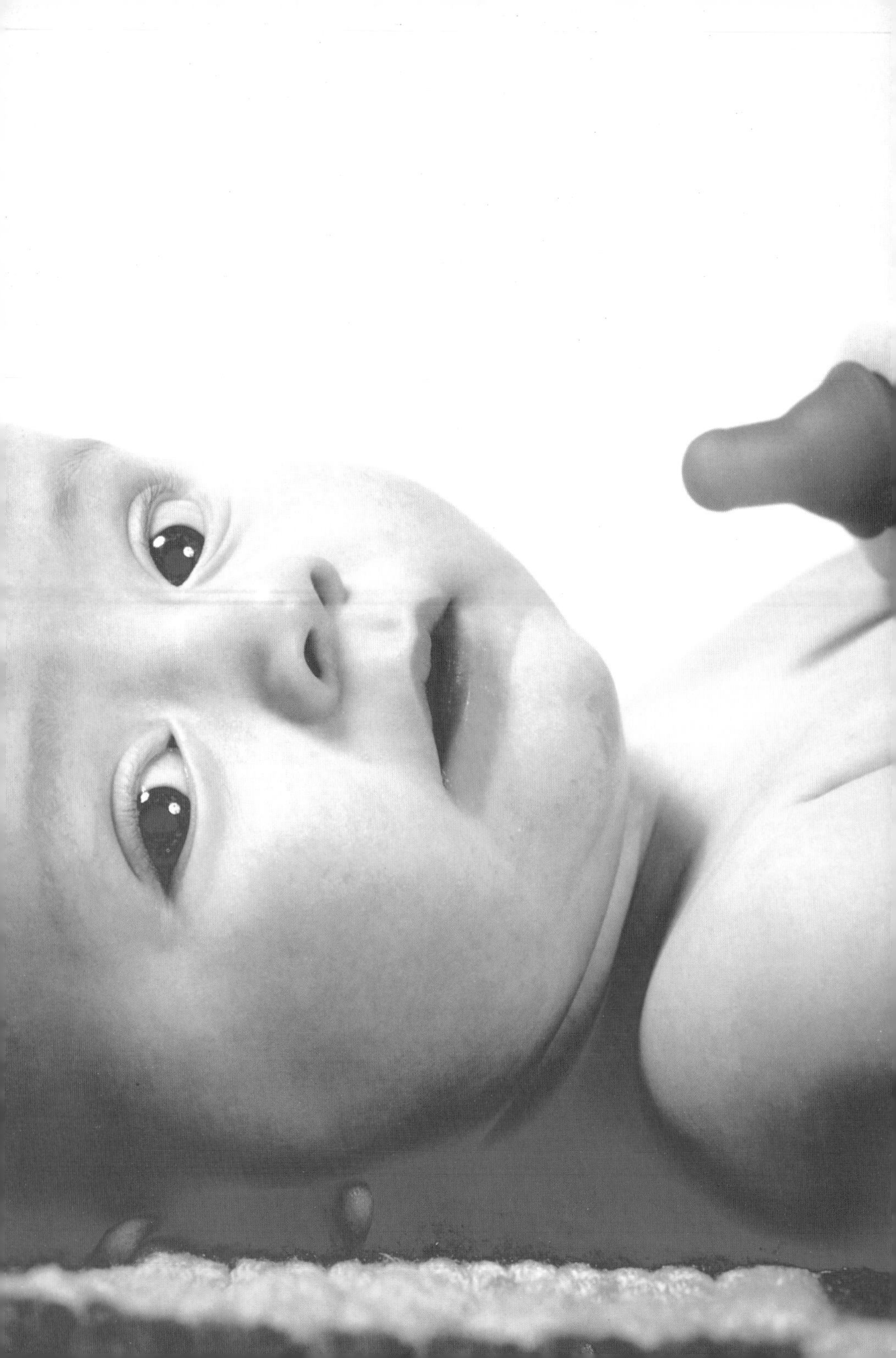

El despertar del bebé

Los padres siempre han sabido lo que los científicos han demostrado desde hace unos veinte años: los bebés son hábiles, curiosos y sólo requieren ser alentados en su camino para despertarse al mundo y descubrirlo. Los cinco sentidos están en actividad desde muy temprano, desde antes de su nacimiento. Las capacidades del bebé son muy superiores a lo que hace tiempo se creía. Percibe, desde luego, pero además es capaz de interesarse, apreciar, rechazar y aprender. Sin embargo, el recién nacido no se conforma con reaccionar a su entorno, también actúa sobre las personas y las cosas que lo rodean, pidiendo lo que le conviene y alejándose de lo que le disgusta. Desde el nacimiento, y más aún en el transcurso de los meses, el bebé es parte activa de las relaciones que crea con su entorno. Su relación con el lenguaje es igualmente de notable precocidad. Su apetito por aprender junto con el deseo de complacer a quienes lo aman, hace del pequeño un joven alumno apasionado, ávido por descubrir todo, nunca demasiado joven para su curiosidad y rápidamente frustrado si se le prohíbe explorar.

Cómo jugar con su bebé estimulando sus sentidos y su curiosidad.
El niño y el espejo.
El explorador
y el bebé nadador.

EL DESPERTAR DEL BEBÉ

El despertar del bebé a lo cotidiano

Los padres atentos al desarrollo de su bebé anhelan ayudarlo en:

- **su desarrollo sensorial y corporal, que le permite percibir el mundo que lo rodea y actuar en él;**
- **su desarrollo intelectual, que le permite comprender las informaciones que recibe, memorizarlas y volver a utilizarlas;**
- **su desarrollo social y afectivo, que le permite establecer lazos e integrarlos en un intercambio de amor indispensable. Esto último es esencial; porque usted ama a su bebé, quiere para él lo mejor y desea ofrecerle los estímulos que a él le gustan. Sin embargo, en ocasiones un niño tiene también la necesidad de estar solo, en su cama o en su corral. Aprende a bastarse a sí mismo, a balbucear con sus juguetes y a encontrar su propia autonomía, lo cual es fundamental. Tiene también el derecho de no hacer nada, de permanecer tranquilo, observando y escuchando lo que ocurre a su alrededor. Evite especialmente el activismo y procure crear un ambiente de ternura y de paciencia en torno a su pequeño.**

¿Es necesario estimular al bebé?

Un bebé con el que solemos hablar, con quien compartimos y jugamos, será capaz de forjarse una personalidad estructurada y en equilibrio. Gracias a las experiencias que va acumulando, desarrollará confianza en el otro y en sí mismo. Sabrá desarrollar plenamente lo mejor de su persona.

Las necesidades fisiológicas del niño consisten en alimentarse y sentir calor. No es necesario insistir al respecto. Ya sea que lo alimenten con pecho o biberón, que lo envuelvan en lana o en seda, todos los padres conocen de manera instintiva la prioridad de dichas necesidades y las atienden, incluso a medianoche. Sin embargo, los niños tienen otras necesidades; desean que se alimente su curiosidad y su alegría de comunicar.

El primer año de vida del niño es a la vez el más activo y el más sensible. En este periodo quedan conformadas todas las grandes adquisiciones, en particular los hábitos específicamente humanos. También se construyen las estructuras de base –los cimientos– sobre las que habrán de sostenerse todas las estructuras ulteriores. No por ello debe pensarse que todo queda fijo y determinado al año, sino más bien que todo lo que se vive y se adquiere durante este periodo es determinante. Nada es suficiente para asegurar el futuro, pero es necesario que este primer año transcurra lo mejor posible, para el futuro del niño.

Conscientes de esto, algunos padres y educadores dedujeron que había que "aprovechar" el primer año para despertar y estimular al niño a cualquier precio, y se han dedicado a prodigar a sus hijos auténticas lecciones destinadas a acelerar su desarrollo. Es conveniente hacer notar a estos padres que el exceso de estimulaciones físicas e intelectuales puede hacer del bebé un niño hiperactivo, ansioso, agitado. El hecho de hacerlo alcanzar tal o cual estadio de desarrollo antes que otros de sus compañeritos de guardería conlleva un precio muy alto. ¿De qué sirve? Ya tendrá tiempo para lanzarse a la rivalidad y a la competencia. Todos los bebés saldrán ganando al encontrarse en un medio rico en posibilidades, que les ayude a desarrollar sus maravillosas aptitudes.

Estimular los cinco sentidos

Desde el nacimiento, el bebé cuenta con cinco sentidos, todos eficaces a diferentes niveles. Estos sentidos son las puertas de acceso a través de las cuales el niño entra en contacto con el mundo. Despertar los sentidos de su hijo es abrirle el mundo, estimular su curiosidad y ayudarlo a desarrollar su inteligencia.

Existen numerosos juegos sensoriales en los que usted puede participar con su bebé desarrollándolos en función de su edad. No olvide los siguientes puntos:

- A esta edad, todo aprendizaje se desarrolla sólo sobre una base de amor, respeto y placer compartido.
- El exceso es el enemigo del bien; respete el ritmo y los deseos de su bebé. Algunos minutos de estimulación diariamente son suficientes, sin fatigarlo. No se fije meta alguna que no sea el placer del niño y la respuesta a su necesidad de descubrir. Ofrecemos a usted algunas ideas y explicaciones.

El tacto

Se señalan a continuación algunas prácticas con las que puede estimular el tacto de su niño (consulte también el capítulo del juego).

- Dé masaje suavemente el cuerpo del recién nacido, con las manos untadas con aceite de almendras dulces.
- Cuando sea más grande, acaricie sus manos o sus pies con un cepillo de dientes suave o con un pincel o brocha de maquillaje.
- Cuando ya sepa manipular, dé a su niño objetos de texturas diferentes para que explore lo suave, lo rugoso, lo blando, lo duro, etc.

Reserve para él diversos recortes de textiles o de otros materiales.

- Enfoque su atención en lo caliente o frío del agua.

El olfato

Cuando el bebé nace, el olfato, maravillosamente fino y eficaz, es para él un sentido totalmente nuevo, que no le ha servido mientras ha estado alojado en el vientre de su madre. El bebé es sensible a los olores y la memoria que tiene de ellos ciertamente es superior a la nuestra.

EL DESPERTAR DEL BEBÉ

Un desarrollo armonioso

¿El despertar del niño? Ocurre sobre todo de manera natural, por esa cotidianeidad que comparten los padres con el niño, compuesto por miles de pequeños detalles que continuamente se intercambian como son mensajes de amor, estímulos, ocasiones para descubrir y para aprender de este mundo que es el suyo.

Hágale descubrir nuevos aromas

A partir de los 5 o 6 meses pásele frente a la nariz productos con aromas diversos (y agradables) que usted tenga a la mano, como son gajos de naranja, frasco de vainilla, loción, jabón de tocador, canela, curry, pan recién horneado, etc.

El olor de sus padres

Sepa que los olores corporales de los padres son indispensables para un bebé, en la medida en que los reconoce y en que le permiten saber a quién les "pertenecen". No le niegue ese gusto.

El niño prefiere el olor natural de usted, pero si utiliza perfume o loción para después de rasurarse, use siempre el mismo, cuando menos mientras su bebé sea muy pequeño.

EL DESPERTAR DEL BEBÉ

Estimular la visión

●Fije fotografías de acercamientos de los rostros de ustedes cerca de la cabecera de la cama de su niño o cerca de la mesa de cambio.

●Cuelgue encima de la cama de su niño juguetes u objetos de colores vivos que atraigan su atención como móviles, globos colgados del techo con listones, sonajas, etc.

●No olvide equipar también la parte trasera de su automóvil para mantener a su niño ocupado durante los trayectos.

●Cuando su niño esté en edad de sacudir los objetos, le gustarán los que hacen ruidos o que tienen algún movimiento.

¡Mira, aquí está!

Aun siendo consciente de su existencia y de que su cuerpo es distinto del de su madre, el bebé todavía no está convencido de la permanencia de los objetos. Tiende a creer que lo que él ya no ve, objetos o personas, dejan de existir. No cree que las cosas puedan permanecer idénticas a sí mismas fuera de su vista o de su presencia o simplemente si las mira desde otra perspectiva. No sólo no busca los juguetes que no están cerca de él, sino que tampoco intenta recuperar un objeto que usted haya ocultado debajo de un cojín, frente a él.

El papel que juegan los olores

Como los animales pequeños, el recién nacido se sirve de los olores para reconocer a las personas. Cuando los sentidos de la vista y del tacto sean más eficaces, el olfato será menos útil y perderá su agudeza. ¿Sabía usted que un recién nacido, hasta los tres meses, puede diferenciar el olor de su madre del de otra mujer?

Una vez que se conoce esta competencia perfecta del bebé, se entiende que podamos usarla para comunicarnos con él. ¿Ha notado usted cómo le gusta acurrucarse entre su cuello y el hombro? Allí percibe el olor de su padre o de su madre y está feliz.

La vista

El recién nacido sólo ve bien lo que está frente a él, a unos veinte centímetros de su rostro. Al bebé le encantará que usted enriquezca su universo visual con móviles con motivos diversos, cartelones que se renuevan periódicamente; globos que, suspendidos en listones, se mueven con el aire; juguetes de vivos colores; un espejo al lado de su camita, etc.

La vista: un sentido que evoluciona

La vista es sin duda el sentido que más tarda en madurar. Ya nadie piensa, como antes, que los niños nacen ciegos, pero sí es cierto que su agudeza visual es imperfecta cuando nacen y que en el transcurso de varios meses se irá perfeccionando: los músculos que mueven los ojos se fortalecen, se desarrolla la visión de los colores y el niño aprende a ver en relieve.

Durante las primeras semanas la visión del bebé es limitada, pero suficiente para ver bien el rostro de una persona que se aproxima a él. Percibe los objetos frente a él, a veinte o treinta centímetros de su cara, y aprende poco a poco a seguir con los ojos un objeto que se desplaza lentamente frente a él. La percepción de los colores se establece a lo largo de los tres primeros meses; el bebé percibe mejor los colores vivos y contrastantes. La visión en relieve, en tres dimensiones, no será perfecta antes de los cuatro meses.

La audición

Al bebé le gusta la música y su iniciación musical puede llevarse a cabo desde el nacimiento. Música clásica o canciones, también grabaciones de cantos de aves, ruidos de animales o músicas folklóricas, sonidos de la vida diaria y palabras dulces murmuradas al oído.

Jugar con los sonidos

Los bebés oyen perfectamente bien desde su nacimiento, aunque en ocasiones no lo parezca. Su atención auditiva es breve pero les gusta mucho escuchar diferentes sonidos con usted.

Así como el ruido del teléfono, de la aspiradora y de un estornudo puede hacerlo llorar porque tiene un oído fino y sensible, los registros de la voz de su madre y los ruidos de la casa le gustan.

La voz

Entre todos los sonidos, el bebé prefiere los de la voz humana, lo que indica con claridad su deseo de comunicar. Pero, cuidado, no cualquier voz. Una voz violenta y agresiva puede hacerlos llorar. Una voz fría, sin afecto, puede hacerlo replegarse dentro de sí mismo. Una voz de adulto que platica con otros adultos puede serle indiferente.

Lo que al bebé realmente le gusta son las voces dulces, bien timbradas, que de modo natural se hacen más agudas para dirigirse a él, que al tiempo que se le mira a los ojos le hablan con ternura, con palabras sencillas, que atañen a un bebé, o una voz que le murmura una dulce canción.

La música

El pequeño ama la música suave, en especial la música clásica. Se ha descubierto que algunos preludios de Bach son a tal grado eficaces para calmar y encantar a los pequeños que, en la actualidad, se hace uso de ellos de manera sistemática en numerosos servicios de maternidad norteamericanos. A la música clásica se le han atribuido numerosos poderes sobre los niños y es seguro que le hará bien al suyo escuchar fragmentos de música suave, los que a usted le gusten, sin forzar mucho el sonido.

EL DESPERTAR DEL BEBÉ

¡Mira, aquí está! (continuación)

Estos juegos tan sencillos son importantes para que el niño perciba que las personas y las cosas siguen existiendo fuera de su vista. Usted se dará cuenta de que el niño ya ha superado esta etapa cuando él retire el trapo para recuperar el conejo luego de que usted se lo escondió, cosa que usted festejará con grandes risas. Para ayudarlo a hacer progresos, usted puede hacer con el pequeño juegos muy sencillos que a él le gustan mucho.

- **Muéstrele objetos desde diferentes ángulos (de frente, de lado, al derecho, al revés, de cerca, de lejos, sacudiéndolos...) para que se entrene en hacer la síntesis de estas vistas e integre una imagen global de los objetos.**
- **Juegue a "¡Mira, aquí está!" Cubra sus ojos con una servilleta o detrás de una puerta y descúbrase después varias veces.**

Es importante verbalizar al mismo tiempo: "¿Dónde está mamá? ¿Ya se fue? ¡Aquí está!", con evidente mímica y sonrisas.

Tendrá la feliz sorpresa de oír cómo se ríe su bebé a carcajadas cada vez que usted se descubre, al tiempo que integra nociones de realidad física fundamentales.

EL DESPERTAR DEL BEBÉ

Otra sugerencia

● En una etapa subsiguiente, repita este juego con un juguete, una sonaja o un animal de peluche, cualquier cosa que le guste mucho al bebé. Mientras el niño observa, escóndalo debajo de una sábana, bajo la cama o debajo de un cojín, diciendo siempre: "Mira, estoy poniendo el conejo detrás de la sábana. ¿Dónde está el conejo? ¿Ha desaparecido? No, ¡aquí está!"

Los placeres de la boca

A lo largo del primer año usted puede variar al máximo los sabores que prueba su bebé; ¡va a desarrollarle buen gusto! Varíe las legumbres, las frutas (incluso las exóticas), los olores de los cereales para el biberón, las especias en la sopa, etc.

¿Usted canta? Tanto mejor. No dude en hacerlo, aunque no esté segura de la calidad de sus cuerdas vocales. Su bebé estará encantado de disfrutar simultáneamente el placer de escuchar su voz y la música.

Los sonidos

Al bebé le gustan los sonidos, siempre que sean divertidos, sorprendentes, suaves, novedosos. Toda ocasión es buena para ejercitar su oído. Prohibidos los ruidos fuertes, violentos, agresivos, desagradables a su oído todavía nuevo.

- No a la música como rock pesado, los gritos, los timbres.
- Sí a la sonaja, la campanilla, los cascabeles, el tic-tac del reloj, el papel que se arruga cerca del oído, el tintineo de un cuchillo que golpetea vasos y copas diferentes, los ruidos de la boca o los dedos, etc.

El gusto

Desde el nacimiento, el bebé prefiere lo dulce a otros sabores que usted deberá hacerlo descubrir y apreciar. La leche materna tiene sabores distintos según la alimentación de la madre. La leche en polvo siempre sabe igual, a menos que decida darle un ligero toque de sabor. A los muy pequeños se les puede variar la composición del jugo de fruta. Para los más grandes, la composición de la sopa de legumbres será diferente cada día. No mezclarlas permite que conozcan mejor su sabor.

Sin dejar de respetar la gran sensibilidad gustativa de los pequeños, poco a poco se les pueden dar a probar cosas diferentes, con la punta de los dedos. ¿Está usted comiendo salsa de jitomate o helado de frambuesa? Haga que los pruebe. Después vendrán el roquefort, el curry y el aguacate. Con frecuencia quedará sorprendida de sus reacciones.

La conciencia del cuerpo

La fase del espejo

Esta etapa del desarrollo del niño es importante. Al inicio de su vida el bebé no tiene conciencia global de su cuerpo. No se percibe como claramente diferente de su madre, y sus manos le parecen juguetes singulares. Paulatinamente adquiere un sentido de identidad propia, conoce bien los límites de su cuerpo y comprende lo que es "yo" y "no yo". Esta etapa ha sido definida como "la fase del espejo" porque es el momento en el que, al mirarse en un espejo, el bebé reconoce su imagen e identifica conscientemente la totalidad de su cuerpo como algo que le pertenece.

¿A qué edad se reconoce el niño?

No hay acuerdo entre diversos autores respecto de cuál es la edad en la que el niño alcanza esta fase. Alrededor de los cuatro meses el niño se entusiasma ante su propia imagen, pero de la misma manera como lo haría si apareciera otro niño. Si su madre se sitúa atrás de él y aparece en el espejo, es evidente que la reconoce. Esto es el inicio del reconocimiento de sí mismo.

Hacia los siete u ocho meses las cosas se vuelven más precisas. El niño ya ha explorado su cuerpo durante largo tiempo, con sus manos o con su boca. Ya ha aprendido a valerse de ellas. Conoce bien la fisonomía de aquellos a quien ama y responde a su nombre. A esta edad el bebé muestra un marcado interés por el espejo. Le habla a su reflejo y empieza a gesticular. No cabe duda, empieza a reconocer su propia imagen. Esta fase ha ganado valor de símbolo, prueba que el niño logra tener conciencia de su persona, pero esta conciencia no se define de un día para otro. Si bien el niño parece reconocerse entre los seis y ocho meses, no será sino hasta los dos años en promedio que se puede estar seguro de que el niño diferencia su propio cuerpo de la imagen que le refleja el espejo.

EL DESPERTAR DEL BEBÉ

Una idea: un espejo para favorecer la conciencia del esquema corporal

No dude poner un espejo en el cuarto de su niño desde su más tierna edad. Desde el principio, es para él objeto de interés y balbuceos. Después, lo ayuda para tomar conciencia de su "esquema corporal", que no es sino la imagen que se forma de su propio cuerpo. No tema, ¡esto no desarrolla un gusto inmoderado por la coquetería!

Pero, tenga cuidado:

- **Escoja un espejo irrompible.**
- **Escoja uno que sea suficientemente grande para que el niño se pueda mirar de cuerpo entero y no en partes.**
- **Fíjelo en una pared, a nivel del suelo.**
- **Cuando usted esté frente al espejo, no refuerce su confusión entre la persona y su reflejo, dígale, por ejemplo, mostrando el espejo: "Esta es mamá, este es bebé". Es necesario hacer la distinción tocándole el vientre con su dedo: "Este es bebé" y luego, señalando el espejo, "Ésta es la imagen de bebé". Del mismo modo, esfuércese en hacer la distinción entre "Mamá" y "la imagen de mamá". Usted sabe que la imagen no es la persona, pero su niño no.**

EL DESPERTAR DEL BEBÉ

¿Derecho o zurdo?

Muchos de los niños de esta edad son todavía ambidiestros. La manipulación con una mano o con otra no es siempre simétrica o puede parecer que una mano domina a otra, sin que ello sea necesariamente determinante.

En estos casos poco claros, puede ser que el niño persista en usar de manera similar ambas manos hasta la edad de dos o tres años. Las más de las veces, esto no le creará ningún problema. Podrá, por ejemplo, tomar su lápiz con la mano derecha, pero su cuchara con la mano izquierda o bien tanto con una mano como con la otra. En otros niños, la lateralización (la determinación de la mano dominante) se define tempranamente y es muy evidente. Las dos manos ya no tienen el mismo papel. Mientras una toma el objeto, lo lleva, la otra manipula o experimenta. Puede ser que prefiera claramente una mano respecto de la otra para todas las tareas que requieren precisión como voltear, lanzar, atrapar, ensartar... Esta preferencia no se limita sólo a la mano, sino con frecuencia también al ojo o al pie del mismo lado. Se desarrolla entonces un lado activo del cuerpo y otro más pasivo. Si usted observa esto, tal vez sea bueno que incite a su niño a usar la mano "olvidada" para que ésta no permanezca inmóvil.

¿Cómo saber si el bebé ha llegado o no a la fase del espejo?

Los especialistas recurren a algunos "trucos" para determinar cuál es el conocimiento que el niño tiene del espejo. Los padres pueden probarlos (¡sin que se les garantice nada!). Aquí hay dos de ellos:

- Siente al bebé frente al espejo y sin hacer ruido acérquese a él por atrás de modo que el bebé la vea en el espejo (sin haberla oído acercarse). Si voltea es porque ha comprendido el papel del reflejo que se origina en el espejo. Si no voltea es porque cree todavía que su madre está frente a él.
- Con un lápiz labial, píntele al niño, sin que se dé cuenta, una raya roja en la frente. Tómelo en brazos y acomódense ambos frente al espejo. El día que el niño se lleve espontáneamente la mano a la frente para tocar la raya, sabrá usted que él está convencido de estar frente a su imagen y que ha alcanzado la famosa "fase del espejo".

Exploración y curiosidad

Cuanto más crece el bebé, más tiempo dedica a mirar a su alrededor y a internarse en su ambiente.

A los tres meses, en su sillita, le gusta seguirla de cuarto en cuarto para verla dedicarse a sus ocupaciones. Dedica menos tiempo a dormir y más a mirar a su alrededor. Le gusta seguirla por toda la casa, pero también ir a pasear y descubrir las cosas interesantes de la calle. Si lleva a pasear al bebé en un cochecito, debe levantarlo para que, semisentado, pueda ver lo que pasa a su alrededor. De otra manera, acostado boca abajo con la cabeza en el fondo del cochecito, el paseo pierde mucho del interés para el bebé.

Ya más grande duerme menos y tiene más tiempo para observar su entorno. Le gusta pasear y descubrir aún más los placeres de la calle o del parque. Más adelante ya es capaz de asir las cosas y de desplazarse solo: su deseo de descubrir ya no tiene límites.

La curiosidad es vital para un bebé. Es la fuerza que lo empuja a aprender y a lanzarse al descubrimiento de su mundo. Va a poner en ello una energía enorme. Si esta curiosidad determina un gusto y un enriquecimiento, seguirá viva a lo largo de toda su infancia. Esta es la inteligencia del niño: esa fuerza con la que poco a poco va a ir al encuentro de su mundo, a tratar de comprenderlo y modificarlo. Mul-

tiplicando las experiencias y las exploraciones, el bebé va a reconocer e interiorizar una suma inimaginable de conocimientos.
¿Tiene un niño normal? Entonces, de aquí a un año, no habrá libro de la biblioteca que no haya hecho caer, una toma de corriente eléctrica que no haya explorado, un cesto, un cajón o un bolso que no haya vaciado, una hoja que no haya arrancado, un aparato que no haya encendido. ¡Regocíjese! Usted tiene un niño lleno de ideas, chispeante de vida e inteligencia. Para no tener que seguirlo paso a paso durante todo el día, la única solución es disponer todo el espacio de la casa en función del niño, de su curiosidad y su iniciativa.

Los bebés nadadores

La expresión se presta a confusión; puede hacer pensar que su bebé va a tomar clases para aprender a nadar, pero no se trata de eso; un niño no es capaz de aprender a nadar, en sentido estricto, con buena coordinación motora, antes de los cinco a siete años.
Aquí, la idea es distinta, y parte de la evidencia de que el bebé, que ha vivido toda la primera parte de su vida en el agua, puede desplazarse en ella de manera natural y con regocijo. Si llevamos a la piscina a un bebé entre los cuatro y seis meses, aún no habrá olvidado estas sensaciones. No sólo no tiene miedo al agua, sino que se siente seguro en ella, capaz de explorar y adaptarse a este "nuevo" medio de la misma manera que explora su ambiente en el hogar.
Todo ello a condición de que el bebé esté acompañado siempre por alguno de sus padres, y por ende seguro afectivamente, para que usted no tenga que preocuparse más que de verlo feliz en el agua.

El descubrimiento del agua debe pasar por el juego, el intercambio, el placer. De nuevo, no se trata sólo de ser "eficaz", sino de favorecer tanto como sea posible el desenvolvimiento del pequeño en este nuevo medio. Por ello, siempre es preferible integrarse a un club o un grupo de padres e hijos, en vez de que usted lleve al niño solo a la piscina. Así, tanto usted como el bebé serán bienvenidos en una piscina tibia y provista de numerosos juguetes, flotadores y colchones flotantes.

EL DESPERTAR DEL BEBÉ

Los bebés nadadores: favorecer el desarrollo pleno del niño

Se tienen que respetar absolutamente las condiciones de comodidad y de seguridad:

- **Que el agua esté lo suficientemente caliente, alrededor de 32 °C;**
- **Que el baño sea breve, de 15 a 20 minutos;**
- **Que le ofrezca una buena comida una hora antes del baño para evitar el riesgo de hipoglucemia;**
- **Que le haya aplicado ya dos inyecciones de la vacuna DTTP (difteria, tétanos, tosferina y polio).**

La seguridad del niño

Finalmente, explicaré las medidas que debe tomar para que su bebé se sienta seguro de sí al máximo:

- **Entrar al agua con él, sosteniéndolo bajo las axilas o contra el vientre de usted, mirándose a los ojos.**
- **Localizar y estar con los juguetes, manipularlos, pasar a otro juguete o juego.**
- **Encontrar el equilibrio exacto en el colchón flotante.**
- **Sentir poco a poco el deseo de alejarse de su progenitor para ir a jugar, etc.**

La inmersión total es una etapa más tardía, a la que el niño no llega en tanto no la desea, ya que debe ser una meta fija. Le sorprenderá la facilidad natural y la alegría del bebé. Diríjase a alguna escuela o institución de natación infantil para más información.

Los inicios del lenguaje

Comunicarse con su bebé.
La risa, el balbuceo, las primeras palabras.

A lo largo de su primer año, el bebé cuenta con un tipo de inteligencia que Piaget denominó "sensorial y motora". Esto significa que lo esencial de sus descubrimientos y su aprendizaje pasa por los sentidos y por el cuerpo; el niño necesita manipular objetos para poder entender. Explora y desarrolla los esquemas de comportamiento necesarios para una inteligencia práctica. Al manipular las cosas, el niño aprende a orientarse, a distinguir lo habitual de lo diferente y a comprender las secuencias de sus acciones. Más tarde, su adaptación intelectual lo llevará de lo concreto a lo abstracto, de lo simple a lo complejo, del objeto real a su símbolo.

Sin embargo, el bebé comunica desde el momento en que nace y, al paso de los meses, se van organizando tanto la trama de la comunicación como las bases del lenguaje.

LOS INICIOS DEL LENGUAJE

El papel de la mirada

Desde los primeros días, la mirada juega un papel esencial. El contacto frente a frente, mirándose directamente a los ojos, es sumamente importante para el bebé. De hecho, ya desde que nace es muy sensible a ésta, si la mamá mira al bebé de frente, él pestañea, abre la boca y agita los brazos, como signo de respuesta.

A un bebé que toma el pecho o el biberón le gusta fijar su mirada en la de su madre. Cuando ella le habla, él la comprende y la escucha mejor si ella permanece enfrente de su niño, si guarda un contacto visual con él y le sonríe.

Algunas investigaciones han demostrado incluso que esta actitud que consiste en el diálogo con el bebé directo a los ojos favorece en él la capacidad de crear más adelante buenas relaciones con la gente.

Favorecer la comunicación

Para desarrollar la comunicación, el niño sólo necesita encontrarse en un ambiente enriquecedor que pueda explorar sin peligros. Sin embargo, no hay que olvidar el papel que juegan la transmisión cultural y social, así como las minúsculas acciones que conforman la vida cotidiana.

Estimular el progreso de su bebé

Despertar la inteligencia de su bebé de menos de un año no quiere decir "enseñarle" cualquier cosa, sino introducirlo en nuestro mundo y ayudarlo a encontrarle sentido. Participar juntos en esto, nombrar los objetos y las acciones, alentar todo progreso, apoyarlo en sus tentativas, felicitarlo por el más mínimo logro, todo esto contribuirá al desarrollo del niño.

Tanto en éste como en otros ámbitos, nunca hay que olvidar que todos los niños son diferentes y que el ritmo de sus adquisiciones es muy variable. A los periodos de adquisiciones les siguen fases de consolidación más discretas. Si acompañamos al niño, compartimos y jugamos con él, estimularemos su inteligencia; pero si lo forzamos, corremos el riesgo de bloquearla.

Comunicarse con su bebé

Durante sus seis primeros meses, el bebé emite sonidos, balbuceos, hace mímicas y gesticulaciones. Es muy importante responderle y hacerlo partícipe de un tierno diálogo. La madre habla, le hace una pregunta a su bebé, luego se calla durante unos segundos y el bebé "responde" a su manera, con los medios de que dispone.

Esta capacidad de entrar en comunicación es la más importante de las "nuevas aptitudes de los bebés" que ha sido posible poner en evidencia. El bebé dispone de una gran sensibilidad para percibir y reconocer lo que viene de la madre (su voz, su olor, su contacto, el estado de ánimo en el que se encuentra). Esto le abre una amplia gama de aptitudes y emociones que a su vez provocan como respuesta comportamientos y emociones por parte de la madre o del adulto que se ocupa del niño.

Es una reacción en cadena. El fino sistema sensorial del bebé, su sensibilidad afectiva y social y los estímulos del entorno crean las condiciones necesarias para que se establezca un diálogo capaz de crear el apego afectivo. Esto reconforta a la madre en su papel dándole la certeza de que su hijo la ama. Asimismo, reconforta al niño haciéndole sentir que es bienvenido, acogido y amado.

Algunos mensajes del bebé no son fáciles de decodificar, especialmente su llanto cuando se ignora la causa. Es más difícil comprender a algunos niños que a otros. Pero todos tienen un deseo de contacto y de intercambio. De ahí que la recepción de los mensajes, el diálogo y la comprensión se vayan afinando en el transcurso de las semanas.

Un diálogo que nace poco a poco

Cuando su bebé está tranquilo, cuando está a gusto en su cuerpo porque no tiene ni hambre ni sueño ni está incómodo, usted puede entablar con él verdaderos diálogos. Ese proceso de "afinación" entre madre e hijo se construye progresivamente en el curso de las primeras semanas. Está construido de pequeñeces, todas muy importantes, en las que ambos aprenden a conocerse. Se necesita tiempo para identificar los ritmos del niño, la razón de su llanto y para comprender las señales que emite. Una madre atenta y dispuesta sabrá responder rápido con una sonrisa, un gesto, una frase, a los intentos que hace su bebé para entrar en contacto.

De este modo, el niño por su parte, sabrá qué actitud desencadena qué reacción. Sabrá solicitar la ternura y el diálogo. Gracias a esos intercambios repetidos, tiernos, aprenderá a conocer su universo. Porque le responderán, de manera adaptada a sus peticiones, sabrá que es amado y se sentirá en confianza.

Esas primeras palabras que usted le dirige, esas palabras dulces que le atañen directamente, son tan importantes como las caricias. Lo integran al mundo de los humanos y lo ayudan a construir su personalidad futura.

Acostumbrarse a dialogar con su hijo

Es importante que se acostumbre a dialogar con su bebé lo más pronto posible. No crea a quienes dicen que no entiende nada. Esos juegos de voces y esa interacción entre madre

LOS INICIOS DEL LENGUAJE

La importancia de la palabra

Mucha gente todavía piensa que es inútil, incluso ridículo, hablarle a un bebé, en la medida en la que éste no la va a entender. Ahora bien:

- **No hay nada que indique que él no comprenda; aunque no conoce exactamente el sentido de las palabras, percibe el contenido global a través de una interpretación muy fina de lo "no dicho" que son las entonaciones, las mímicas y el tono de la voz.**
- **Aun si no comprende, hay que hablarle, justamente para que aprenda. La aptitud del lenguaje está presente en todo ser humano de manera innata. Aprenderá a hablar sin dificultad a condición de que haya encontrado a su alrededor, a la edad requerida, la "palabra" necesaria, variada, tierna y llena de sentido. No sólo la aptitud de base será letra muerta si, desde la más tierna edad, el niño no está integrado en un proceso de comunicación verbal, sino que también la adquisición de un buen lenguaje está directamente relacionada con la cantidad y la calidad de lo que haya escuchado. El lenguaje es lo que hace de nosotros seres humanos. Hablarle al niño es respetarlo e integrarlo en la comunidad humana.**

LOS INICIOS DEL LENGUAJE

Su bebé ríe a carcajadas

El día en el que el bebé se ríe a carcajadas por primera vez es una fecha importante.

Con frecuencia, él mismo parece asombrado por ese sonido nuevo e incongruente. Hasta entonces, se reía con la boca bien abierta pero... no se oía nada. Y de repente, en respuesta a unas cosquillas, esa risa un tanto ronca brota y regocija a toda la familia.

Existe cierto movimiento que a los bebés les encanta y que los hace reír a carcajadas, sin que se conozca realmente el porqué. Le toca a usted probar.

- **Cuando el bebé está acostado boca arriba frente a usted, en la mesa de cambio por ejemplo, tome sus manos en las suyas.**
- **Estire sus brazos a todo lo largo hacia los lados y después, simultáneamente, regréselas hacia adentro cruzándolas sobre su pecho.**
- **Abra los dos brazos, después crúcelos de nuevo cambiando el sentido (el otro brazo encima).**
- **Repítalo otra vez tres o cuatro veces, mientras a su bebé le cause placer.**

¡Si termina con una serie de besitos en el vientre, el éxito está garantizado!

e hijo son la base de su lenguaje futuro y de su seguridad interna.

Háblele, hágale preguntas: "¡Buenos días Sofía! Es papá. ¿Dormiste bien? Ven, te cargo por un momento". Utilice palabras sencillas, sin miedo a "hablar como bebé" si eso le sale de manera natural. De ser necesario, exagere sus expresiones y sus mímicas. Verá cómo su bebé se ilumina de felicidad y le sonríe. Verá también cómo intenta imitar sus gestos y expresiones.

¿Por qué es tan importante hablarle?

Una razón es el placer que usted y su niño experimentan con esos tiernos diálogos. Otra es que ¡es la única manera de enseñarle el lenguaje!

Póngase enfrente de su niño para que él vea bien su rostro y dialogue con él, usted con sus palabras, él con sus balbuceos y sonrisas: es la mejor manera de acostumbrarlo a los sonidos y a las palabras de su lengua, y también la mejor manera de enseñarle las mímicas que son el lenguaje no verbal de su propia cultura. Muy rápido, el niño sabrá descifrar en el rostro de mamá el placer, el amor, la ternura, ¡pero, sobre todo, si está irritada, fatigada o enojada!

Su bebé también le habla, los intercambios entre ambos son un verdadero diálogo. Empieza emitiendo sonidos, escuchándolos con sorpresa, después vuelve a empezar y poco a poco se pone a jugar con esa voz que está descubriendo. Respóndale y, a su vez, balbucee. Verá que esos maravillosos diálogos que se encadenan son un gran placer para el bebé. Imítelo y él la imitará. Puede entonces hacerle descubrir nuevas sonoridades.

Puede hablar y dialogar con su bebé en todas las ocasiones en las que esté con él. Cuando haga algo con él, como vestirlo, cambiarlo o preparar su comida, cuéntele lo que está haciendo.

Enséñele objetos que estén a su alrededor y nómbrelos, explíquele sus acciones, hágale preguntas y déle tiempo para que responda. Le responde con gran variedad de sonidos y además con una atención sostenida que la estimula a continuar con el intercambio.

No tiene por qué forzarse a simplificar en exceso su vocabulario; hable de manera sencilla, normal y él la entenderá. Tampoco le tema a ser repetitiva; la repetición es un factor importante del aprendizaje y los niños parecen apreciarlo.

Finalmente, un diálogo no es un mar de palabras ininterrumpido, profiera palabras reales, palabras que tengan un sentido para el niño, y reserve momentos de silencio para que el niño pueda tomar parte en la "conversación".

¿Es necesario hablarle como bebé?

Antes de determinar la manera en la que conviene hablarle a un bebé, diría que lo único que es necesario es, sencillamente, hablarle. Entonces, ¿es necesario hablarle con un lenguaje de bebe? Eso depende únicamente de usted, si eso le parece más natural. El niño no tiene preferencias. No le costará más trabajo entender "gato" en vez de "minino", "mano" en vez de "manita". Usará la palabra que usted use. Si empieza a decir "el guau-guau" en vez de decir "el perro" es porque sus cuerdas vocales todavía están inmaduras y ese "guau-guau" significa mucho más que sólo la palabra perro. Pero muy rápido, él mismo dejará de usarla para sustituirla por la palabra adecuada si en vez de retomar esa palabra de bebé, usted le responde: "Ah, sí, reconociste bien al perro, bravo".

Enseñarle una palabra de "bebé" tiene un inconveniente; el niño tendrá que "desaprenderla" un día para usar la palabra correcta. Entonces, ¿por qué no usar desde el inicio esta última? Sin por ello emplear un vocabulario y giros sofisticados, me parece que siempre es preferible utilizar palabras precisas. Lo esencial es siempre hablar con (y no solamente "a") su niño de manera natural, interesada y de acuerdo con la realidad. No dude que él la entienda.

En conclusión

- Es indiscutible que el bebé necesita que le hablen y lo escuchen, acompañándolo, desde temprana edad, en su balbuceo y en sus producciones vocales. En esos momentos, es importante saber hablarle como "bebé".
- Además de eso, hay que hablarle al niño con palabras y frases del lenguaje común. ¿Cómo lo aprendería de otra manera? No se trata en lo absoluto de aturdirlo con palabras, sumergiéndolo en un discurso ininterrumpido en el que ya no tendría su lugar; ¡no se aprende a comunicar escuchando la radio! Se trata de dirigirse a él para hablarle de lo que le concierne, de palabras de su vida.

LOS INICIOS DEL LENGUAJE

¿Cómo favorecer el lenguaje?

- **Háblele al bebé, aunque sea muy pequeño. Comente al bebé lo que está haciendo, ponga en palabras lo que él experimenta, hable de su vida cotidiana. De vez en cuando, haga silencio para dar tiempo al bebé de "responder", y porque no se trata de "embriagarlo" de palabras.**
- **Es inútil hablar "como bebé" para que su niño la entienda ya que la lengua de todos los días le conviene muy bien. Pero eso no quiere decir que se prive de todas las palabritas dulces que cada familia inventa y que hacen su propia cultura.**
- **Haga el esfuerzo de comprender lo que su niño intenta decir pues él se esfuerza para expresarse y se siente muy frustrado cuando no consigue comunicarse.**
- **No vacile en hablar un poco como actor, articulando bien, jugando con las expresiones faciales y poniendo alegría en su voz.**
- **No descuide las enfermedades otorrinolaringológicas, como las anginas o la otitis, y consulte a un pediatra si su bebé, después de los seis meses, balbucea cada vez menos. Quizá no oye bien.**
- **Su niño hablará cuando esté decidido y ya. Así pues, es inútil comparar su forma de reaccionar con la de otros niños.**

LOS INICIOS DEL LENGUAJE

Cómo se desarrolla el lenguaje

●Desde el nacimiento, el bebé se expresa por medio de producciones sonoras diversas, pequeños gritos, llantos y sonidos guturales. Algunos de éstos son signo de incomodidad, otros de placer. El bebé ya es más sensible al lenguaje humano que a cualquier otro sonido.

●Hacia los dos meses se instala una fase de sonidos guturales y balbuceos que el bebé produce en respuesta al lenguaje o a las preguntas, como esbozando un diálogo.

●Entre los tres y cuatro meses, los sonidos que produce parecen vocales, predominando la O, la A y la E. Esos "auue" más o menos prolongados se enriquecen progresivamente con consonantes. El niño puede reproducir, en dulces diálogos, melodías simples que imitan el lenguaje.

●Ya a los seis o siete meses, el bebé combina vocales y consonantes. "Baba, papa, mama" son algunas de las sílabas repetidas con las que el niño se ejercita y que harán la felicidad de los padres.

Dígale que son las ocho y que muy pronto se irá a acostar, que su biberón ya va a estar listo, que usted oye cómo se llena la tina para el baño. Dígale cómo se llaman las partes de su cuerpo o los objetos que están a su alrededor. Confiésele que está muy cansada, que tiene la impresión de que él está resfriado. Pregúntele si le gusta tal legumbre o si piensa que tal flor huele bien. Exprésele su amor y dígale que su nariz le parece encantadora, etc., a lo largo de toda su vida.

Ese cálido diálogo le dará confianza. El escuchar su voz desde el otro cuarto lo tranquilizará respecto a su ausencia, al igual que una frase como: "Espérame, ya voy". Estas palabras suyas le darán el valor para afrontar una realidad muy misteriosa e inquietante. Sus comentarios reconfortantes lo ayudarán a soportar la espera y las frustraciones de su existencia.

La palabra

La aparición del lenguaje en el bebé tiene algo fascinante. Durante varios meses, los intercambios se llevan a cabo mediante signos no verbales, gritos, balbuceos y gesticulaciones. Después uno se percata de que el bebé entiende cada vez mejor lo que uno le dice, aunque todavía se exprese poco. Y por fin aparecen los primeros vocablos, torpes y difícilmente reconocibles, abriendo las vías a la palabra y al verdadero diálogo.

El balbuceo

Al principio, las producciones del bebé se limitan a la emisión de vocales (*i, a, e, u*). Después aparecen las consonantes, que enriquecen el vocabulario (*pi, pa, bi, bo, mo, ma*). Como algunas sílabas parecen palabras que a usted le gustaría oír pronunciar (*pa* para papá, *ma* para mamá), a veces, inconscientemente, usted va a reforzar la producción de dichas sílabas. A tal punto que su bebé muy pronto se servirá de ellas para llamarla.

Finalmente, el niño se entrena en la imitación de las entonaciones y acentos de su madre. Usted los reconoce tan claramente como cuando finge hablar una lengua extranjera; también él reconoce la tonada antes de tener las palabras...

Las primeras sílabas

Muy pronto empiezan a aparecer diferencias importantes de un niño a otro en el uso del lenguaje. No obstante, esas

diferencias no son significativas respecto a las etapas ulteriores. Lo esencial es que el niño sepa comunicar y que pueda darse a entender en cuanto a lo que desea o no.
Por lo demás, ¿cuándo empieza a hablar un niño? Una madre dirá que su hijo sabe hablar el día en que es capaz de pronunciar sílabas sencillas o repetidas (*tata, po*, etc.) que ella misma entiende o interpreta, y que por ende asocia con palabras. Otra dirá que su niño habla hasta el día en que emita palabras correctas, pronunciadas sin ambigüedad y asociadas con su significado exacto. Poco importa; lo esencial es poder dialogar. Cada niño, a su manera, es único y maravilloso.
En el transcurso de los meses pasados, el bebé logró afinar su capacidad de imitación. Puede entretenerse repitiendo gran cantidad de sonidos o de onomatopeyas. Hay sílabas predilectas que puede repetir por mucho tiempo. "Tata" o "agú" puede significar a la vez "aquí" o "quiero eso" o "tengo hambre".
De igual manera, es posible que el bebé pase mucho tiempo hablando una lengua incomprensible, pero en la cual se pueden reconocer claramente los mismos acentos e inflexiones de los discursos adultos.
Por último, antes del año algunos bebés ya disponen de algunas palabras inteligibles que han adquirido un significado preciso, aunque sean incorrectas, no correspondan a las palabras reales o estén mal pronunciadas. Una misma palabra "ga" para "gato" por ejemplo, puede significar "mira, un gato", "¿dónde está el gato?", "¿ese animal es un gato?", etc.

¿Cómo llegan las primeras palabras?

El bebé que juega a pronunciar "papapa..." o "mamama..." rápido percibe el placer y los estímulos de su padre y de su madre, felices de que los nombre. Esas reacciones parentales refuerzan las sílabas que, de este modo, adquieren importancia, mientras que la ausencia de reacción ante "tututu...", por ejemplo, acabará por conducir a su extinción en el lenguaje de comunicación. El niño, estimulado por la respuesta dada a "mamama...", volverá a hacer los mismos sonidos para producir los mismos efectos. Finalmente, se servirá de ellos para hacer que sus padres vengan si no están presentes.
Estamos todavía lejos de un verdadero lenguaje que permita al niño expresar con palabras lo que desea comunicar, pero éste es el inicio y es totalmente evidente.

LOS INICIOS DEL LENGUAJE

Cómo se desarrolla el lenguaje (continuación)

● Entre los ocho y los diez meses, el bebé sigue balbuceando y enriqueciendo progresivamente la gama de sonidos que puede emitir. Está muy atento al lenguaje y parece aprender de manera interna.

● Finalmente, en el último trimestre del primer año, el niño cuenta con la capacidad intelectual y física de hablar. Dice sus primeras palabras reales, las cuales escoge entre lo que tiene mayor significado para él (el nombre de sus familiares, del animal doméstico o de sus objetos favoritos).

El balbuceo

No se sorprenda si oye hablar solo a su bebé cuando está en calma y tranquilo en su cama. Los sonidos que produce lo divierten y lo sorprenden ya que se sirve de su voz como instrumento musical. Cuando lo oiga vocalizar, piense que está ensayando sus escalas musicales. Pero no está solo, ya que habla con gusto a sus juguetes. Si pone un espejo cerca de su cama, probablemente también hablará con su reflejo, ¡ese pequeño compañero que responde muy bien a las mímicas que le dirijan! Después le habla a usted, en cuanto usted se instale frente a él y entable la conversación.

LOS INICIOS DEL LENGUAJE

¿Cómo hacer para ayudarlo a nombrar las cosas?

Siempre es preferible partir del objeto concreto más que del dibujo. El procedimiento adecuado consiste en empezar con el cuerpo del niño. "Aquí está tu mano", después "Ésta, es mi mano, la mano de mamá". Tome una muñeca: "Aquí está la mano de la muñeca. Enséñame la mano de la muñeca".

Después tome un objeto familiar para el niño, por ejemplo su biberón. Nómbrelo y muéstreselo: "Aquí está tu biberón. Te preparo el biberón". Después sin que el objeto esté presente: "¿Dónde está tu biberón? Espera, voy a buscar tu biberón a la cocina. Aquí está, mira". Finalmente, muéstrele dibujos en el libro infantil diciendo: "Ves, eso es el dibujo del biberón, es el biberón".

Algún día que el biberón esté en la mesa, frente a él, pregúntele: "¿Dónde está tu biberón? Enséñamelo". Así usted se asegurará de que su pequeño conoce el sentido de la palabra.

Finalmente, una vez que haya superado la etapa anterior, únicamente enséñele el dibujo y pregúntele: "¿Dónde está el biberón? Enséñamelo".

¡Cuidado! No hay que confundir lo que los pequeños son capaces de decir con lo que pueden comprender. Los padres lo saben bien cuando dicen de su niño, el cual aún no habla, que "entiende todo".

En efecto, si bien el "lenguaje activo", es decir el que el niño emite, depende de la madurez de su sistema fónico y necesita un largo periodo de entrenamiento, el "lenguaje pasivo", aquél que el niño es capaz de comprender, es mucho más vasto de lo que usted imagina.

Hacia el final del primer año, el niño conoce la función simbólica de las palabras, sabe que hacen posible nombrar el objeto presente, pero que igualmente permite evocar el objeto ausente y nombrar la imagen de su representación. Tiene un gran vocabulario, compuesto de nombres comunes simples, pero también de acciones, adverbios e ideas. Es capaz de obedecer instrucciones tales como "tomar el suéter azul que está sobre la silla", lo que supone ya una comprensión de gran complejidad.

Hablarle en dos idiomas

La cuestión surge generalmente cuando los padres tienen una lengua materna distinta o cuando, siendo de la misma nacionalidad, viven juntos en otro país.

Los padres se preguntan regularmente si es bueno hablarle dos idiomas a su bebé y si esto perjudicará sus aprendizajes o su equilibrio.

Los estudios recientes demuestran que no, sobre todo si una lengua domina claramente sobre la otra. Los bebés más pequeños tienen un "don" innato para las lenguas. La estructura de su pensamiento y de sus cuerdas vocales se determinará en función de la lengua materna que oigan y hablen. Esto explica que un idioma aprendido una vez pasada la infancia, nunca pueda aprenderse perfectamente. De ahí se entiende la riqueza que puede constituir para el niño la posibilidad de no verse restringido a un solo sistema de pensamiento y palabra. En la era de la comunicación, se puede decir que los niños a quienes los padres han hablado en dos idiomas desde una edad temprana, tienen mucha suerte, ya que aprendieron sin esfuerzo lo que a otros les tomará años de trabajo.

Dar muestra de paciencia y comprensión

Aprender a dominar dos idiomas es, a pesar de todo, una dificultad adicional para el niño. Por eso es indispensable dar muestra de paciencia y comprensión. Pero si las cosas se hacen naturalmente y no se espera ninguna proeza por parte del niño, no es necesario establecer una edad mínima para empezar.

Para que el bebé aprenda simultáneamente dos idiomas, sin que a la larga manifieste un rechazo, dos reglas parecen importantes. Por una parte, es necesario que cada uno de los padres le hable en la lengua con la que se sienta seguro, de manera que no dañe la comunicación. Por otra parte, habrá que dejar que el niño emplee la lengua que desee cuando hable.

Sin embargo, parece que los casos en donde los padres hablan la misma lengua y el niño aprende un segundo idioma en otro lado (la nana, el maternal, la guardería, etc.), son más fáciles de manejar para él. Resulta más fácil hacer la distinción entre la lengua familiar, materna, y la lengua social, externa.

Sea como sea, también en este caso lo esencial es darle prioridad a la comunicación real con su bebé, lo que significa hablarle en aquel idioma en el que las palabras de dulzura surjan de manera más espontánea. Esa lengua es la que entenderá y aprenderá mejor, la lengua de la ternura.

Sus primeros libros

Nunca será demasiado prematuro poner un libro entre las manos de su bebé. Aun antes de saber de qué se trata, le resultará placentero utilizar sus manos para pasar las páginas, ya que lo seducen las formas, los dibujos y los colores. Al leerle los padres cuentos cortos, también estará encantado de oír la voz de papá o mamá dirigiéndose a él.

Se ha demostrado que los niños que han estado en contacto con el libro desde temprana edad, conservan este gusto y, más adelante, se vuelven niños lectores. Ahora bien, a los seis meses, a su bebé le fascinarán las imágenes y el hecho de cambiar de página. Déle libritos con muchos colores y, más de una vez, lo sorprenderá solo en su cama hojeándolos.

Hay gran variedad de libros para niños pequeños entre los que puede escoger. De preferencia, elija aquellos que se puedan morder y manipular sin que se maltraten mucho; libros de cartón grueso, de plástico o de tela.

Aprender a nombrar

El uso más avanzado de los libros, para aprender vocabulario o para contar una historia, supone que su bebé ya haya logrado una adquisición fundamental, saber qué significa designar. Cuando sepa que la palabra "biberón":

LOS INICIOS DEL LENGUAJE

Un poco de paciencia...

El día en que apuntando con su dedo en el libro su bebé sea capaz de señalar los objetos o los animales que conoce bien, puede regalarle libros en el amplio sentido de la palabra, puede empezar a leerle cuentos mientras él mira las imágenes y hojea con él un buen libro infantil.

¿Cómo escoger un libro ilustrado?

La elección del primer libro infantil es muy importante. Debe responder a varias reglas:

- **sólo debe haber elementos, objetos o animales en cada ilustración;**
- **la ilustración deberá ser precisa hasta en los más mínimos detalles, muy realista, como una foto, no caricaturizada, pero simpática;**
- **las ilustraciones deben ser grandes, claras y de colores.**

¿Cómo usarlo?

- **Instale cómodamente a su bebé en sus rodillas, frente al libro.**
- **Hojeen el libro juntos, señalando cada imagen y nombrando lo que representa.**
- **Muy pronto, ante las ilustraciones que conoce, usted podrá preguntarle: "¿Dónde está el gato?", y él lo señalará.**

LOS INICIOS DEL LENGUAJE

Un libro que se construye

● Los catálogos y las revistas son un buen recurso para encontrar dibujos de todo tipo.

● Haga un libro para tocar. En una carpeta, sustituya los protectores plásticos por hojas de cartón. Pegue algunos "objetos para tocar." Para ello, use un poco de pegamento, después ponga encima arena, arroz, harina, un pedazo de tela, etc.

● Guarde además, sistemáticamente, todas las tarjetas de felicitación o invitaciones que haya recibido en los cumpleaños o en periodos festivos, y las tarjetas postales. Hágales hoyitos a los lados como a las hojas de la carpeta. Pase un listón por los hoyos para lograr un bonito libro, fácil de hojear y de renovar.

• sirve para evocar el objeto en su ausencia;

• designa a la vez el objeto concreto del que bebe su leche y la representación en imagen que puede encontrar en un libro, entonces habrá dado un gran paso. Podrá hacer uso del álbum de imágenes y los libros adquirirán un significado muy diferente, más allá de la simple atracción por los colores y las formas.

Cántele canciones

A los niños pequeños les encanta que les canten canciones. Les gusta que los hagan saltar sentados sobre las rodillas de manera rítmica o que usted baile y cante mientras lo lleva en brazos.

Las canciones infantiles forman parte de nuestro patrimonio nacional. ¿No las conoce? Pregunte a las abuelas ¿Ya las olvidaron? Vaya a la biblioteca, a la sección infantil. Allí encontrará todo un repertorio de discos y casetes que puede tomar prestados para aprenderlas.

Las mejores canciones infantiles son las que van acompañadas de mímica; procure que los ademanes siempre sean los mismos, así el niño podrá anticipar la acción y reirá a carcajadas cuando ésta se produzca. Si le canta con regularidad una canción que mencione las partes de su cuerpo, muy pronto el bebé sabrá dónde está su cabeza, su mano, etc.

Pero lo que más le gusta al niño es el contacto estrecho y lúdico que se crea entre ustedes cuando le canta una canción. La alegría de vivir que usted le transmita será perdurable. En cuanto pueda, él cantará con usted y durante toda su vida conservará ese placer. ¿Conoce usted adultos que canten bajo la regadera o en los embotellamientos? Estoy segura de que, cuando eran muy pequeños, alguien cantó para ellos.

El desarrollo emocional y social

La leche y la sopa no bastan para alimentar al bebé. Para crecer, tiene una necesidad imperiosa de amor, respeto y ternura. Gracias a ese alimento podrá desarrollarse plenamente, despertar a la vida y emprender el descubrimiento del mundo. Cuando es muy pequeño, el bebé necesita el contacto físico; sentirse arrullado, acariciado, arropado. Es así como construye todo su mundo sensorial y las bases de su cultura. Después, cuando crece, el bebé necesita que su madre sepa establecer cierta distancia entre ambos. Progresivamente aprenderá a individualizarse. Dado que su madre no es perfecta ni está siempre disponible, se volverá autónomo y aprenderá a desenvolverse por sí mismo. A lo largo de los meses y los años, descubrirá qué lugar ocupa en el seno familiar y las reglas que debe seguir.

EL DESARROLLO EMOCIONAL Y SOCIAL

Integre a su bebé a las actividades familiares

Desde el nacimiento, los sentidos del niño son eficientes y la estructuración de su cerebro se va a desarrollar en función de las informaciones recibida. Las estructuras mentales no pueden desarrollarse de manera satisfactoria si carecen de estimulaciones de orden sensorial.

También es importante para su inteligencia futura (en el sentido más extenso), no dejarlo solo durante todo el día en una cuna blanca, sino integrarlo a las actividades de la familia y estimularlo.

Los contactos piel con piel, caricias, olores varios, juegos de voz y música, palabras dulces, colores, objetos, formas, contactos estrechos con todos los miembros de la familia, son otras tantas maneras de responder a sus necesidades. El bebé es una persona, trátelo como tal.

Las necesidades sensoriales y culturales

A lo largo de la primera infancia se sientan los cimientos de lo que será la futura vida social del niño. De un recién nacido pasivo, pasará a ser en sólo un año un partícipe pleno en la vida e intercambios familiares. La relación cálida, respetuosa y confiable que desarrollará con sus padres servirá de modelo a las relaciones amistosas que en el futuro establecerá con sus compañeros.

La conciencia del entorno

Desde sus primeros días de vida, el bebé aprende gracias al olfato, al oído y luego a la vista, a reconocer a su madre. Muy rápidamente, en las semanas que siguen, reconoce también a su padre, cuya voz oyó a través de la pared del vientre materno, sobre todo si áquel pone empeño en cuidar de su bebé e interactuar con él.

Después de algunos meses, el niño ya tiene más conciencia de su entorno. Distingue a sus padres de otras personas y conoce bien a sus hermanos y hermanas mayores, cuya llegada lo alegra de manera muy especial. También pone más atención a todo aquello que lo rodea.

La contraparte de dicho estado de atención más acentuado, es que ya no permite tan fácilmente que se le acerquen o lo toquen desconocidos o personas que conoce poco. Incluso puede ponerse a llorar si un "extraño" quiere tomarlo en sus brazos.

Que las abuelitas o los amigos no se pongan tristes; esta reacción sólo significa un mejor conocimiento del mundo por parte del pequeño. Pronto, cuando los conozca mejor, también les sonreirá y les tenderá los brazos. Mientras llega ese momento usted, que comprende las inquietudes de su bebé, protéjalo y aclare a las tías abuelas que no es necesario que se abalancen sobre él para besarlo.

Las necesidades afectivas y psicológicas

Recientemente se descubrió hasta qué punto el apego a la madre (o a la persona que la reemplaza) es una necesidad fundamental para la estructuración de la personalidad del niño. También se puede decir que el amor y la ternura son la respuesta idónea a las situaciones de angustia.

Esos lazos estrechos se entretejen a edad temprana a través del reconocimiento olfativo y auditivo de la madre, pero también gracias a esos intercambios de miradas y a toda esa comunicación íntima que se establece. Dichos lazos también dependen de la manera en la que la madre sabe o no comprender las necesidades y los llamados de su niño y de cómo responde a ellos. El padre y los demás miembros de la familia también ocupan un lugar importante desde el nacimiento; pero es indiscutible que, durante algún tiempo todavía, la madre desempeña un papel privilegiado y que el bebé necesita de esta referencia.
Afecto, calor humano, disponibilidad y regularidad de contacto son indispensables para el bebé; le permiten desarrollar un sentimiento de seguridad. Quienes carecieron de todo ello manifiestan secuelas que a menudo son difíciles de sanar.

Los mimos llenos de ternura

A lo largo de nueve meses, el bebé, cuyos requerimientos fisiológicos estaban satisfechos, vivía en una relación de total complicidad con su madre, arrullado por sus movimientos, encantado por su voz, acariciado por el líquido amniótico. El nacimiento "por expulsión" del bebé interrumpe repentinamente esta proximidad. Entonces, para permanecer juntos y prolongar el contacto cuerpo a cuerpo, la madre y el bebé tendrán que inventar una nueva forma de ternura. A menudo, los mamíferos pequeños se aferran a la piel de la madre y se mantienen así en estrecho contacto con ella. Las manos de los pequeños del ser humano también se aferran al más mínimo contacto, manifestando

EL DESARROLLO EMOCIONAL Y SOCIAL

Las etapas del desarrollo emocional y social

Desde el nacimiento, la sonrisa que se esboza en la cara del bebé traduce un intenso bienestar, aunque todavía no se haya concretado su sentido social. Los gritos y los llantos rápidamente se convierten en un lenguaje que traduce un malestar y está dirigido a aquella persona que sepa encontrar la solución...

Las primeras semanas

De las cuatro a las seis semanas, aparecen las primeras y verdaderas sonrisas. Abarcan la totalidad de la cara y están explícitamente destinadas a la persona o al objeto que está enfrente del bebé. Vea a su bebé a los ojos, de frente, y háblele dulcemente sonriéndolo durante largo rato, él le devolverá la sonrisa.
En el mismo periodo, los llantos del bebé se regularizan y se vuelve más fácil entenderlos (¡pero no siempre son fáciles de calmar!).

De los 3 a los 6 meses

Hacia los tres meses, el bebé manifiesta claramente su deseo de compañía. Grita cuando lo dejan solo y se calma cuando el adulto aparece. Cuando está rodeado de gente, se agita y muestra su placer. No solamente reconoce a su madre, sino también a su padre, a sus hermanos y hermanas, a sus allegados, cuya presencia disfruta.

EL DESARROLLO EMOCIONAL Y SOCIAL

Las etapas del desarrollo emocional y social (continuación)

Hacia los cuatro meses, el bebé empieza a reír a carcajadas. Unas cuantas cosquillas y esa risa un poco ronca surge y alegra a toda la familia. Las primeras veces, él mismo parece sorprendido de su risa extraña e incongruente. En cuanto al llanto, se vuelve menos frecuente y más fácil de entender y de aliviar.

Hacia los cinco meses, el bebé diferencia entre las personas que le son familiares, a las que recibe con una sonrisa, y las que le son ajenas, a las que no se detiene a mirar. En este periodo empiezan los juegos reales con las personas que ama y sus comportamientos sociales se tornan más variados.

De los 6 a los 8 meses

Hacia el séptimo u octavo mes, el bebé atraviesa por una fase en la que teme separarse de su mamá y le inquieta la presencia de extraños. En él, tan sociable y aventurero, surge el temor ante todo y ante todos. Pero en casa, en su ambiente, se tranquiliza muy rápido. Esta fase marca un gran progreso en el desarrollo del niño, quien descubre los límites de su cuerpo y entiende que es diferente de los demás. Es el principio de las relaciones verdaderas entre él, individuo autónomo, y el otro.

el mismo deseo. Mamás, por ninguna razón se priven de todo aquello que les permite mantener a su bebé lo más cerca posible, al abrigo del calor materno, cobijado contra su cuerpo (portabebé, chal). Gracias a ese contacto corporal que le resulta reconfortante, el bebé se siente protegido. El cuerpo de su madre lo ayuda a encontrar los límites de su propio cuerpo. La confianza en su madre viene a darle confianza en sí mismo.

El niño se construye si logramos llevar hasta su interior las sensaciones, las experiencias, todo lo que haya vivido a través del cuerpo de su madre. La comodidad que su madre le da, todos los momentos de ternura y juego, de complicidad a la hora de alimentarlo, ya sea con biberón o al amamantarlo; todas esas experiencias maravillosas dan al niño la imagen de un mundo en el que es bueno vivir.

Ya que puede amar y ser amado sin riesgo, el niño poco a poco emprende con confianza el descubrimiento del mundo que lo rodea y, para ello, aceptará alejarse de su madre.

El contacto corporal para adaptarse al mundo exterior

El tiempo de presencia que la madre puede pasar junto a su niño no es el único factor decisivo. ¿Qué puede transmitir un cuerpo crispado, agotado, tenso, que traduce más la ansiedad que la alegría del encuentro? Toda mamá primeriza necesita un tiempo, que varía en cada caso, para crear lazos afectivos cálidos y llenos de vida con su bebé. Ese tiempo es el que necesita para olvidar al bebé con el que soñaba y adoptar al bebé real, el que trajo al mundo y que está allí, con sus sonrisas y sus llantos.

Gracias a ese contacto corporal tierno y apacible, el bebé se adapta al mundo que lo rodea. Dado que la presencia de la madre ya no puede ser tan absoluta como en los primeros días, el bebé descubre paulatinamente la frustración y sus ventajas. Y como su madre vive también separada de él, el niño aprende a asegurar su supervivencia y a convertirse en un ser más autónomo. Ya que ella le habla, lo llama por su nombre, lo tranquiliza respecto a su regreso y lo colma de palabras de amor, él llega a ser plenamente un ser humano, un ser de lenguaje. Gracias a la ternura y a la palabra que vienen a llenar la ausencia, el niño va a crecer, sólido y seguro de sí mismo.

El niño consentido

No hará de su bebé un niño consentido si responde a sus llamados y si sigue lo que su instinto le dicta. Todavía existe mucha gente que le dice: “Es normal que un bebé llore, está desarrollando sus pulmones”, “Déjalo llorar, acabará por cansarse” o más aún, “No lo cargues todo el tiempo al más mínimo capricho, vas a hacerlo un niño consentido”, etc.

Sin embargo, usted sufre cuando oye a su bebé llorar y su instinto de madre la inclina a tomarlo y llevarlo con usted para intentar aliviarlo. Usted tiene razón. Un bebé nunca llora por nada. Somos nosotros los que no somos capaces de entenderlo. Un bebé no es caprichoso: esta es una noción de adulto que, a su edad, le es completamente ajena. Él tiene una razón para expresarse por medio de gritos, está viviendo algo que le molesta. Lo mínimo que una puede hacer, a falta de aliviarlo, es decirle, con palabras y gestos: “Estoy aquí, estoy contigo, no comprendo por qué lloras, pero intentaré aliviarte”.

El niño que llama o se queja espera de sus padres una respuesta adaptada y comprensible. De este modo se sentirá amado, adquirirá confianza en sí mismo y en ellos, será capaz de dar afecto y se volverá autónomo.

Responder a su necesidad de afecto

Por el contrario, el niño privado de afecto, que con frecuencia dejan solo ante su sufrimiento, corre el riesgo de encerrarse en sí mismo y desesperarse. Si llora, quiere decir que tiene algo que decirle a usted. Si nadie escucha, empieza a enfurecerse, después dejará de comunicarse. ¿De qué sirve? ¿Qué mensaje le transmitimos al niño pequeño cuando no lo aliviamos en esos momentos difíciles? Se siente abandonado, amargado: ¿cómo hacer que le crea a usted que lo ama y que la vida es bella? Su niño llora, necesita su contacto, su olor, su voz, su amor. Espontáneamente, usted deseará venir en su ayuda, aliviarlo. Es usted quien tiene la razón. Si él le habla, respóndale. Si tiene hambre, déle de comer. Si necesita su compañía, llévelo a la habitación donde usted se encuentre y converse con él. Si quiere sus brazos: mímelo. Un bebé reacciona como un bebé; nunca es un mal momento para enseñarle o entrenarlo para que soporte las frustraciones de la existencia.

EL DESARROLLO EMOCIONAL Y SOCIAL

Las etapas del desarrollo emocional y social (continuación)

De los 9 a los 10 meses

El niño progresa en sus relaciones sociales imitando a los que lo rodean con sus palabras, sus gestos y sus actitudes. Le gusta oírse a sí mismo gritar, reír y se muestra encantado si puede jugar al escondite. Las niñas a veces son más tímidas que los niños, otras veces son más avispadas.

De los 11 a los 12 meses

El niño pequeño se muestra intrépido, provocador y con gusto se hace el payaso. Desarrolla el humor y le gusta tener audiencia. Entiende el sentido de la palabra “no” y ahora puede abstenerse de hacer lo que deseaba. Sus emociones se enriquecen y el sentimiento de temor puede precipitarlo a los brazos de los padres.

EL DESARROLLO EMOCIONAL Y SOCIAL

Es un bebé difícil

Generalmente, se le llama así a un bebé que llora mucho sin causa aparente y que no se deja calmar por los medios comunes. Su madre se siente agotada y nerviosa, incompetente, incluso culpable pero no sabe exactamente por qué. Es un círculo vicioso.

La solución consiste en recuperar la confianza en sí misma y la calma, dejando al bebé, por ejemplo, a su padre, a una abuela o en una guardería. Hay que mostrarle al bebé su comprensión y su amor, siempre con una sonrisa y esperando que los días mejores no tarden en llegar...

Es un bebé que duerme mucho y nunca pide nada

Eso puede parecer más fácil, pero no satisface a los padres a los que les gustaría aprovechar más su presencia. No es cuestión de no dejar que el bebé duerma, pero es necesario aprovechar todos esos momentos en los que está despierto. Por el contrario, el bebé que duerme pocoes muy gratificante en el plano social, pero también agotador porque requiere de mucha atención. Rápidamente necesitará que llenen su cama con juguetes y objetos que puedan ocupar un poco de su tiempo.

La madre ideal

Ocuparse cotidianamente de un bebé, educar a su niño, son tareas difíciles. Llegar a encontrar la verdad a través de los preceptos de los libros de puericultura, los consejos de las abuelas o de las amigas y el propio sentido común, en ocasiones exige largos momentos de vacilación y en no pocas ocasiones una buena dosis de ansiedad.

¿Qué proponen los medios de comunicación? La imagen de una mujer siempre descansada y sonriente, disponible y reposada, ya sin ese gran vientre, ni los kilitos de más, madre de un encantador bebito sonrosado y robusto que come bien, a horas fijas, y duerme largas noches de un tirón. Sus únicas interrogantes conciernen lo suave de los pañales y el tamaño de los frasquitos de comida, problemas que discute con su marido, que está muy implicado. Una madre ideal. ¿Y usted, en comparación? Está cansada por las noches, que son demasiado cortas. Su bebé está resfriado. Llora todas las noches y los vecinos golpean en el techo. O bien, su marido es quien se exaspera. O bien su bebé rehúsa beber su jugo de naranja o vomita todos los biberones o no quiere adaptarse a la guardería o no soporta tomar el baño, qué sé yo. A veces, usted se dice a sí misma: "¿Así que esto era tener un bebé?," y se siente al borde de la desesperación.

Nada ni nadie la preparó ni le advirtió de tales dificultades. Al compararse con la madre de las revistas, la madre perfecta del niño perfecto, se siente doblemente fracasada. Como no hay nadie que le diga que, en efecto, las cosas son difíciles, pero que todo se va a arreglar; o que es verdad que usted hace lo mejor posible con todo su amor, usted empieza a creer que, por ser una mala madre, es responsable de las dificultades de su bebé.

Ser madre es algo que se aprende

¡Alto! La madre perfecta no existe más que en las telenovelas. Usted está aprendiendo a ser madre. Eso demanda mucho tiempo y esfuerzos, intuición y amor. No es algo que ocurra de buenas a primeras. Quizá con su quinto hijo se sienta más segura. Pero mientras ese momento llega, es usted quien está allí. Tiene que afrontar las dificultades normales de una madre y un bebé normal. Es él, su pequeñín, quien la convirtió en madre, y es él quien la ayudará a convertirse en una buena madre. Usted contará con toda su indulgencia; recuerde que tal y como es, con su ansiedad y sus torpezas, pero también con su inmensa ternura, usted lo es todo para él.

¿Qué hacer?

No se compare, usted, el niño y su padre forman un trío único. Trate de relajarse, de descansar. Pase más tiempo mimando y dialogando con su bebé en vez de estar calculando la cantidad de leche que tomó o el tiempo que va a dormir. Usted es la madre perfecta de ese niño, no podría tener una mejor, él no sueña con otra.

El principio de la angustia (8-10 meses)

Sucede que su pequeño, hasta ahora sociable y aventurero, empieza a temer a todo y a todos. En cuanto un extraño se aproxima, se le pega a usted. ¿Y cuando le hablan? Mira hacia el otro lado. Basta con que el desconocido empiece a mirarlo para que se ponga a gritar o hasta a llorar si de pronto se escucha una carcajada o un estornudo. ¿No decía nada cuando usted lo dejaba por las mañanas? Ahora, en cambio, rompe en llanto y parece desesperado.

Pero por fortuna también se tranquiliza muy rápido. Si el extraño se aleja, vuelve a su estado alegre y juguetón. Cuando se siente en confianza en casa, rodeado de los que ama, acorta los límites de sus exploraciones y perfecciona las maneras de desplazarse totalmente solo. ¿Prefiere arrastrarse o gatear? Lo principal es tocar todo.

No todos los niños manifiestan con la misma intensidad esta actitud de miedo ante los extraños ni ese apego angustioso con la madre. En algunos, esta crisis será breve (cinco o seis meses) o apenas marcada. En otros, podrá empezar tarde pero durar un año. Estas variaciones en cuanto a la fecha de inicio de las angustias, su duración, su intensidad son absolutamente normales; dependen del niño, de su carácter, pero también del modo de vida y la manera de cuidar al bebé.

En términos generales, se puede observar que los niños que regularmente y luego de varios meses están al cuidado de alguien, en la guardería o con otra persona, pasan por esta crisis en forma más discreta; ya se han acostumbrado a las caras nuevas, son más sociables y poco a poco han aprendido que, incluso si mamá se va, la volverán a ver, intacta, un poco más tarde.

EL DESARROLLO EMOCIONAL Y SOCIAL

¿Qué se puede hacer para ayudar al niño?

- **Téngalo cerca de usted cuando se le pegue, no se burle de él, déle la impresión de que usted lo protege y no lo obligue a darle un beso a los extraños.**
- **En presencia de un desconocido, déle al niño todo el tiempo que necesite para que él mismo dé el paso hacia la otra persona y se aproxime cuando se sienta suficientemente "familiarizado". Nunca lo obligue a hacer nada.**
- **Juegue frecuentemente con él a los juegos que le ayuden a comprender la permanencia del objeto como son el escondite con objetos o con personas, marionetas, "¿Dónde está el oso? ¡Cucú, aquí está!", juguetes que se lanzan y se recogen, etc.**
- **Si es posible, es preferible evitar que le cuiden al bebé por tiempo completo entre los ocho y los doce meses ya que ese periodo es el más difícil, el bebé se siente abandonado y todavía no sabe si usted regresará. Si puede hacerlo de otra manera, prevea un periodo de adaptación tan largo como sea necesario y tome todo el tiempo que se requiera para hacer que su bebé comprenda la situación.**

EL DESARROLLO EMOCIONAL Y SOCIAL

Es un bebé que nunca está contento

Irritable, fácilmente irascible, hasta comer o tomar su baño parece no ser un placer para ese bebé. Con frecuencia tenso, incluso estando en brazos, se duerme con dificultad. Tiene miedo de los ruidos y los movimientos bruscos.

Ese bebé necesita calma y regularidad. Su actitud no es un rechazo hacia usted, sino una dificultad para adaptarse a este mundo. La solución consiste en hacer de su ambiente lo más tierno, acogedor, tranquilizador, alegre y pacífico como sea posible. Si se le alimenta cuando lo pida, si se lo acaricia mucho, acabará por encontrar su alegría de vivir.

Sea cual sea el carácter de su bebé durante los primeros meses, sepa que nada es definitivo. Él se adaptará, evolucionará, encontrará sus referencias y muy pronto será un alegre compañero.

Las razones que originan esta angustia

¿Cuáles son las razones que explican los cambios que intervienen en los niños de esta edad? Son varias.

- El niño está en una fase de exploración intensa del medio que lo rodea. Eso satisface su necesidad de descubrir y abordar lo desconocido. Para ello necesita sentirse en confianza y en terreno conocido. Todo cambio en este entorno, material o humano, hace las cosas muy difíciles.
- El bebé reconoce cada vez mejor las caras. Sabe diferenciar a las personas y distinguir entre los conocidos y los desconocidos. De ahí nuevas inquietudes que no existían hasta entonces.
- Ahora el bebé se da perfectamente cuenta de cuando sale su madre, pero todavía no está convencido de su regreso. Llora cuando se aleja por el miedo a perderla. En el curso de las semanas siguientes, aprende la permanencia de los objetos: "si el juguete que ya no veo sigue existiendo, entonces mamá también sigue existiendo y regresará". Así, sus angustias se calmarán paulatinamente.

En conclusión, sepa que la crisis de angustia del octavo mes es normal y significa la llegada de una nueva etapa de desarrollo. El niño podrá superarla con menor dificultad si usted está a su lado para darle seguridad y confianza.

El carácter del bebé

Los bebés no nacen con cualidades y defectos. Nacen con un equipo perfecto para entrar en contacto, con la necesidad de ayuda para sobrevivir y con sus comportamientos que varían mucho de un bebé a otro. Según la respuesta que se dé a dichos comportamientos, los niños evolucionarán de una manera u otra.

Algunos, desde los primeros días, parecen llorar o dormir más, sonreír rápidamente, o les cuesta trabajo mamar. La madre responderá al encontrarse ante su bebé. Si tiene la impresión de que lo entiende, de que le hace bien, de que es competente, la relación entre los dos se desarrollará armoniosamente y el bebé estará dotado de cualidades. Si la madre no lo comprende, no consigue apaciguar su llanto o se vuelve ansiosa, el bebé va a reaccionar con nuevos llantos y rápidamente se encontrará en la categoría de los bebés "difíciles".

La influencia de las etiquetas

Los padres deben ser cautelosos en cuanto a la influencia de algunas etiquetas. Las palabras del médico en el momento de la ecografía o de las auscultaciones prenatales son ya de mucho peso. Los padres suelen mostrarse tan atentos e impacientes ante frases como: "Este niño se mueve mucho, será un nerviosito" o "con esta pequeña apenas empieza lo difícil", o bien "la cabeza es un poco más grande respecto al promedio", que éstas pueden llegar a tener un efecto decisivo. Lo mismo ocurre en el nacimiento. La partera y el ginecólogo hacen las veces de hadas de otros tiempos y sus palabras resultan verdaderos oráculos. Desgraciadamente, a veces una oye reflexiones como: "Lindo bebé, pero un poco pequeño", "¡qué voz, se nota que le gusta gritar!", etc.

El fenómeno se repite en las semanas que siguen. No hay bebés caprichosos, consentidos, testarudos, perezosos o malvados. Pero si los padres están convencidos y le pegan esta etiqueta al comportamiento de su niño, efectivamente hay posibilidades de que el niño termine siendo así.

Conocer mejor a su hijo

Conocer a su bebé significa pasar tiempo observándolo para saber cuáles son sus ritmos y posiciones favoritas. A lo largo de las semanas y los meses usted aprenderá si le gusta que lo traten con delicadeza o bien si prefiere que los brazos de papá lo eleven por los aires, qué es lo que lo hace feliz o irritable, lo que lo hace reír o llorar, lo que ayuda a que se calme o se duerma; dónde están los hoyuelos y los pequeños pliegues, cómo huele su cráneo y la forma de sus pies. Esos miles de pequeños detalles que hacen que su bebé sea único en el mundo.

Su carácter se irá construyendo poco a poco. Si usted no lo ha prejuzgado, le complacerá ir descubriéndolo cada día. Sin embargo debe saber que un bebé contento y con buena salud es un bebé alegre, con un buen carácter, pero no siempre con un temperamento fácil. Después de todo, un bebé es un ser humano y no un oso de peluche, ¿no es así?

EL DESARROLLO EMOCIONAL Y SOCIAL

Los cambios de carácter

Desde su nacimiento, el bebé se distingue de todos los demás. Ya tenía su temperamento, sus gustos y sus preferencias, que usted va conociendo día tras día. Él es único y ningún libro puede enseñarle más acerca de él que el tiempo que pase observándolo y tratando de entenderlo.

Ese conocimiento refinado de su bebé le permitirá a usted adaptarse a él y responder a las necesidades del pequeño. A su vez, al sentirse comprendido, será un bebé más fácil de tratar.

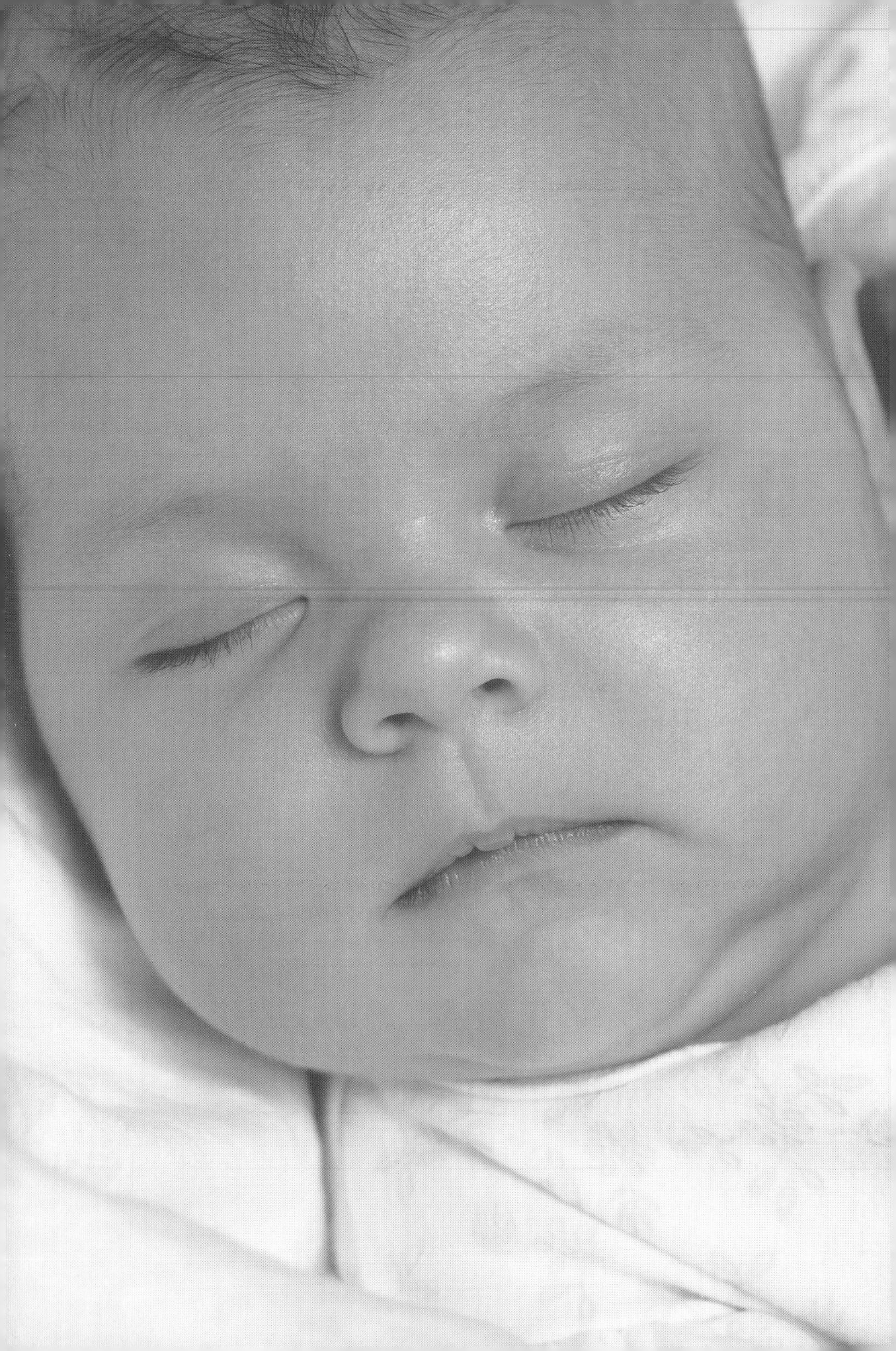

El no, la disciplina y lo prohibido

Decir sí, decir no, decir alto... Una manera de organizar el "reglamento interno".

A lo largo del primer año, hablar de disciplina puede parecer un poco excesivo. El pequeño imita lo que le parece ser el comportamiento de los adultos. Emprende el descubrimiento del mundo, explora todo lo que está a su alcance y eso, desde luego, lo lleva a tomar riesgos y a hacer tonterías. Sin embargo, enojarse sería injusto, inútil y peligroso; el bebé podría renunciar a esas exploraciones y pensar en su curiosidad como algo malo, lo que dañaría su desarrollo. Un ambiente relajado y de tolerancia siempre será preferible a una educación basada en exigencias excesivas y reprimendas.

LA DISCIPLINA

¿Qué hay que prohibir?

Aun en un ambiente que esté concebido para que el niño pueda evolucionar libremente y sin riesgos, siempre hay cosas que se deben prohibir:

- **Lo que es peligroso: cables de electricidad, plancha, etc.**
- **Lo que se rompe o se estropea: televisión, libros, etc.**
- **Lo que, por razones personales, no quiere dejar pasar, como son algunos comportamientos agresivos (morder, golpear) o el acceso a algunos cuartos en la casa.**

¿Cómo hacerle entender que algo está prohibido?

Combinando un movimiento y las palabras:

- **Usted deberá decirle "no" con mucha firmeza, pero sin ser agresiva, uniendo la voz a un movimiento con la cabeza. Su "no" tiene consecuencias, es decir que si él no obedece, usted vuelve a intervenir.**
- **Diríjase hacia su niño, tómelo de la mano para alejarlo de su objetivo e intente que él se interese en otra cosa, dándole un juguete, por ejemplo. Es decir que usted compensa sus "no" con "sí" alentadores y proponiéndole algún objeto en sustitución.**

Las bases de la disciplina

No puede dejar que su niño haga lo que quiera. Educarlo es enseñarle cuáles son los comportamientos aceptables, deseables, y los que no lo son.

Es reconfortante para el niño sentir que el adulto sabe lo que está bien y lo que está mal. Es un parapeto que lo enseña a dominarse y lo ayuda a ejercer su libertad de manera responsable. No obstante, recuerde que las prohibiciones, para que sean comprendidas y aceptadas, tienen que ser lógicas, coherentes y seguidas de efecto. Lo que está prohibido un día debe estarlo al día siguiente. Es mejor que usted haga respetar unas cuantas prohibiciones y no que imponga un gran número de ellas dejando que el niño la lleve a una situación "desgastante".

Comprender los "malos comportamientos"

Un niño pequeño nunca actúa como si lo hiciera por maldad o para enfadarla.
Si refunfuña, quiere decir que está muy cansado o que se está incubando un resfriado. Si toca todo, es porque es curioso e inteligente. Si vuelve a hacerlo a pesar de la prohibición, es que lo desea con demasiada intensidad o bien que la está probando a usted para saber qué está realmente prohibido y lo que quiere decir exactamente "no". Saber esto ya implica reaccionar de otra manera.

¿Cómo decir no?

Un niño aceptará mejor el "no" si:
- uniendo el acto a la palabra, conduce suavemente a su bebé lejos de las tentaciones;
- lo expresa firmemente, viéndolo a los ojos;
- le ofrece una solución de reemplazo que sí está permitida.

Por ejemplo, le quita la revista que está deshaciendo, pero le da un viejo catálogo que puede arrancar a gusto. O le dice no a la mano que atrapa y jala los pelos del perro, pero sí a la caricia, con la palma abierta. Si el niño lo vuelve a hacer, diga de nuevo no. En una relación de confianza y afecto, no tenga miedo de afirmar sus elecciones con calma, firmeza y constancia.

Las prohibiciones

Sin importar el cuidado con el que haya acondicionado el interior de su casa en función del bebé, seguirán existiendo conductas que tendrá que prohibir. Hay que precisar inmediatamente que cuanto más variado y estimulante sea su ambiente, más feliz se sentirá el bebé.

¿Qué es lo que va a prohibir?

Eso depende de usted y de su capacidad de tolerancia. Como mínimo prohibirá todo lo que representa un peligro directo para el niño: cables de electricidad, tomas de corriente, puertecilla del horno, parrillas eléctricas, objetos rompibles (de vidrio) o puntiagudos, objetos pequeños (riesgo de asfixia), etc.

También es totalmente legítimo prohibir a su niño que toque determinados objetos que usted no puede poner bajo llave, pero que podría maltratar o averiar; el estéreo, la televisión, un libro suyo, un sofá de cuero claro, etc. Aquí entramos en el terreno de las "prohibiciones por comodidad", a las que hay quienes agregan la prohibición de entrar a tal o cual habitación (lo más común, la sala o la cocina). En el momento de decidir lo que va a tolerar y a prohibir, debe reflexionar en los siguientes puntos:

- Cuantas más prohibiciones tenga, más difícil será hacerlas respetar. Vale más tener pocas, pero ser firme.
- Lo que está prohibido el lunes debe estarlo también el martes o una hora más tarde. Ocurre igual con lo que está permitido. Sólo así su niño aprenderá rápido a ubicarse y respetar sus reglas. De ahí que no se recomiende en absoluto que usted se deje "desgastar". Más vale decir sí desde el principio que dejarlo creer que sus "no" son flexibles.
- Un niño al que se prohíben demasiadas cosas o experiencias, que tiene que reprimir sin cesar su energía y su deseo de actividad, acaba por volverse o muy agresivo o inactivo y apagado.

Por último, lo que le prohíbe debe ser razonable, en función de las necesidades del niño, y coherente.

Es absolutamente normal que el niño regrese, inmediatamente o más tarde, hacia lo que usted prohibió. A veces lo hará viéndola directamente a los ojos y con una sonrisa en los labios. Más allá de la atracción hacia el objeto, quiere verificar el sentido y el valor de su palabra. De ahí la importancia de repetir el "no" firmemente y cada vez que lo intente. El niño no debe dudar de su determinación. Usted es el adulto y no debe dejar que su hijo crea que él podría ser "el único amo a bordo".

LA DISCIPLINA

Cuidar no es proteger, estar vigilante no es impedir

- **En vez de decir: "Detente, te vas a caer" (sobreentendido que "es un hecho"), mejor diga: "Cuidado, te puedes caer" (sobreentendido "si quieres inténtalo, pero te estás arriesgando").**
- **Si ve a su bebé trepando un mueble inestable, en lugar de impedírselo, póngase cerca de él. Si lo logra, felicítelo diciéndole que se arriesgó. Si se cae, atrápelo: "Ya ves, ese mueble no es muy sólido. Si yo no estuviera aquí te habrías lastimado". La lección será mejor porque el niño la habrá vivido.**

Comportamientos típicos

Estos son algunos comportamientos típicos de los niños pequeños:

- **vendrá diez veces a cerrar la revista que usted está leyendo;**
- **poco a poco se va acercando a la cocina para obligarla a que usted actúe;**
- **la va a hacer ir diez veces a su cuarto, en la noche, para darle un último beso;**
- **se va a rodar por el suelo para hacerle una gran pataleta porque usted le negó un dulce o un juguete, etc.**

LA DISCIPLINA

"No hagas eso, te vas a caer..."

Es verdad que un niño muy pequeño no tiene conciencia del peligro como la tenemos nosotros. Sus instintos, a diferencia de los de algunos animales, no le advierten que está tomando un gran riesgo y que, si se cayera de la mesa, se lastimaría. Todo eso, los padres tienen que enseñárselo. Ellos le tendrán que decir qué está permitido y qué no, qué es peligroso y qué no, lo que puede intentar teniendo mucho cuidado y lo que realmente es demasiado peligroso.

Sin embargo, uno fácilmente puede imaginar que un niño a quien todo se le ha prohibido continuamente con el pretexto de que es peligroso, ya no se va a aventurar por ningún lugar y permanecerá confinado en su rincón. Ahora bien, no es así como se aprende a caminar, a correr, a saltar o a andar en bicicleta.

Además, es posible que el niño no se caiga. O bien que se caiga sin lastimarse pero que eso le dé una gran lección para la próxima vez. No podrá evitarle todas las heridas y los golpes. Una vez que usted haya arreglado el espacio de la manera más segura posible, hay que dejar que el niño experimente.

Dicho esto, no debe olvidar que el objetivo esencial de su educación no es hacer de su bebé un niño que obedezca ciegamente y tan apacible como un oso de peluche, sino un niño feliz y abierto. Aceptará sus prohibiciones si las siente justificadas y adaptadas a su edad. Obedecerá para darle gusto, si usted sabe establecer con él relaciones de confianza y gentileza y si le habla calmadamente, sin desear "someterlo" o imponerle a cualquier precio su voluntad.

Por último, debe tener presente que el niño se siente seguro al saber que alguien vigila, alguien que sabe a dónde va y que puede hacer las veces de protector. En la palabra disciplina, hay discípulo; enseñar al niño a dominar y frenar algunos arranques, es también enseñarle a ejercer su libertad de manera responsable.

Saber decir alto

Al mismo tiempo que su bebé descubre la posibilidad de responderle "no" (y no va a privarse de ello), va a tratar de comprender el sentido exacto que tiene la negativa materna.

¿Es tan sólo una prohibición pasajera? ¿Se trata realmente de un no definitivo? ¿Es un no que puede, a fuerza de obstinación, transformarse en sí? ¿Cuáles son los límites de ese no (y por ende los de usted)? Para dar respuesta a estas preguntas, fundamentales para él, el bebé va a poner a prueba su paciencia.

La reacción de los padres

He observado dos actitudes diferentes en los padres.

● La primera consiste en empezar por decir no al niño para luego, como él insiste por segunda vez o llora, acabar diciendo que sí, exhaustos y culpabilizados por negarle algo a lo que parece tener tanto apego.

¿Qué aprendió el niño? Que a fuerza de insistir y gritar obtendrá todo lo que quiera. Que es más fuerte que usted. Si es el método que usted aplica, ¡sepa que sus penas no van a terminar pronto!

● La segunda consiste en una actitud inversa. Empezar dando muestras de paciencia y comprensión y ofrecer al bebé la posibilidad de cambiar de actitud, por ejemplo buscando una actividad o un derivativo. Después, en segunda instancia, si el bebé realmente insiste y parece querer iniciar la prueba de fuerza, hay que decir no con firmeza. Lo que puede implicar, si no obedece, alzar la voz o encerrarlo por algunos minutos en su cuarto. Es lo más eficaz.

Bofetadas y nalgadas

Puede ocurrir que su bebe la exaspere mucho y ponga a prueba sus nervios. Los padres de un bebé que llora por la noche y que viven en un edificio sonoro me entenderán. Los padres del bebé "que no quiere comer nada" también. Una nalgada porque "así, al menos sabrás por qué lloras" a veces le quema a usted la punta de los dedos.

No obstante, hay que decir las cosas como son: es tan peligroso como inútil golpear a un bebé. Él no comprenderá la razón y, más allá del dolor, estará muy triste. Bajo el efecto de la exasperación, a usted le será difícil controlar su fuerza. En todos los casos, siempre será un fracaso.

Si su niño llora en exceso, tiene una razón para ello que es importante entender. Pegar no servirá de nada más que para aliviar la tensión del que golpea. En cambio, sí servirá para dar lugar enseguida a una culpabilidad muy destructiva. Incluso un golpecito en las nalgas para sancionar una tontería no tiene valor educativo, a menos que vaya acompañado de una explicación sencilla con una voz tranquila.

Si se encuentra en una situación de nerviosismo y agotamiento tales que sienta que podría pegarle a su bebé, es indispensable que pida ayuda y descanse. En el momento, puede ensayar algunos de los "trucos" siguientes: aislarse en otro cuarto o irse a caminar un poco, tomar una almohada y poner sus nervios debajo de ella, ir a la ventana y respirar profundamente.

Si está enojada con el bebé y lo golpeó, no permanezca en una doble situación de rencor e incomprensión. Reconcíliese con él lo antes posible, haga las paces, tome a su niño en brazos y explíquele, con palabras, la verdad de la situación; la fatiga, la exasperación, el miedo. Pero también explíquele su amor y que nada podrá mermarlo.

Por último, si se siente frágil y abrumada, confiéselo, no se quede sola en esta prueba y acuérdese que los gritos permanentes no son una mejor solución.

LA DISCIPLINA

Dejar que el niño experimente

No sólo es inimaginable que esté todo el día detrás de él, sino que además no estaría haciéndole ningún favor si desde antes de que se aventure a un nuevo descubrimiento, usted lo convenciese de que seguramente se va a caer. A nadie le gusta ver a su hijo lastimarse. La madre es la primera que se dice: "Es mi culpa, debí haberlo detenido, debí habérselo impedido". Pero los padres tienden a olvidar que las capacidades del niño son cada día mayores y que sólo progresan intentándolo varias veces, mediante el ensayo y el error sucesivos, hasta que llegan finalmente a dominarlo.

Cada vez que pueda, pero sin que usted se distraiga, deje a su niño experimentar por sí mismo y con ello ganará en habilidad física y en el sentido del peligro.

La lección aprendida por el niño

¿Qué ha aprendido el niño? Que lo deja usted libre para explorar su entorno, pero que está atenta a sus comportamientos; que no lo agobia con órdenes y prohibiciones, sino que las que se dan tienen que obedecerse; que usted sabe lo que hace y está dispuesta para que se lleve a cabo; que él puede tener confianza en usted, y eso le permitirá sentirse seguro.

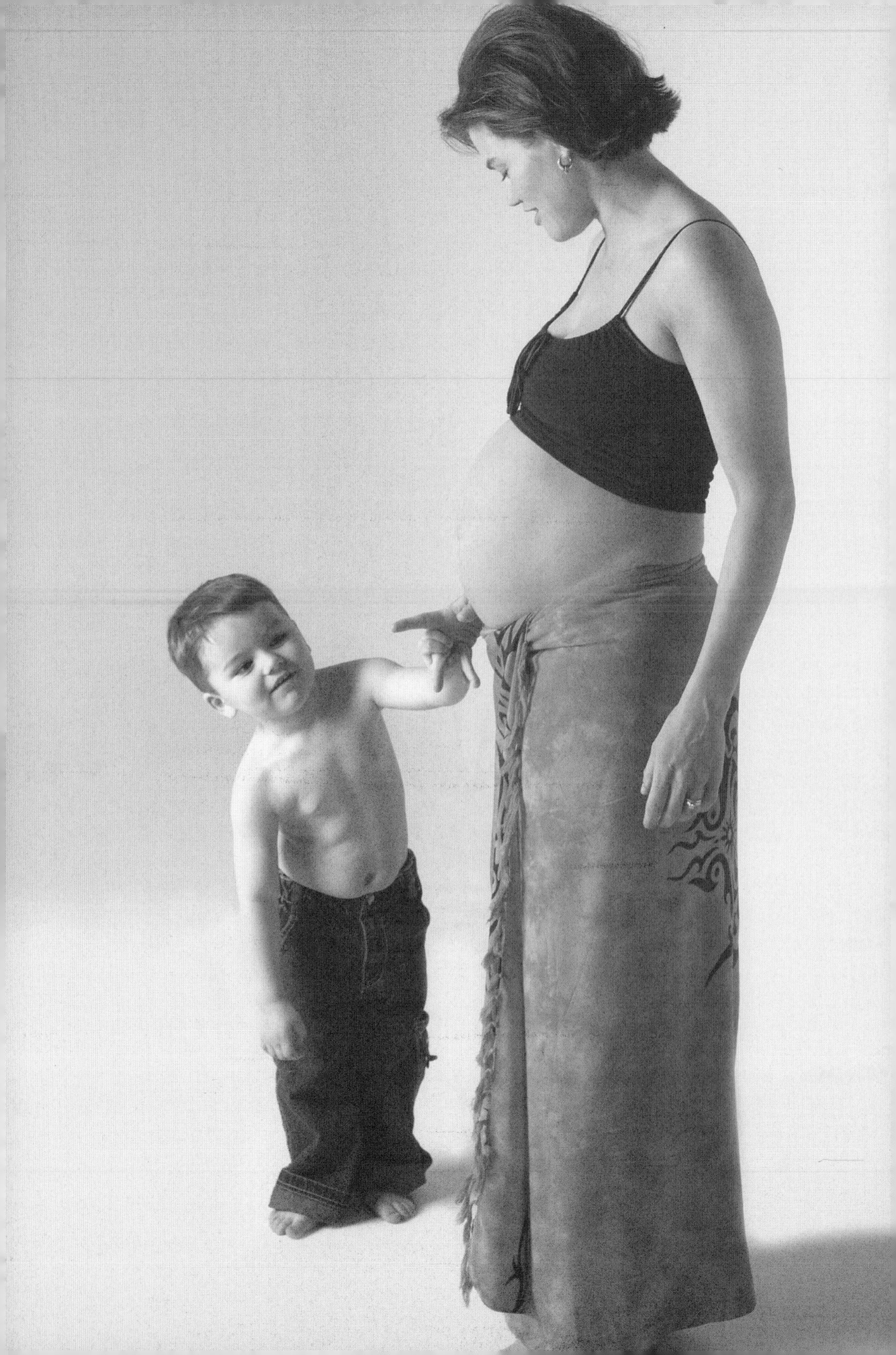

Salir de paseo

Tarde o temprano, las vacaciones de invierno o de verano llegan. Los padres están cansados de estar encerrados, cansados de los constantes resfriados de su bebé. Y surge la posibilidad de salir en familia por primera vez. Si la estancia afuera se prepara bien y se adapta a un bebé de la edad del suyo, todo se dará bien. Cada uno regresará contento y enriquecido con nuevos descubrimientos. Pero viajar con un bebé exige numerosas precauciones, vigilancia y disponibilidad. Y sobre todo una muy buena organización, ¡ya no se puede improvisar!

Para un bebé, cualquier desplazamiento, el más mínimo cambio en sus hábitos de vida, aun con sus padres, es una fuente de ansiedad. Ésta se transformará en placer si el bebé siente a sus padres relajados, tranquilos y perfectamente organizados. Vamos a ejemplificar algunas situaciones y consejos que le simplificarán la vida.

Salir de paseo y salir de viaje.
Prepararse bien
Partir con toda seguridad.

EL PASEO

La seguridad de su bebé en el coche implica dos factores:

● La prudencia y la seguridad del conductor.

● La utilización de una cama para automóvil. Hasta más o menos los seis meses, edad a partir de la que puede mantenerse sentado en un asiento para auto, su bebé no debe viajar más que en su cama para auto, con armaduras de metal, firmemente sujetada en los puntos de unión de los cinturones de seguridad y protegida por un cinturón.

Debe evitarse definitivamente:

● El moisés instalado en el asiento trasero, que no garantiza ninguna protección para el niño en caso de un choque lateral ni tampoco impide que el niño salga expulsado si se abre la puerta en un choque.

● El bebé sentado en las rodillas de un adulto, "asegurado" como éste con el mismo cinturón de seguridad. En caso de choque, el cinturón aplastaría el abdomen del niño y le provocaría graves daños.

● No fume en el coche ya que en un lugar cerrado, el aire rápidamente se vuelve irrespirable.

Algunas situaciones

Hamaca y canguro

Ya desde muy pequeño, cuando está despierto, su bebé da muestras de gran curiosidad. Le gusta acompañarla de un cuarto a otro, seguirla con los ojos, escucharla cuando le habla. Ofrézcale ese placer instalándolo en una pequeña hamaca (o una silla plegable).

Se trata de un asiento bajo e inclinado hecho con una tela suave sostenida por una armadura metálica. Después de algunos días de adaptación, su bebé se sentirá muy cómodo y tendrá más la impresión de compartir la vida de la familia. ¡Cuidado con la hamaca suspendida en alto, podría caerse!

Un paseo afuera pero también en el interior

Ventral y provisto de un apoyo para la cabeza, el canguro le permite llevar a su bebé pegado a usted, con las manos totalmente libres. Cobijado por el calor de mamá, ya que encuentra las sensaciones olvidadas de su andar y el latir de su corazón, el bebé suele sentirse increíblemente bien y puede pasar allí apacibles momentos.

¿Tiene cólicos? ¿Le cuesta trabajo dormirse? Póngalo en el canguro y, como una mamá canguro, dedíquese a sus ocupaciones.

¿Tiene que salir a comprar algo? Su bebé estará mejor allí, protegido por el calor de su abrigo, que solo en el fondo de una carriola rígida. No se preocupe por sus vértebras o la forma de su espalda; los bebés africanos, cargados en la espalda desde su nacimiento, ¿no son acaso formidables atletas?

¿Le parece que su bebé es muy pesado para caminatas largas? Entréguele el bebé y el canguro a su padre.

El viaje en automóvil

Los viajes son buenos para los niños; ponen novedad en la rutina de su existencia y aumentan sus experiencias. Pero con un bebé de esta edad se requiere de una buena organización. Es el precio a pagar para que resulten realmente positivos. La improvisación no es nada aconsejable. Por una parte porque, si bien la hace trabajar menos antes de salir, también puede darle más que hacer después. Por otra parte porque, para un bebé, cualquier cambio en los hábitos genera una ansiedad que sólo se transforma en placer si siente que usted está en paz, tranquila y perfectamente organizada.

Planear bien su viaje

- Cada vez que sea posible, dé prioridad a los desplazamientos en tren o en avión, que son más cómodos que los largos trayectos en carretera. En coche, mientras el niño es pequeño, el trayecto siempre le será más fácil si lo hace de noche.
- La seguridad es el primer imperativo: automóvil previamente llevado a servicio, prudencia y seguridad del conductor, la cama o el asiento para el auto reglamentarios y bien asegurados, son precauciones mínimas. Nunca, aunque sea un trayecto corto, se debe llevar el moisés o el bebé en las piernas.
- Vea que todo el material que va a necesitar esté en el auto: pañales, biberones, frasquitos de comida, agua mineral.
- Con anticipación decida cuáles serán las etapas del viaje y dónde pasará la noche.
- Piense en todo lo que le simplifique la vida: las preparaciones esterilizadas en los biberones desechables, leche envasada ya lista, calentador de biberones que se prende con un encendedor, toallitas húmedas, etc.
- Esté atento a la temperatura del auto; cuando se detenga, puede estar haciendo un calor terrible en la carretera a mediodía o mucho frío en una carretera de montaña.
- No olvide ninguno de los "objetos transicionales". Mientras esté sola al volante con el bebé, ate todos sus juguetitos con cadenitas o cuerditas que él aprenderá a jalar rápidamente para recuperarlos.
- Para los más pequeños, pegue imágenes frente a ellos. Para los más grandes, lleve juguetitos, envueltos en papel para regalo, que le irá dando al niño a lo largo del viaje.
-Darle de comer algo que pueda mordisquear es siempre una buena ocupación en el automóvil.
- Si tiene un aparato para escuchar discos compactos, póngale canciones o cuentos infantiles.

Salir en invierno o cuando hace frío

- La nieve refleja vivamente la luz del sol; cúbrale la cara al bebé con crema "protección total" y póngale unos lentes de vidrio que filtren los rayos ultravioleta, especiales para pequeños.
- El aire seco en los apartamentos y la altura pueden provocar deshidratación. Déle de beber al niño con regularidad.

EL PASEO

Los primeros auxilios

Al viajar o hacer algún trayecto, tenga siempre a la mano un maletín de primeros auxilios.

Lo que debe contener el maletín de primeros auxilios

Además de los medicamentos específicos de su bebé, el maletín debe contener:

- **algodón, compresas, una banda elástica;**
- **suero fisiológico en ampolletas para enjuagar los ojos;**
- **algún líquido para desinfectar las heridas (¡que no arda!);**
- **una pomada de árnica para los golpes;**
- **un tubo de crema para quemaduras leves, raspaduras, piquetes, comezón, etc.;**
- **ácido acetilsalicílico o paracetamol para la fiebre o el dolor;**
- **una pinza para depilar y unas tijeritas;**
- **los datos del médico que esté más próximo (o bien el teléfono de emergencia de su localidad).**

Según la región y la época del año:

- **algún antídoto para venenos para llevar en los paseos por el campo (mordeduras de serpientes, piquetes de insectos, alergias);**
- **una crema protectora contra el frío y una crema solar "protección total".**

EL PASEO

Consejos prácticos

●Tenga en cuenta la edad de su bebé a la hora de elegir su destino, es preferible el campo, el aire libre y un ritmo de vida tranquilo y regular.

●El ruido del motor no siempre bastará para calmar a su bebé y le parecerá muy largo permanecer sentado por horas, firmemente asegurado en su silla de coche. Por ello, éstas son algunas ideas suplementarias para hacer el trayecto más agradable:

●Tenga prevista una cantidad de aperitivos que no dejen restos en el auto.

●Haga paradas frecuentes. Esas pausas son la ocasión para relajarse, despabilarse y comer tranquilamente, pero no espere que su niño tenga mucho apetito.

●Tenga previstos algunos juguetitos.

- Para salir, escoja las horas más calientes del mediodía. No olvide ni la crema hidratante para la piel ni la crema para los labios.
- Atención: un bebé de menos de un año, que no hace ejercicio físico, se resfría muy rápido. Esté alerta.

Salir en verano o cuando hace calor

-Tenga listas las cosas indispensables: parasol, mosquitero, canguro con parasol, persianas para la ventanilla del auto, etc.
- Cuidado con las peligrosas insolaciones: nunca deje a su niño al rayo del sol si hace más de 25 °C, vístalo con ropa ligera de algodón, déle mucho de beber.
- Aplique crema solar en todo el cuerpo del bebé. Cuidado con los efectos del sol en la montaña ya que, por la altura, no siempre se siente el calor de los rayos en la piel.
- Tenga cuidado con los piquetes de insectos, la arena en los ojos, alergias (urticaria, conjuntivitis, etc.). Si el bebé toma la siesta fuera de la casa, piense en el mosquitero para protegerlo de avispas y abejas.
- Tenga cuidado con los animales que andan por ahí.
- Si pasea con su bebé por la tarde o cuando hace fresco, no olvide cubrirlo bien y cubrirle las extremidades: los pies, la cabeza, las manos.
- Si el bebé se desplaza solo y están cerca de algún lugar con agua (piscina, mar, río…), vigílelo en todo momento. El riesgo de ahogamiento siempre está presente, no lo olvide.

Mes con mes: ¿quién es el bebé? (recapitulación)

¿QUIÉN ES EL BEBÉ?

Las etapas del desarrollo intelectual (recapitulación)

El bebé tiene una actividad refleja dominante. Su olfato está tan bien desarrollado que reconoce a su mamá por el olor. Su mano es muy sensible, ésta explora la forma y la consistencia de un objeto que pueda tocar. Aunque los ruidos le parezcan muy ensordecedores, el recién nacido es ya muy receptivo a la voz humana, particularmente la de sus padres.

Hacia los dos meses

El bebé se concentra en el rostro humano como si buscara comprenderlo. Sabe que sus padres son fuente de consuelo, los llama a gritos y se calma cuando aparecen. Ya tiene gustos y disgustos. Le gustan algunos olores más que otros, y sus preferencias dependen mucho de los hábitos culinarios de su madre. Se vuelve sensible al ruido y al móvil que está por encima de su cabeza.

A los 2 meses

Los progresos del recién nacido son espectaculares. El bebé está más despierto y es más receptivo. Le empieza a gustar el hecho de entrenarse solo, de repetir un mismo movimiento.

Los progresos son evidentes en el ámbito visual; la acomodación se vuelve más nítida cada vez a mayor distancia. Ahora el bebé prefiere mirar las ilustraciones y los juguetes más complejos, en los que hay muchos detalles. Sus diálogos mirándose a los ojos pueden prolongarse más tiempo. Fascinado por las luces, ya es capaz de seguir también los desplazamientos de objetos. El bebé aún no es capaz de hacer más de una cosa a la vez. Cuando mama, se dedica a ello por completo. Si un objeto o una palabra retienen su atención, deja de mamar.

Los bebés más activos empiezan a retorcerse o a patalear, pero suelen permanecer acostados donde uno los deja. Poco a poco, el tono muscular se relaja. Las manos se abren y el movimiento voluntario reemplaza el reflejo de asir las cosas. Si le pone un objeto en la mano, el bebé puede aprender a retenerlo, a apretarlo, después soltarlo, pero todavía es muy difícil.

Comunicar a través de la palabra y el movimiento

El bebé es muy sensible a la estimulación táctil. Le gustan las caricias, los masajes suaves. Reconoce a sus padres y con gusto se cobija con ellos. Su diálogo se enriquece con sonrisas y balbuceos que seducen a quien lo rodea. Aprende muy rápido a qué sentimiento corresponde en usted tal o cual entonación, la voz ronca o fruncir el ceño.

Cuando le habla sin que la vea, el niño intenta localizar el origen de su voz y vuelve la cabeza en esa dirección. Sentado en su silla plegable, es capaz de seguir con los ojos y la cabeza sus desplazamientos en la habitación.

A los 3 meses

Se trata de una etapa importante en la que realmente se ve al bebé salir de la fase de "recién nacido". El periodo de llantos inexplicables cesa. Menos limitado, empieza a darle sentido a su cuerpo, que progresivamente percibirá como un todo, y a todo lo que lo rodea.

Grandes diferencias de un bebé a otro

A esta edad aparecen claramente las diferencias individuales; los progresos en tal o cual ámbito dependerán del temperamento del niño. El bebé más activo "atrapa" más rápido, pero sin control del movimiento ni atención particular en el objeto. Al bebé más lento y sensible le tomará más tiempo atravesar la misma etapa, pero logrará integrarse a ella por completo poniendo gran atención en cada detalle.

En el curso del tercer mes, el bebé atraviesa por una etapa en el plano de la coordinación: aprende poco a poco a hacer funcionar juntos sus orejas, sus ojos, mientras mueve sus manos y su cabeza. Lo que nos parece evidente a nosotros los adultos, no lo es para el bebé; le faltan varios meses para que pueda tender la mano o volver la cabeza hacia un objeto interesante o un sonido nuevo.

Las manos, y de modo secundario los pies, empiezan a tener un lugar predominante. El niño los descubre y pasa largos momentos examinándolos y manipulándolos, como si fueran los juguetes más interesantes. Se lleva las manos y los pies a la boca. La boca es un lugar privilegiado; por ahí puede conocer los objetos. Es su boca la que le indica la textura, la forma, el sabor. Aun si el niño todavía no atrapa bien, desde este momento hay que tener cuidado con los objetos que se dejan a su alcance.

Más atento a lo que lo rodea, el bebé es sensible al hecho de que hayan cambiado de lugar su cuna o bien los carteles pegados al lado de su cama. Empieza a interesarse en los colores vivos.

El bebé la conoce cada vez mejor

Por último, ya es particularmente sensible a las expresiones que usted usa. No olvide que la preocupación principal de su bebé es estar con usted y que lo ame. Tampoco escatime los estímulos y las muestras de amor cada vez que el bebé intenta o logra algo nuevo para él. Aplauda, sonría, muéstrele su orgullo. Estos descubrimientos permanentes y cotidianos son apasionantes para él, pero también a veces un poco inquietantes y necesita que esté usted ahí dispuesta a reconfortar, alentar y amar.

Cuando está solo, el bebé examina atentamente lo que lo rodea; escudriña los colores, las formas, los contornos, los motivos, los movimientos. El resto del tiempo, balbucea y

¿QUIÉN ES EL BEBÉ?

El desarrollo intelectual (continuación)

A los tres meses

De pronto, el bebé verá algún juguete que le ofrezcan y empezará a seguirlo con los ojos. Descubrirá sus manos. Si algún movimiento que hace (como golpear una sonaja) provoca un ruido, va a intentar reproducirlo, descubriendo un vínculo de causa efecto. Sonríe cuando le hablan y se interesa en lo que lo rodea.

A los cuatro meses

El bebé tiene el oído fino y empieza a reproducir sonidos de risa y luego de carcajadas. Gira su cabeza en la dirección de la que vienen los ruidos. Su agudeza visual es ya muy buena y puede seguir con los ojos algún objeto o a alguna persona que se desplaza. Descubre los relieves y los colores. Todo lo que agarra se lo lleva a la boca, haciendo de su lengua una herramienta de conocimiento perfeccionada.

A los cinco meses

El bebé produce sonidos que imitan las palabras. Agarra los objetos, los manipula y se sirve de esta nueva capacidad para descubrir el mundo. Es capaz de expresar el miedo y el enojo.

¿QUIÉN ES EL BEBÉ?

El desarrollo intelectual (continuación)

A los seis meses

El bebé distingue bien todos los colores y marca una preferencia por los tonos vivos. Se interesa mucho por su reflejo en los espejos. Le gusta jugar con el adulto y aprender a dominar las nuevas habilidades. Manifiesta preferencias por algunos alimentos.

A los siete y ocho meses

El niño interactúa cada vez mejor con los objetos y se interesa en ellos. Conoce su nombre y la palabra "no", pero también sabe llamar la atención e intenta hacerse entender. Se interesa más en su entorno de niños y de adultos. El hecho de desplazarse le abre nuevos horizontes.

A los nueve y diez meses

El niño empieza a decir "mamá" y se interesa cada vez más en lo que lo rodea. Es capaz de encontrar un objeto escondido bajo un cobertor y muestra mayor concentración a la hora de jugar. Aplaude o extiende los brazos.

vocaliza; ¡ejercita su voz y parece fascinado por los sonidos que es capaz de producir!

A los 4 meses

Este periodo es propiamente dicho el de la socialización. El juego esencial del bebé consiste en emitir sonidos. Por el placer de oírlos, seguramente, pero sobre todo por el placer de llamar a su madre o a su padre y por el placer de conversar; la dimensión social y la dimensión del intercambio del lenguaje entran en juego.

La dimensión social

Como pequeño ser sociable y pese a su intenso apego a la madre, el bebé de cuatro meses y medio entabla buenos contactos con los demás miembros de la familia. Sus hermanos mayores son fuente de fascinación y grandes crisis de risa. Su padre lo atrae y el bebé lo busca activamente con la mirada, la voz y el movimiento. El padre que entabla relaciones estrechas con su bebé lo colma de placer y, psicológicamente, le regala un inicio de autonomía respecto a la madre que le será muy preciado. Un bebé al que no se le respondiera nunca, que no fuera solicitado verbalmente, acabaría por disminuir notablemente la cantidad de sonidos que emite.

Pero la socialización no significa únicamente el lenguaje verbal. Se traduce todavía más por una actitud del bebé que cada vez sabe comunicar mejor y darse a entender. Responde a las peticiones y expresa abiertamente su placer o su disgusto.

En casi cuatro meses, el bebé ya registró bastantes recuerdos. Ahora las expresiones de su cara se modifican dependiendo de si ve el rostro de mamá, si escucha su caja de música o si oye correr el agua del baño; si ve su biberón o el perro que entra en el cuarto.

El bebé ha desarrollado simultáneamente una mejor musculatura y un principio de coordinación motora; sabe atrapar y conservar objetos por un momento. Recostado sobre el vientre, puede mantener las piernas extendidas y levantarse apoyado en los antebrazos. También puede arquear su espalda y sus piernas con el fin de balancease de adelante hacia atrás. En fin, puede rodar de derecha a izquierda y dar un giro completo para acabar recostado boca arriba.

La vista es ahora casi la de un adulto; el bebé acomoda perfectamente, puede coordinar ambos ojos a distancias variables.

Tiene visión de los colores y se interesa en ellos de manera especial; finalmente, percibe correctamente la profundidad, lo cual es de gran ayuda para alcanzar los objetos. Sentado, ya mantiene la cabeza erguida, lo que también permite al niño tener una visión más global del mundo que lo rodea ¡provocando el deseo de salir a descubrirlo!

A los 5 meses

A esta edad, el bebé ha alcanzado una etapa importante de su desarrollo físico. Sin poder todavía sentarse o mantenerse sentado solo, puede no obstante quedarse un largo rato en posición de sentado si está bien acomodado en una silla alta o sostenido con cojines. Además, ya mantiene muy erguida su cabeza. Estas dos adquisiciones le permitirán empezar a servirse eficientemente de sus manos. La mayoría de los bebés todavía manipula mal los objetos que sostiene en sus manitas torpes, pero ahora casi todos son capaces de atrapar una sonaja y, a veces, de llevársela a la boca. Como el bebé duerme menos y su curiosidad está constantemente alerta, es capaz de jugar y llamar a sus allegados para que jueguen con él durante periodos de tiempo cada vez más largos. Es bueno estar a su disposición, pero también es importante que el bebé sepa quedarse solo un momento mirando, explorando o balbuceando con sus peluches preferidos.

Algunos bebés son más activos que otros; en este periodo, pasan tiempo dando vueltas o desplazándose en su cama. Les encanta que los toquen, que los agiten o los lancen al aire. Desde que amanece llaman a los padres para invitarlos a participar con ellos en esta nueva jornada de descubrimiento. Recién despiertos, a las seis de la mañana, reclaman con vehemencia un compañero de actividad. Acostar a uno de estos bebés más tarde o ponerle doble cortina puede no servir de nada. La única solución para los padres consiste en levantarse cuando el bebé se despierta o en enseñarle a bastarse por sí mismo y a jugar solo por un momento.

Otros bebés son más tranquilos. Si duermen diez o doce horas durante la noche, sus siestas durante el día serán más cortas. Son los primeros en despertarse y pueden quedarse solos en su cama por un largo rato. Atrapar sus dedos o los dedos de su pie, llevárselos a la boca, mordisquear esmeradamente su sonaja favorita, ensayar nuevas vocalizaciones, son actividades que pueden hacerlos esperar, apacibles, hasta la hora del desayuno.

¿QUIÉN ES EL BEBÉ?

El desarrollo físico (recapitulación)

Nacimiento (0-2 meses)

La cabeza del bebé no se sostiene si no está sujetada. Si está despierto, puede hacer movimientos holgados.

Dos meses (2 – 4 meses)

Acostado boca abajo, el niño levanta la cabeza y la mantiene así por un buen momento. Empieza a rodarse sobre sí mismo (¡tenga cuidado con las caídas!).

Cuatro meses (4 – 6 meses)

El bebé, sentado, sostiene derecha la espalda y le gusta estar acomodado entre cojines. Pero si se cae no puede volver a enderezarse. Puede mantener la cabeza erguida. Estando de pie, apoya los pies en el suelo.

Seis meses (6 – 8 meses)

Algunos bebés ya van aprendiendo a arrastrarse de diferentes maneras o más bien a impulsarse en el suelo. Algunos otros aprenden a sentarse solos y a sostenerse poco a poco sin el apoyo de las manos.

Ocho meses (8-10 meses)

El niño se arrastra o gatea de manera cada vez más rápida. Le encanta estar de pie y levantarse con la ayuda de alguien. Se mantiene sentado sin necesidad de apoyo.

¿QUIÉN ES EL BEBÉ?

El desarrollo físico (continuación)

Diez meses (10 – 12 meses)

El niño escala los peldaños. Gana en estabilidad estando sentado o de pie. Se desplaza sosteniéndose de los muebles. El equilibrio es aún inestable pero, cualquier día, se soltará de su apoyo y dará sus primeros pasos.

A los once y doce meses

Un niño muestra que conoce bien el significado de algunas palabras como baño, pelota, cocina, perro y se aventura a inventar y a repetir algunas. Quiere comer solo y ayuda cuando lo visten, cosa que es posible gracias a que ya habrá mejorado su habilidad. Desarrolla sus talentos de imitador y, mientras los haga reír, repetirá sus gracias.

El sueño es generalmente bueno, al igual que su apetito, a condición de que dejen al niño regular solo sus necesidades y que no lo obliguen nunca a comer más de lo que quiere.
El carácter del bebé se afirma. Sabe claramente lo que quiere: atención, juegos, excitarse de placer. También sabe lo que no quiere y puede protestar con cierta violencia como respuesta a una frustración que le es impuesta, si le quitan un juguete, por ejemplo.

A los 6 meses

La mayoría de los bebés duermen menos; pueden quedarse despiertos durante dos horas consecutivas. Por el contrario, duermen noches completas y se despiertan un poco más tarde en la mañana. Los ritmos de la jornada también ya están bien regularizados.
Físicamente, se puede decir que ahora la coordinación es buena; los ojos, las manos y la boca funcionan con un objetivo común: situar los objetos, atraparlos, manipularlos, llevarlos a la boca. Ambas manos se sincronizan.
Mentalmente, la memoria progresa todavía y permite la constitución de recuerdos menos efímeros en lo que al pasado próximo se refiere. El bebé organiza hábitos y referencias estables que lo hacen sentir seguro; al conocer la sucesión de los acontecimientos, puede anticiparlos. Eso le da la impresión de un principio de control sobre su entorno.
El bebé ahora se sostiene sentado, aunque algunos todavía necesitan estar en una sillita o tener la espalda sostenida con un cojín. La cabeza se sostiene totalmente erguida. La posición de sentado, dado que libera las manos, es muy importante para el desarrollo del niño que desde ahora puede manipular todo a su gusto, atrapar y soltar sin perder las cosas, lo que para él es sumamente excitante.
Por último, sus habilidades para el diálogo están en constante progreso. Hay que aprovechar para enseñarle que sus balbuceos pueden tener sentido, reforzando así su deseo de expresarse. Para ello, hay que compartir su lenguaje, devolviéndole sus propias producciones, moduladas y enriquecidas.
Pero hay que hablarle como a una persona sensata y capaz de comprenderla a usted. Eso quiere decir usar palabras apropiadas, las palabras precisas que corresponden a lo que está haciendo, y no limitarse a un lenguaje de “bebé”. Además, es totalmente errado hablar así, ya que ¡un niño pequeño nunca dirá espontáneamente “manita” en lugar de “mano”

o "mai" en vez de "mal" si un adulto no se lo enseña! Entonces, en vez de forzarlo inmediatamente a "desaprender" es mejor darle enseguida la expresión correcta. Las diferencias individuales se acentúan; ya no sólo es el ritmo de las adquisiciones motoras lo que varía, sino también el orden en el que se producen esas adquisiciones. Algunos bebés adquieren mayor control primero con los movimientos generales del cuerpo, por ejemplo sentarse o arrastrarse. Otros esperarán para ello hasta adquirir el control perfecto de pequeños movimientos, los de las manos. Nada es mejor o más prometedor, ¡cada uno su estilo, tan simple como eso!

A los 7 meses

El niño o la niña de seis meses ya es un personaje muy complejo que nada tiene que ver con el recién nacido que era.

La vista es perfecta; el bebé ve de lejos, claramente, y distingue todos los matices de los colores. Sabe distinguir los sonidos, reconoce varios y sabe de dónde provienen. Se sirve muy bien de sus dos manos; las tiende hacia todo lo que ve y examina todo lo que tiene. También es capaz de beber su biberón solo, a condición de ser arrullado en brazos de mamá o papá.

Físicamente, puede volverse hacia todas direcciones y rodar sobre sí mismo. Algunos niños ya descubrieron cómo trepar, o mejor dicho deslizarse en el suelo, llevados por la curiosidad. Casi todos empiezan a desplazarse hacia atrás, lo que les es más fácil.

El bebé conoce bien su nombre; se vuelve cuando lo llaman. Aprecia mucho la compañía de otros niños y hace una verdadera fiesta a sus hermanos y hermanas mayores. Para los que ama, balbucea, protesta, intercambia, modula su voz. Se sonríe en el espejo y toma conciencia de que las diferentes partes de su cuerpo forman una unidad.

De pie y sostenido de las axilas, el niño se sostiene, con las piernas derechas y firmes. Le encanta estar en esta posición.

A los 8 meses

Hasta ahora, los objetos y las personas tenían que desplazarse e ir hacia el niño porque él mismo no tenía la capacidad de ir a buscarlos. Ahora, todo cambia; en lo sucesivo es el niño quien va al encuentro de aquello que desea.

En efecto, ya adquirió las capacidades motoras necesarias para desplazarse en su ambiente e ir a descubrir el mundo. Como tiene una gran curiosidad natural, el bebé va a

¿QUIÉN ES EL BEBÉ?

Todo es juego

Lleno de energía, de habilidad y de perseverancia, el bebé pasa mucho tiempo ejerciendo su destreza física y manual. Todo es juego, todo es ejercicio, todo es descubrir. Vocaliza, ríe a carcajadas y conoce bien su ambiente familiar. Pero, como aún no está muy seguro de sí mismo, el bebé puede asustarse fácilmente por cosas muy simples (una aspiradora, un estornudo, un juguete animado, etc.) y frecuentemente necesita que lo calmen. Desarrollará actitudes de confianza y de autonomía si usted permanece lo suficientemente cerca para que él la llame, si le presenta lentamente los objetos y a las personas nuevas, si jamás lo obliga a conocerlos demasiado rápido, si frecuentemente entra en contacto con él a través del juego.

Siempre elija objetos cuyo tamaño esté en proporción con el suyo, con el fin de que no se asuste por la desproporción y de que pueda tomarlos fácilmente con la mano.

A la edad en la que su niño pasa mucho tiempo lanzando sus juguetes, que después le toca a usted pedirle con insistencia que los recoja, intente fijarlos a su silla alta o a los barrotes de su cama con un listón, con lo cual entenderá rápidamente la manera de recuperarlos por sí mismo.

¿QUIÉN ES EL BEBÉ?

A los 10 meses: subir...luego bajar la escalera

El niño que tiene la oportunidad de entrenarse en una escalera logra un gran progreso. Para subir, en primer lugar, lo cual es más fácil. Mientras no sepa bajar, debe dejar un barandal de seguridad arriba de la escalera. Para enseñarle a bajar, no dude en ponerse usted también a gatas, con la cabeza hacia arriba, y en enseñarle como bajar, primero los pies, después las manos. Una vez que haya entendido el "truco", rápidamente adquirirá gran flexibilidad y será capaz de bajar sólo dejándose resbalar sobre su vientre como en un tobogán. Pero, mientras tanto, sea muy prudente, sobre todo si su escalera no está recubierta con alfombra. Todavía será muy pronto para que el bebé asimile realmente un procedimiento tan complicado como volverse en el sentido opuesto para bajar con los pies primero. Ahora bien, ¡con la cabeza primero, eso sí hace daño!

poner toda esa nueva movilidad a su servicio. Aprende a trepar, después a gatear, para descubrir lo que está lejos de él; aprende a ponerse de pie para explorar la verticalidad.
La mano está empezando a sustituir a la boca en el descubrimiento de los objetos. En adelante será ésta la que de manera privilegiada aporte información al niño. Hay que decir que desde que el pulgar se opone al índice, permitiendo formar una pinza, la destreza mejora mucho.
A esta edad, el niño es capaz de divertirse realmente con sus juguetes, de conocerlos y de elegir entre ellos. Imita las acciones de las personas mayores y trata de hacer las cosas por sí mismo. Finalmente, travieso y gracioso, ahora manifiesta un verdadero sentido del humor. Además de eso, aparecen miedos reales y el pequeño intrépido con frecuencia necesita venir a tranquilizarse cerca de usted.

A los 9 meses

Un bebé de esta edad se mueve sin parar. La coordinación de las diferentes partes de su cuerpo mejora cada semana y eso le permite delimitar más los límites de sus exploraciones. Lo único que lo retiene realmente es el miedo a las novedades, a los extraños y a las separaciones, lo que todavía provoca que en repetidas ocasiones busque y regrese precipitadamente hacia la madre.
El bebé se sirve de las manos para practicar a la vez movimientos enérgicos (hacer ruido por todas partes en las que pueda, golpetear, desgarrar) y movimientos finos (tomar delicadamente objetos pequeños para meterlos en una caja o en una botella, vaciarlos, dejarlos caer, volver a tomarlos, etc.). Esta exploración sistemática del arriba y abajo, del contenedor y el contenido, del interior y del exterior, es típica de este periodo. Además, el niño de esta edad no dirige únicamente el dedo hacia lo que desea atrapar, sino también hacia lo que está lejos de su alcance.
La posición de pie es la que el niño suele preferir. Intenta pararse detrás de lo que pueda servirle de apoyo. Una vez de pie, su visión del mundo cambia y la alegría que esto le produce es evidente. De sus allegados, espera que lo alienten mucho y que le garanticen una vida normal.

A los 10 meses

En este periodo, una tiene la impresión de que el bebé aminora un poco el ritmo de su aprendizaje físico. En realidad, el niño aprovecha ese momento más tranquilo para consolidar las adquisiciones precedentes y adquirir aquello que hasta entonces no tenía.

Como si sintiera que fuera a necesitar de todas sus capacidades para emprender la marcha, el bebé perfecciona durante un tiempo sus capacidades motoras. Ese niño que apenas se desplazaba sobre el suelo, lo hará cada vez más rápido. El que reptaba pasará a la etapa de "gateo", pero algunos reptan tan bien que pasan directamente de ese estado al del caminar. Otro perfeccionamiento, el de la posición de sentado. Ahora el bebé sabe sentarse solo, a partir del suelo, sea cual sea su posición. Sentado, puede volver libremente el torso a la derecha o a la izquierda y esta estabilidad le permite mantenerse en cualquier asiento. Muchos niños de esta edad ensayan también cómo ponerse de pie y desplazarse a lo largo de los muebles.

Al bebé le gustan los nuevos objetos, los nuevos juegos. Además, él solo es capaz de inventar uno. Es perseverante y obstinado. Como busca los contactos con sus semejantes, también le gustan los juegos de los demás, ¡lo que no siempre es fácil de soportar por parte de los hermanos y hermanas!

El bebé empieza a interesarse más en sus peluches; los mima, les da de comer, los acuesta. Empieza a hacer con ellos todo lo que su madre hace con él.

Pero al mismo tiempo, aparece el "no", que se convertirá en una de sus primeras palabras claves. No se angustie, su bebé todavía no sabe lo que esa palabra significa. Pero ya la oyó a usted pronunciarla con frecuencia, con un aire muy convencido, y él sabe que esa palabra es poderosa. Él, que busca afirmar su personalidad, sabe bien que para imponerse pronto tendrá que rechazar sistemáticamente las exigencias de usted. Por el momento, no hace más que ejercitarse, ensayar.

A los 11 meses

Lo que predomina en este periodo es la aparición masiva de las capacidades de imaginación e imitación. Esos progresos son sobre todo mentales, pero el niño pone el conjunto de sus aprendizajes físicos al servicio de su imaginación, lo que puede resultar muy agotador para quien se ocupa del bebé durante el día.

La imitación se encuentra en todos los ámbitos y ahora se convertirá en el principal recurso para que el niño adquiera sus nuevos aprendizajes. Imitándola a usted, va a aprender

¿QUIÉN ES EL BEBÉ?

1 año: los inicios reales del lenguaje

El vocabulario se desarrolla, al igual que la comprensión. Un bebé al que le han hablado mucho ahora es capaz de obedecer órdenes sencillas del tipo "ve a buscar tus calcetines", o "pásame mi periódico" o "ven conmigo a la cocina". Cuando le lleva un objeto, siempre lo hace con tal orgullo que merece agradecimiento y elogio.

A esta edad, la mayoría de los niños ya comprenden perfectamente el valor de la palabra y se sirven de ella, con la voz o con la cabeza, de tal modo que los padres rápidamente consideran que es abusiva: *no* para vestirse, *no* para comer, *no* para ir al baño, *no* para caminar, etc. A partir de ahora habrá que obrar con astucia para lograr que haga lo que uno quiere. De igual modo, ya distingue muy bien entre lo que está bien, lo que está autorizado (y espera siempre la aprobación) y lo que no lo está, que de cualquier modo hará, pero asegurándose de que nadie lo ve.

¿QUIÉN ES EL BEBÉ?

Cada quien su ritmo

Algunos niños precoces en su desarrollo motor ya están muy listos para abordar la etapa decisiva del caminar. Otros todavía están lejos y apenas logran ponerse de pie o mantenerse sentados de manera estable. Esas diferencias son normales y no significan nada en particular. La mitad de los niños empiezan a caminar entre los doce y los catorce meses. Aquellos que inician más tarde, con frecuencia son los más seguros, caerán menos porque habrán practicado más en cada una de las etapas precedentes. Lo esencial a esta edad es dejar que el niño experimente físicamente, lo más que pueda, sin que corra demasiados riesgos.

a desvestirse, a lavarse o a hablar. Es capaz de retomar para sí mismo comportamientos que ha observado en casa de otros, de adultos o de niños. Imita a su madre cuando limpia la mesa o cuando guisa y él mismo se vuelve capaz de esconder objetos para hacer que los encuentren.

La manipulación de los objetos se vuelve cada vez más fina. Imitando a los adultos, ahora el niño puede sostener un lápiz, meter pequeños objetos por una ranura, quitar una tapa, desamarrarse los zapatos, enterrar, etc. Ahora las manos tienen funciones diferentes y el niño puede hacer dos acciones simultáneas, sostener un juguete con una mano mientras come con la otra, sostenerse de una silla mientras se agacha para pescar alguna cosa, etc.

A los 12 meses

La edad de un año está generalmente asociada a los inicios del caminar, pero eso puede variar mucho de niño a niño. Aun los que son capaces de caminar a veces se sienten muy reticentes al momento de "dar el paso". Pero finalmente todos acabarán lanzándose, un poco por casualidad, un poco como juego.

El que no camina solo generalmente puede hacerlo sostenido de una mano o de las dos. En cuanto a los que caminan por primera vez, con frecuencia no saben parar de otra manera que no sea dejándose caer al suelo. Sin embargo, la posición de pie gana estabilidad; el niño de pie sin apoyo ahora puede pivotear, inclinarse, hacer señas con las manos, sin que por eso pierda el equilibrio.

Durante este periodo, el bebé parece como intimidado por los nuevos espacios que el caminar le abre. Parece menos intrépido de lo que era en los meses anteriores y algunos hasta se pegan a su madre, aferrándose a su falda o subiéndose al pantalón, como si temieran alejarse de ella, a tal grado que a veces hay que pasar por encima de ellos.

Finalmente, el apego al padre se vuelve mayor y todos los juegos violentos que él puede inventar son bienvenidos.

Si le sigue gustando vaciar, voltear y transportar, aprecia sacar y volver a poner las cosas en su lugar.

Un bebé normal

Como el suyo, por ejemplo. Es decir, no un bebé promedio, lo que no significa nada, sino un bebé diferente de todos los demás, con sus características propias.

Quizá hace un año usted soñaba con un bebé de revista, imagen adorable, sonrosado y tierno, un niño ideal al que nunca vería resfriado ni gruñón. En su sueño, su niño era a la vez independiente pero sociable, dinámico pero tranquilo, precoz pero equilibrado, le gustaba jugar con usted pero estaba de acuerdo con irse a acostar, saboreaba con gusto todos sus platillos, era capaz de entretenerse solo y podía caminar por todos lados. ¿El suyo? No quiere irse a dormir, no se duerme más que en la cama de sus padres, no le gustan las zanahorias, se aferra a su falda, se enoja si lo contradice y contrae otitis tras otitis. Un bebé normal, al fin y al cabo; de manera general, un bebé con buena salud, que va creciendo bien, activo y curioso, al que le gusta reír y da la impresión de estar más bien feliz. Un bebé con problemas normales, pero sin grandes angustias.

Todos los niños son diferentes. Al año ya son personitas.

UN BEBÉ NORMAL

Al año

Actualmente su bebé camina o bien está a punto de hacerlo. Esta etapa fundamental va a aumentar considerablemente su campo de experiencia. De pie, caminando sobre sus dos pies, el bebé se siente listo para partir a la conquista del mundo. Se cae, se golpea, se cansa, pero nada podrá pararlo por mucho tiempo en su nuevo impulso. Deje que se levante, que vaya más lejos, hasta donde lo lleve su curiosidad.

Pero manténgase a la vista o que él sepa que llamándola usted vendrá, ya que todavía la necesite para que le dé seguridad y para que lo aliente en sus esfuerzos.

Pero todo va bien, él se siente fuerte, capaz de todo: trepa, escala, imita. Exige las cosas que desea y rechaza violentamente lo que no le gusta. Empieza a preferir hacer las cosas por sí mismo. Usted tiene la impresión de tener a "un niño grande". Pero cuando está cansado, inquieto o un poco enfermo, vuelve a ser ese bebé que todavía no ha acabado de serlo. Todavía necesita la comodidad de sus brazos, de sus arrullos, de sus caricias, de sus palabras suaves y de sus palabras tranquilizadoras.

Bebé en evolución

Durante su embarazo, y quizás durante los años que lo preceden, usted había soñado con su niño. Un niño ideal. Aquél que hoy está ahí es otro, muy real. Todos los padres tienen que renunciar algún día a su sueño para amar plenamente al que nació y crece como un niño normal, pero único.

Su primer cumpleaños

Su bebé tiene un año. Doce meses de aprendizaje, de despertar, de educación, de cuidados y ternura. Cincuenta y dos semanas de vida común durante las cuales usted aprendió a conocerse a sí misma. Seguramente esta semana, al hojear el álbum de fotos, usted revive con emoción el parto y esas primeras horas en las que le pusieron al bebé en brazos. Parece que fue ayer y, sin embargo, ya han recorrido tanto camino los dos, los tres...

El recién nacido llorón se volvió un niño pequeño que afirmó su personalidad. Este año es seguramente el más importante y el más formativo de toda su vida. Por lo que a ustedes respecta, se convirtieron en padres.

Lazos sólidos

En doce meses tuvo el tiempo de tejer nexos con sus semejantes. Su madre, aunque todavía es una persona privilegiada, no es el único objeto de amor. Su padre ya adquirió una gran importancia. El niño conoce la hora en que regresa del trabajo y lo espera impacientemente para iniciar juegos que sólo pertenecen a ellos. Esos momentos, aunque pocos, son preciados. Un bebé necesita conocer a ambos padres y crear relaciones distintas con cada uno de ellos. Sabe que son diferentes y así los ama. Según su propio sexo, su niño rápidamente aprende a quién se parece y a quién puede seducir.

Un carácter ya afirmado

En el transcurso de los meses, la personalidad del niño se afirma. Algunos rasgos vienen de ustedes, sus padres, sin que se sepa bien si los heredó o los copió. Otros no tienen que ver con usted. Usted aprendió a tomar en cuenta esos rasgos para no tratarlo bruscamente, todo sin dejarse manipular por antagonismos sistemáticos. Usted sabe que

son parte de su desarrollo. Con su temperamento, sus arranques de ira, con sus gustos y sus rechazos, pero siempre con maravillosa adaptación a su existencia, ahora el niño forma parte íntegra de la familia.
Lo único que realmente teme es perder el amor de ustedes. También está muy angustiado cuando siente que ya fue muy lejos. Como si su arranque de odio hubiera amenazado con destruirla. En esos momentos es cuando más necesita que lo tomen en brazos y le murmuren al oído. Con dulzura y firmeza, lo hace pasar progresivamente de un mundo de placer, en el que todas sus necesidades pueden satisfacerse, a un mundo real en el que hay que distinguir entre los deseos accesibles y los que no lo son. Es el papel de la primera disciplina (cuyo significado viene de la palabra discípulo, no lo olvide).
No sería deseable dejarlo creer todavía que tiene todos los derechos y que todo es posible. Al año, el niño puede empezar a tener en cuenta los límites que le impone la realidad o la presencia de los demás.

Un hermanito, ¿por qué no?

Quizá piense que éste sería un buen momento para tener otro niño y se haga preguntas respecto a su bebé actual. Si siente el deseo y tiene el ánimo (dos niños muy cercanos en edad implican, durante los primeros meses, mucho trabajo), es una idea maravillosa. Cuando la diferencia de edades es mínima, disminuye el sufrimiento del niño mayor debido a los celos (todavía no tiene la conciencia de ser un "niño único" o "el más pequeño"). Muy rápido, el segundo alcanzará al primero y serán muy felices jugando juntos.
En cuanto a usted, ahora ya cuenta con experiencia y aún no ha salido de los pañales, entonces poco más, poco menos... De niño a niño, una se va haciendo más experta y relajada.
Lo único importante consiste en no privar demasiado pronto al niño de su calidad de bebé por el hecho de convertirse en el mayor. Si le permite asociarse a este nuevo nacimiento, seguramente muy pronto madurará y será más autónomo. Pero no es una razón para quitarle el derecho de simple y sencillamente tener su edad. ¡Todavía es tan pequeño!

UN BEBÉ NORMAL

Cierta autonomía

Aparte de los momentos tan preciados que usted le concede, su niño ahora puede vivir su vida y esperarla, ya que sabe que cuando usted lo deja en el día, regresará en la tarde. Puede pensar en usted en su ausencia, hacer revivir su recuerdo, y consolarse con su pulgar o su objeto transicional favorito.
Para sentirse bien, para sentirse seguro, su bebé ha desarrollado costumbres a las que se apega. El tiempo en que lo podía llevar a todas partes en su moisés ya está lejos. Ahora necesita su cuarto, su cama, sus ritos. No da una cálida bienvenida a los extraños y se encuentra bien en la casa, rodeado de su familia.
Sus referencias ahora son nítidas y éstas empiezan a extenderse en la familia más cercana, en los amigos. Los abuelos tienen un papel importante qué desempeñar. Si el bebé los conoce bien, aceptará gustoso quedarse solo en casa de ellos durante algunos días.

ÍNDICE

notas

notas

notas

notas

notas

VERSIÓN PARA AMÉRICA LATINA
Dirección editorial: **Amalia Estrada**
Traducción: **Ediciones Larousse con la colaboración del Instituto Francés de América Latina (IFAL) y de María García-Moreno Esteva**
Revisión técnica médica: **Dra. Victoria Mata**
Asistencia editorial: **Lourdes Corona**
Coordinación de portadas: **Mónica Godínez**
Asistencia administrativa: **Guadalupe Gil**
Fotografías de interiores: **© AbleStock**
Fotografías de portada:
Sup. izq., sup. der. e inf. izq.: © AbleStock
Inf. der: © Option Photo

Título original: *Guide des Mamans débutantes*

Londres núm. 247, México, 06600, D.F.
ISBN 2-501-0333-3515 (Marabout, París)
ISBN 970-22-1314-2 (Ediciones Larousse S.A. de C.V.)

PRIMERA EDICIÓN- 1ª reimpresión - II/06

Impreso en México – Printed in Mexico